Randi Rosenvinge Schirmer

Et år i Norge

Norwegisch
für Deutschsprachige

HEMPEN VERLAG
BREMEN 2001

Illustrationen: Björn Christian Schirmer

Die Deutsche Bibliothek - CIP-Einheitsaufnahme

Schirmer, Randi Rosenvinge:
Et år i Norge : Norwegisch für Deutschsprachige /
Randi Rosenvinge Schirmer. –
Bremen : Hempen

Lehrbuch. – 2001
ISBN 3-934106-15-3

2., leicht korrigierte Auflage 2003. Beide Auflagen können nebeneinander benutzt werden. Eine Übersicht der geringfügigen Änderungen finden Sie als PDF-Datei unter www.hempen-verlag.de/programm/schirmer.

Umschlag: Igel-Studios, Igel b. Trier
Herstellung: Memminger MedienCentrum, 87700 Memmingen
Printed in Germany

Inhaltsverzeichnis

Vorwort XI

Einleitung XIII

Lektion 1 1

Text:	På språkkurs i Oslo	
	Hva kan man gjøre i Norge?	
Wörterkiste:	Hvem er du?	
Grammatik:	Pronomen:	Subjektform des Personalpronomens
	Verb:	Infinitiv und Präsens
	Wortstellung:	Im einfachen Hauptsatz
	Adjektiv:	Nationalität

Lektion 2 8

Text:	Øl og bløtkake. På kafeteria.	
	Skikk og bruk	
Wörterkiste:	Hei, hvordan har du det?	
Grammatik:	Substantiv:	Der unbestimmte Artikel
	Verb:	Imperativ
	Wortstellung:	*ikke* im Hauptsatz

Lektion 3 15

Text:	Hallo, Anna!	
	Norsk mat	
Wörterkiste:	Vel bekomme!	
Grammatik:	Substantiv:	Der unbestimmte Plural
	Wortstellung:	Inversion
		Nebensatz
	Grundzahlen:	0 - 20

Lektion 4 23

Text:	Skandinaviske venner	
	Norge, Sverige, Danmark og Finland	
Wörterkiste:	Post og telefon	
Grammatik:	Adjektiv:	Unbestimmte Form
		Adjektive auf *-ig* und *-sk*
	Auslassung des Artikels	
	Grundzahlen:	21 - 100

Lektion 5 31

Text:	Typisk norsk?	
	Troll	
Wörterkiste:	På handletur	
Grammatik:	Pronomen:	Alle Formen des Personalpronomens
		Gebrauch des Personalpronomens der 3. Person
	Adjektiv:	*blå/grå/ny*
		In prädikativer Stellung
	Verb:	Reflexive Verben
	Rechtschreibregel:	Vereinfachung von Doppelkonsonanten

Lektion 6 39

Text:	Gratulerer med dagen!	
	To norske barnesanger	
Wörterkiste:	Gratulerer!	
Grammatik:	Substantiv:	Der bestimmte Artikel
		Alle Formen des Substantivs
		Substantive auf *-er*
	Adjektiv:	*liten*
		Adjektive auf *-el, -en, -er*
		Adjektive auf *-t*
	Konjunktion:	*at*
	Rechtschreibregel:	*-m* im Auslaut

Lektion 7 50

Text:	Teater og sjalusi	
	Henrik Ibsen	
Wörterkiste:	Takk!	
	Die Wochentage	
Grammatik:	Verb:	Bildung des Präteritums der regelmäßigen Verben
		Gebrauch des Präteritums
	Pronomen:	Das Fragepronomen *hvilken*
		Das Demonstrativpronomen *denne*
	Zeitangaben:	Uhrzeit
		Jahreszahl

Lektion 8 61

Text:	Middag med provokasjon	
	Norske aviser	
Wörterkiste:	Måltider	
Grammatik:	Verb:	Perfekt
		Bildung des Partizip Perfekt der regel-

		mäßigen Verben	
		Partizip Perfekt von *være*, *ha* und *gjøre*	
		Gebrauch des Perfekts	
	Wortstellung:	Adverbien im Nebensatz	
		Ort vor Zeit	
	Pronomen:	Das Relativpronomen	
	Fragen und Antworten		
	Grundzahlen:	100 - 1 000 000	
Lektion 9		....	72
Text:	Karl Johan eller Champs Elyseés		
	Skolesystemet og universitetene i Norge		
Wörterkiste:	Kan du si meg veien til ...?		
Grammatik:	Adjektiv:	Bestimmte Form	
		liten, blå, grå	
	Pronomen:	Das Demonstrativpronomen *den*	
	Substantiv:	Substantive auf *-el*	
		Genitiv	
	Wortstellung:	Präposition + Fragewort	
	Verb:	Übersicht über unregelmäßige Verben	
Lektion 10		....	84
Text:	Trollenes og nissenes land		
	Nissen		
Wörterkiste:	På reise		
	Die Monate		
Grammatik:	Verb:	Plusquamperfekt	
		Futur	
	Substantiv:	Bestimmte Form Plural der Neutra	
	Adjektiv:	Unflektierbare Adjektive	
	Wortstellung:	bei *kanskje*	
	Ordnungszahlen	1. - 99. und *forrige, neste, samme, siste*	
Lektion 11		....	94
Text:	Typisk norsk å være god?		
	Suverene nordmenn		
Wörterkiste:	Hvordan bor vi i ferien?		
Grammatik:	Adjektiv:	Steigerung	
		Verstärkende Adverbien	
		Vergleichspartikel	
	Adverb:	Neutrumsform des Adjektivs	
		Steigerung	
	Präposition:	in Zeitausdrücken: *for-siden, om, i*	
	Pronomen:	*hvem som, hva som, hvilken som*	

Lektion 12 105

Text:	Er det mulig å bli enig?	
	To norske kunstnere	
Wörterkiste:	Følelser	
Grammatik:	Adjektiv:	Nach einem Genitiv
	Adjektiv/Adverb:	Unregelmäßige Steigerung Gebrauch der Steigerungsformen
	Konjunktion:	Beiordnende Konjunktionen

Lektion 13 117

Text:	Annas møte med familien Nygård	
	Norsk barnelitteratur	
Wörterkiste:	Byråkrati og formaliteter	
Grammatik:	Pronomen:	Possessivpronomen
	Substantiv:	Umschreibung des Genitivs durch eine Präpositionalverbindung
	Konjunktion:	Zeitkonjunktionen

Lektion 14 128

Text:	Den nye leiligheten til Matthias i Bergen	
	Bergen og Vestlandet	
Wörterkiste:	Hjem, kjære hjem	
Grammatik:	Konjunktion:	Kausal-, Konditional-, Final-, Konsekutiv,- Konzessiv-, Komparativkonjunktionen
	Adverb:	Ortsadverbien
	Präposition:	*i* und *på* in lokaler Bedeutung
	Verb:	*synes, tro, tenke*

Lektion 15 141

Text:	En vanlig hverdag hos familien Nygård	
	Et norsk barnerim: Min onkel triller piller	
Wörterkiste:	Slekt og familie	
Grammatik:	Pronomen:	Reflexives Possessivpronomen Die unbestimmten Pronomina: *all, hver, begge*
	Adjektiv:	*annen*

Lektion 16 153

Text:	Susannes første dag på Universitetet i Tromsø	
	Bokmål, nynorsk og norske dialekter	
Wörterkiste:	Studier	
Grammatik:	Pronomen:	Die unbestimmten Pronomina *noe(n), ikke noe(n), ingen, ingenting*

	Adjektiv:	Nach einem Possessivpronomen *egen*	
	Verb:	*s*-Verben mit reziproker Bedeutung	
Lektion 17		....	164
Text:	Lunefull kjærlighet Hurtigruta og Nord-Norge		
Wörterkiste:	Jeg er så syk!		
Grammatik:	Zeitausdrücke mit Präposition		
	Verb:	Zukunft von der Vergangenheit aus gesehen Modalverben	
	Adjektiv:	*hel*	
Lektion 18		....	177
Text:	Mørketid og julefeiring God jul!		
Wörterkiste:	Din tosk!		
Grammatik:	Verb:	Passiv *s*-Verben mit aktiver Bedeutung	
	Pronomen:	Das Demonstrativpronomen *slik*/*sånn*	
Lektion 19		....	188
Text:	Telefonsamtale og påskeplaner Trondheim og Nidarosdomen		
Wörterkiste:	Sport/Idrett		
Grammatik:	Verb:	Indirekte Rede *Få* als Hilfsverb	
	Präsentationssätze mit *det* »Satzspaltung«		
Lektion 20		....	199
Text:	Biltur og krangel på Sørlandskysten Sørlandet og Stavanger		
Wörterkiste:	Bil og Trafikk		
Grammatik:	Irreale/hypothetische Aussagen		
	Präposition:	+ Nebensatz/Infinitiv	
	Verb:	Das Partizip Präsens	
	Substantiv:	Verbalsubstantiv Zusammengesetzte Substantive	

Lektion 21 210

Text: Hyttetur og påskekos - eller omvendt
Kos, krim og norsk litteratur
Wörterkiste: Skiftende skydekke
Oppskrift på fårikål
Grammatik: Verb: Zusammengesetzte Verben
Partizip Perfekt als Adjektiv
ligge, stå, sitte + Verb
Substantiv: *til* + Genitiv
Übersicht über unregelmäßige Substantive

Lektion 22 221

Text: Hurra for 17. mai!
Kongen og kongefamilien
Wörterkiste: Norsk nasjonalfølelse
Grammatik: Präpositionalverbindung als Ersatz für den Genitiv
Adjektiv/Adverb: Steigerung einiger Ortsadverbien/-adjektive
Auslassung des Artikels

Lektion 23 233

Text: Sankthans i Tromsø
Samene i Norge
Wörterkiste: Han kjøpte katta i sekken og ble sittende med skjegget i postkassen
Grammatik: Kleine Wörter mit vielschichtiger Bedeutung: *da, før, om, siden, så*
Liste der unregelmäßigen Verben

Alphabetisches Wörterverzeichnis 247

Karte von Norwegen 274

Vorwort

»Et år i Norge« ist ein Anfängerkurs Norwegisch für Deutschsprachige und eignet sich zum Einsatz in Sprachkursen an Universitäten und Volkshochschulen. Dank der ausführlichen Erklärungen sowie der Übersetzungen ins Deutsche ist das Buch auch gut zum Selbststudium geeignet. Eine Sprachkassette mit den Texten der Lektionen und ein Schlüssel mit den Lösungen zu den Übungen erscheinen parallel.

Hauptziel des Lehrbuchs ist es, den Lernenden kommunikative Kompetenz in alltäglichen Situationen zu vermitteln, wobei einer logischen Progression der Grammatik große Bedeutung beigemessen wurde. Ein zweites wichtiges Ziel besteht darin, landeskundliche Informationen über Norwegen zu geben.

Das Buch besteht aus 23 Lektionen, die sich jeweils aus 5 Teilen zusammensetzen: A. Text; B. Vokabeln; C. Wörterkiste; D. Grammatik; E. Übungen. Am Ende des Buches sind alle Vokabeln noch einmal in einem alphabetischen Verzeichnis zusammengefasst.

A. Der *Text* ist zweigeteilt. Teil 1 bietet einen Dialog mit einer »Szene« aus dem Leben (eines/einer) der vier AusländerInnen, die wir ein Jahr lang in Norwegen begleiten. Unsere vier Hauptakteure haben nach einem gemeinsamen Sprachkurs in Oslo unterschiedliche Ziele in Norwegen und verbringen das Jahr an verschiedenen Orten. Im Kontakt mit Norwegern und untereinander bringen sie viele landeskundliche Themen und norwegische Besonderheiten zur Sprache. Im Dialog wird die Grammatik exemplifiziert, die dann im jeweiligen Grammatikteil eingehend erläutert wird.
Teil 2 ist in den meisten Fällen rein landeskundlicher Art und kann dem Dozenten als Grundlage für eine ausführlichere Behandlung des Themas dienen. In einigen Fällen werden Lieder, Gedichte o.ä. vorgestellt. Teil 2 ist für die Grammatikprogression entbehrlich.

B. Die *Vokabeln* sind jeweils alphabetisch geordnet. Redewendungen sind eingerückt unter dem jeweiligen Bezugswort zu finden.

C. Die *Wörterkiste* enthält eine ausführlichere Sammlung von Wörtern und Ausdrücken zu einem Thema, das im Textteil angesprochen wird, und eignet sich als Grundlage für Gespräche und Rollenspiele. Die Vokabeln in der Wörterkiste erscheinen nicht in der Vokabelliste der einzelnen Lektionen, sondern nur im Gesamtverzeichnis hinten im Buch.

D. In der *Grammatik* werden die grammatischen Themen vorgestellt und mit Beispielen, die jeweils dem Deutschen gegenübergestellt werden, erläutert. Fälle, in denen erfahrungsgemäß häufig Fehler auftreten, werden besonders hervorgehoben.

E. Die Übungen beziehen sich vor allem auf die grammatischen Themen der jeweiligen Lektion. Daneben gibt es aber auch zahlreiche Wiederholungsübungen.

Das Lehrbuch resultiert aus meiner langjährigen Unterrichtserfahrung an der Universität und der Volkshochschule in Freiburg i.Br. und wurde in diesen Kursen erfolgreich getestet.

Ein großes Dankeschön an Björn für die Illustrationen, die das Buch auflockern und manchen Sachverhalt veranschaulichen!

Herzlichen Dank auch an alle Studenten, Kursteilnehmer und andere, die mir unterwegs mit guten Ideen und Korrekturen behilflich waren. Insbesondere danke ich Petra, Ina, Berit, Gunnar, Walter und der »Pioniergruppe« mit Barbara, Bernd, Ferdi, Friedrike, Gert, Regine und Wolfgang.

In dieser 2. Auflage wurden vor allem einige Rechtschreibfehler korrigiert, so dass 1. und 2. Auflage nebeneinander benutzt werden können. Eine Übersicht der geringfügigen inhaltlichen Änderungen finden Sie als PDF-Datei im Internet unter www.hempen-verlag.de/programm/schirmer.

Kirchzarten, Oktober 2003 Randi Rosenvinge Schirmer

Einleitung

In Norwegen gibt es zwei offizielle Schriftsprachen: *bokmål* (»Buchsprache«) und *nynorsk* (»Neunorwegisch«). Diese beiden Sprachen unterscheiden sich allerdings so wenig voneinander, dass man beide verstehen kann, wenn man eine von ihnen erlernt hat. Das Buch gibt eine Einführung ins bokmål, das von der großen Mehrheit (etwa 84%) der norwegischen Bevölkerung benutzt wird.

Das norwegische Alphabet:

A a	B b	C c	D d	E e	F f	G g	H h	I i	J j
[aː]	[beː]	[seː]	[deː]	[eː]	[ɛf]	[geː]	[hoː]	[iː]	[jeː]
K k	L l	M m	N n	O o	P p	Q q	R r	S s	T t
[koː]	[ɛl]	[ɛm]	[ɛn]	[uː]	[peː]	[kʉː]	[ær]	[ɛs]	[teː]
U u	V v	W w		X x	Y y	Z z	Æ æ	Ø ø	Å å
[ʉː]	[veː]	[dɔbeltveː]		[ɛks]	[yː]	[sɛt]	[æː]	[øː]	[oː]

Die wichtigsten Unterschiede zwischen der norwegischen und der deutschen Aussprache und Schreibung sind nachfolgend aufgelistet.

Vokale und Diphtonge:

Schreibung	Aussprache	Beispiele
e	lang: normalerweise wie dt. [eː] in lesen kurz betont: offen [ɛ] wie in dt. wenden kurz unbetont: [ə] in bitte vor *-r* häufig [æ] wie ein überoffenes dt. *ä*	lese (lesen) vende (wenden) lese, vende her (hier), er (bin, bist ...), sterk (stark)
o	oft [u] wie in dt. Schuh, jung, aber auch [o] wie in dt. Lohn, kommen	sko (Schuh), rom (Raum) tog (Zug), komme (kommen)
u	zwischen [u] und [ü] = [ʉ], manchmal wie [u] in dt. jung	du (du), munn (Mund) ung (jung)

Schreibung	Aussprache	Beispiele
æ	[æ] = überoffenes dt. *ä*	være (sein)
ø	[ø] wie dt. lösen	løse (lösen), øst (Ost)
å	immer [o] wie in dt. Boot, kommen	båt (Boot), grått (grau)
au	[æʉ] od. [əʉ]	au (au!), sau (Schaf)
ei	[æi]	vei (Weg)

Konsonanten

g (vor i, y, ei)	[j] wie dt. Jahr	gi (geben), geitost (Ziegenkäse), gyldig (gültig)
(vor n)	[ŋ] wie dt. lang	signe [ŋn] (segnen)
kj		kjenne (kennen)
k (vor i, y, ei)	[ç] = »ich«-Laut	kino (Kino)
tj		tjukk (dick)
r	entweder Zäpfchen-*r* oder Zungenspitzen-*r* (mit nur einem Schlag)	lærer (Lehrer)
rd, rl, rn, rt, rs	Wenn Zäpfchen-*r*, wie dt. *r+d, l, n, t, s*	verden (Welt), gjerne (gern)
	Wenn Zungenspitzen-*r,* verschmilzt das *r* mit dem folgenden Kons. zu einem retroflexen Laut: *rd* = [ɖ], *rl* = [ɭ], *rn* = [ɳ], *rt* = [ʈ], *rs* = [ʃ]	verden (Welt), farlig (gefährlich), gjerne (gern), snart (bald), vers (Strophe)
s	Immer stimmlos! Wie dt. Wasser	rose (Rose)
sj		sjel (Seele)
skj		skje (geschehen)
sk (vor i, y, ei)	dt. *sch* = [ʃ] wie dt. Schade	ski (Ski)
s (vor l)		slepe (schleppen)

Stumme Konsonanten

d	ist häufig stumm nach *l, r, n:*	nord (Norden), kald (kalt), blind (blind)
	und nach langem Vokal:	blod (Blut)
	dt wird wie *tt* ausgesprochen:	midt (mitten)
g	ist immer stumm vor *j:*	gjerne (gern)
	und in der Endung *-(l)ig:*	evig (ewig), herlig (herrlich)
	auch in manchen anderen Wörtern:	morgen (Morgen)
h	ist stumm vor *j* und *v:*	hjerte (Herz), hvor (wo)

Schreibung	Aussprache	Beispiele
t	ist stumm in dem Wort: und im bestimmten Artikel Neutrum *-et:*	det (es, das) huset (das Haus)
v	ist stumm in den Wörtern:	halv (halb), selv (selbst), sølv (Silber), tolv (zwölf)

Angaben bei den *Vokabeln*

Phonetische Angaben

Bei den *Vokabeln* der Lektionen wird nur die Aussprache der Wörter angegeben, die sich nicht eindeutig aus den obigen Regeln herleiten läßt:

e Bei einem Wort mit einem *-e-* (vor *-r*) wird [æ] angegeben, wenn es mit einem überoffenen *ä* ausgesprochen wird.

o Bei Wörtern mit *o* wird die Aussprache [o] angegeben, wenn das *o* wie in dt. *Lohn, kommen* ausgesprochen wird.
Bei *for(e)* und *over* als selbstständigen Wörtern oder als Vor- oder Nachsilbe ist die Aussprache immer [o]. Sie wird nicht angegeben.
Die Aussprache wird auch nicht angegeben bei Wörtern mit *-o-*, in denen sowohl [o] als auch [u] in der Aussprache möglich sind, z.B. *om, opp.*
Bei allen übrigen Wörtern mit *-o-* lautet die Aussprache [u] wie in dt. *Schuh, jung.*

u Bei Wörtern mit *u* steht [u] wenn sie wie dt. *ruhig, jung* ausgesprochen werden. Erscheint keine Angabe, wird das Wort mit norwegischem [ʉ] ausgesprochen.

Alle *stummen Konsonanten* sind kursiv hervorgehoben, wenn sich der Wegfall in der Aussprache nicht aus den oben angeführten Regeln eindeutig herleiten läßt: sen*d*e »senden«, mor*g*en »Morgen«, aber: gjerne »gern«, evig »ewig«.

Darüber hinaus werden nur dann Ausspracheangaben gemacht, wenn die norwegische Aussprache ganz unregelmäßig ist: *restaurant* [-raŋ] »Restaurant«.

Grammatische Angaben

Bei den Verben werden von Anfang an in runden Klammern unregelmäßige Präsensformen angegeben. Ab Lektion 7 wird in Klammern das Präteritum genannt, z.B. *tenke (-te).* Bei den unregelmäßigen Verben erscheinen das Präteritum und das Partizip Perfekt, z.B. *drikke (drakk-drukket).*

Bei den Substantiven mit unregelmäßiger Pluralbildung (d.h. mit Pluralbildung, die sich nicht aus den Regeln der Lektionen 3, 6 und 9 herleiten lässt), steht die unbestimmte Form Plural, z.B. *natt (netter); (–)* heißt: keine Endung in der unbestimmten Pluralform.

Das Genus der Substantive wird von Anfang an durch den unbestimmten Artikel bezeichnet, z.B. *student, en.*

Im alphabetischen Wörterverzeichnis am Ende des Buchs erscheint in Klammern die Lektion, in der das Wort zum ersten Mal vorkommt.

Lektion 1

A. Text

1. På språkkurs i Oslo

Susanne: Hei, kan jeg sitte her?
Pierre: Ja, gjerne, det er ledig. Hva heter du?
Susanne: Jeg heter Susanne. Jeg er fra Tyskland. Hvor kommer du fra?
Pierre: Jeg heter Pierre. Jeg kommer fra Frankrike.
Susanne: Der kommer Matthias. Han er fra Sveits.
Matthias: Hallo, Susanne, ich ...
Susanne: Hei, Matthias. Vi snakker bare norsk. Dette er Pierre. Han er fra Frankrike.
Matthias: Kan du bare fransk, Pierre?
Pierre: Fransk, og litt norsk. Snakker dere bare tysk – og litt norsk?
Susanne: Nei, vi snakker også engelsk.
Matthias: Hvem sitter der, Susanne?
Susanne: Det er Anna. Hun er fra Italia.
Pierre: Hysj, Ragnhild kommer.
Ragnhild: God dag, alle sammen!

- Hvilket rom/nummer har du?
- Welch ein Raum/Nummer hast du?

fordi = weil
men = aber

2. Hva kan man gjøre i Norge?

I Norge kan man studere, arbeide, være på ferie – og lære norsk.
Susanne kommer fra Tyskland. Hun er tysk. Hun er student og vil studere i Norge.
Pierre kommer fra Frankrike. Han er fransk. Han vil ha ferie i Norge.
Matthias kommer fra Sveits. Han er sveitsisk. Han vil arbeide i Norge.
Anna kommer fra Italia. Hun er italiensk. Hun vil være au pair i Norge.
De kan litt norsk. De vil lære mer.
Ragnhild er fra Norge. Hun er norsk. Hun er lærer i Norge.

B. Vokabeln

arbeide	arbeiten
alle	alle
alle sammen	alle zusammen
au pair, en [o´pæ:r]	Au-pair
bare	nur
dag, en	Tag
de [i]	sie (Plural)
De [i]	Sie
der [æ]	dort
dere	ihr
de*t*	das, es
dette	dies
du	du
elg, en	Elch
engelsk	englisch
er [æ]	bin, bist, ist ...
ferie, en	Urlaub
være på ferie	im Urlaub sein
fra	aus, von
Frankrike	Frankreich
fransk	französisch
gjerne [æ]	gern
gjøre (gjør)	machen, tun
go*d*	gut
ha	haben
han	er
hei	hallo, hei
her [æ]	hier
hete	heißen
hun	sie (Singular)
hva	was, wie
hvem	wer
hvor	wo
hysj	pst! (still sein!)
i	in
Italia	Italien
italiensk	italienisch
ja	ja
jeg [jæi]	ich
kan	kann, kannst ...
komme [o]	kommen
kunne (kan)	können
ledig	frei
lære	lernen
lærer, en	Lehrer/-in
litt	ein bisschen
man	man
mer	mehr
nei	nein
Norge [o]	Norwegen
norsk [o]	norwegisch
o*g* [o]	und
o*g*så [o]	auch
på	auf, in
sammen	zusammen
sitte	sitzen
snakke	sprechen
språkkurs, et	Sprachkurs
på språkkurs	im Sprachkurs
student, en	Student/-in
studere	studieren
Sveits	die Schweiz
sveitsisk	schweizerisch
til	zu, nach, in
tysk	deutsch, Deutsch
Tyskla*nd*	Deutschland
velkommen [o] (til)	willkommen (in)
vi	wir
vil	will, willst ...
ville (vil)	wollen
være (er)	sein
å	zu (vor Infinitiv)

C. Wörterkiste: Hvem er du? Wer bist du?

Jeg heter Susanne.	Ich heiße Susanne.
Hva heter du?	Wie heißt du / Wie heißen Sie?
Jeg er fra Tyskland.	Ich bin aus Deutschland.
Hvor kommer du fra?	Woher kommst du?
Hva gjør du (i Norge)?	Was machst du (in Norwegen)?
Jeg studerer. Jeg er student.	Ich studiere. Ich bin Student/-in.
Jeg arbeider. Jeg er lærer.	Ich arbeite. Ich bin Lehrer/-in.
Jeg er på ferie her.	Ich mache Urlaub hier.

D. Grammatik

Pronomen

Subjektform des Personalpronomens

1. Pers. Sg.	jeg	ich
2. Pers. Sg.	du	du
3. Pers. Sg.	han	er
	hun	sie
1. Pers. Pl.	vi	wir
2. Pers. Pl.	dere	ihr
3. Pers. Pl.	de	sie
Höflichkeitsf.	De	Sie

In Norwegen ist es sehr verbreitet sich zu duzen (vgl. Lektion 2). Die Höflichkeitsform *De* »Sie« kommt selten vor.

Verb

Infinitiv und Präsens

Die meisten Verben enden im Infinitiv auf unbetontem -*e*. Einige, darunter alle einsilbigen Verben (z. B. *ha* »haben«), enden im Infinitiv auf betontem Vokal.
Die Inifinitivpartikel *å* entspricht dem deutschen *zu : å sitte = zu sitzen*.
Die Präsensendung lautet für alle Personen gleich: -*(e)r*:

Infinitiv		Präsens	
sitte	sitzen	sitter	sitze, sitzt ...
hete	heißen	heter	heiße, heißt ...
komme	kommen	kommer	komme, kommst ...
ha	haben	har	habe, hast ...

Die Modalverben bilden eine eigene Gruppe. Sie ziehen den Infinitiv nach sich (*Jeg kan snakke norsk, jeg vil arbeide i Norge*) und enden im Präsens nicht auf -*r*. Auch für sie gilt: Alle Personen haben die gleiche Endung:

Infinitiv		Präsens	
ville	wollen	vil	will, willst ...
kunne	können	kan	kann, kannst ...

Eine unregelmäßige Formenbildung hat das Verb *være* »sein«:

være	sein	er	bin, bist ...

Wortstellung

Grundsätzlich ist die Wortstellung **im einfachen Hauptsatz** wie im Deutschen:

Jeg heter Pierre.	Ich heiße Pierre.
Hva heter du?	Wie heißt du?

Im Norwegischen können jedoch hinter der infiniten Verbform (Infinitiv, Partizip) weitere Satzglieder stehen:

Han vil studere i Norge.	Er will in Norwegen studieren.
Kan jeg sitte her?	Kann ich hier sitzen?

Adjektiv

Um die **Nationalitätszugehörigkeit** anzugeben, wird im Norwegischen häufig ein Adjektiv benutzt:

Han er tysk.	Er ist Deutscher.
Hun er sveitsisk.	Sie ist Schweizerin.

E. Übungen

1. Svar på spørsmålene. Erstatt navnet med et personlig pronomen (Beantworten Sie die Fragen. Ersetzen Sie den Namen durch ein Personalpronomen):

Eksempel (Beispiel):

Snakker Susanne tysk? — *Ja, hun snakker tysk.*

a. Snakker Pierre fransk? ....

b. Snakker Matthias tysk? ....

c. Snakker Anna italiensk? ....

d. Snakker Ragnhild norsk? ....

e. Hvor kommer Anna fra? ....

f. Hvor kommer Matthias fra? ....

g. Hvor kommer Ragnhild fra? ....

h. Hvor kommer Susanne fra? ....

2. Sett inn presens- eller infinitivformen av verbet (Setzen Sie die Präsens- oder Infinitivform des Verbs ein):

(sprechen) a. Han kan .... norsk.

b. Hun .... norsk.

(sitzen) c. Hvem vil .... her?

d. Hvem .... der?

(studieren) e. Jeg vil gjerne .... i Norge.

f. Han .... i Tromsø.

(lernen) g. Alle .... norsk.

h. Vil du også .... norsk?

3. Sett inn en riktig verbform (Setzen Sie eine richtige Verbform ein):

a. Han .... fra Tyskland.

b. Hun .... litt norsk.

c. Hvor .... du fra?

d. Han ...snakker... engelsk og litt fransk.

e. ...Er... hun Susanne?

f. Jeg vil ...laere... mer norsk.

g. Vil du ...studere... i Norge?

4. Sett inn *hvem*, *hva* eller *hvor* (Setzen Sie *hvem, hva* oder *hvor* ein):

a. .... kommer de fra?

b. .... er fra Italia?

c. .... heter dere?

d. .... kan vi sitte?

e. .... er dere på ferie?

5. Lag spørsmål som passer til svarene (Bilden Sie Fragen, die zu den Antworten passen):

a. Hvor kommer du fra ? Jeg er fra Italia.

b. Snakker du ~~og~~ engelsk også? ? Nei, hun snakker bare norsk.

c. Snakker du bare norsk ? Nei, jeg snakker norsk og litt fransk.

d. Hva heter du? ? Han heter Pierre.

e. Hvem er det? ? Det er Ragnhild.

f. Er du fra Norge ? Ja, jeg er norsk.

6. Oversett til norsk (Übersetzen Sie ins Norwegische):

a. Sie sitzen dort. De sitter der.

b. Wir sprechen Italienisch. Vi snakker

c. Ihr lernt Deutsch. Dere laerer tysk.

d. Du kannst in Norwegen arbeiten. Du kan arbeide i Norge.

e. Sie spricht ein bisschen Norwegisch. Hun snakker litt norsk.

f. Er ist im Urlaub hier. ....

7. Snakk med sidemannen din (Sprechen Sie mit Ihrem Nachbarn/Ihrer Nachbarin):

Hvem er du?

Hvor gammel er du? = wie alt bist du?
Jeg er xy år. = Ich bin xy Jahre alt.

Elgtesten

Lag setninger. Bruk alle ordene
(Bilden Sie Sätze und berücksichtigen Sie bitte alle Wörter):

a.

kommer
og jeg Frankrike
fra fransk
snakker

Jeg kommer fra Frankrike
og snakker fransk.

b.

snakker også
engelsk og dere
norsk

....
....

c.

og arbeide du
være jeg i au pair
Norge vil vil

Jeg arbeide i Norge og vil du
være

d.

Ragnhild vil
ha er
og ferie lærer

....
....

Lektion 2

A. Text

1. Øl og bløtkake. På kafeteria.

Anna:	Jeg er sulten. Er du også sulten, Pierre?
Pierre:	Nei, jeg er ikke sulten, men jeg er tørst.
Matthias:	Hva vil du ha å spise, Anna ?
Anna:	Bløtkake – og et glass øl.
Matthias:	Bløtkake og øl??
Anna:	Ja, hvorfor ikke? Hm – hva betyr bløtkake?
Matthias:	Det er ei kake med krem.
Anna:	Å ja, jeg vet ikke. – Nei, jeg vil ikke ha ei kake. Jeg tar et rekesmørbrød.
Pierre:	Er du ikke sulten, Susanne?
Susanne:	Joda. Hva heter »Brötchen« på norsk, Matthias?
Matthias:	Rundstykke.
Susanne:	Jeg tar et rundstykke med geitost og en kopp kaffe.
Anna:	Liker du geitost?
Susanne:	Jeg vet ikke – ennå. Pierre, kan du finne et bord?
Pierre:	Ja, gjerne. Men jeg må ha noe å drikke. Vær så snill, kjøp ei flaske brus for meg.
Matthias:	Jeg tar ei flaske Farris og et skinkesmørbrød.

Pierre:	Der kommer Ragnhild. Hei, Ragnhild, vil du sitte her?
Ragnhild:	Ja gjerne. Hvordan har dere det?
Pierre:	Takk, ganske bra, men vi har mye å gjøre.
Ola:	Morn, Ragnhild – hvordan går det?
Ragnhild:	Hei, Ola! Takk, bra – og hvordan har du det?
Ola:	Ikke så verst, men jeg har mye å gjøre.
Ragnhild:	Ola er også norsklærer, han ...
Ola:	Unnskyld, men jeg har ikke tid, Ragnhild. Jeg kommer innom senere. Ha det!

2. Skikk og bruk

I Norge er man mindre formell enn i Tyskland. Det er vanlig å si *du* og å bruke fornavn, og man håndhilser ikke så ofte.

Anna, Pierre, Susanne og Matthias spiser lunsj. Det er vanligvis ikke varm mat, men brød eller rundstykker. Middag (varm mat) spiser de senere.

B. Vokabeln

bety	bedeuten
bløtkake, en/ei	Sahnetorte
bor*d*, et	Tisch
bra	gut
bruk, en	Gebrauch
bruke	gebrauchen, benutzen
brus, en	Limonade
brø*d*, et	Brot
drikke	trinken
eller	oder
enn	als (bei Komparativ)
ennå	noch
ennå ikke/ikke ennå	noch nicht
Farris, en	*norw. Mineralwasser*
finne	finden (*hier:* suchen)
flaske, en/ei	Flasche
for	für
fornavn, et	Vorname
formell [o]	formell
ganske	ziemlich, ganz
geitost, en [jæit-]	Ziegenkäse
glass, et	Glas
gå	gehen
ha de*t*	tschüss
hvordan	wie
Hvordan har du det?	Wie geht es?
hvorfor [u-o]	warum
høfli*g*hetsform, en/ei [o]	Höflichkeitsform
hån*d*hilse	mit Handschlag begrüßen
ikke	nicht
innom	
komme innom	vorbeischauen
jo(da)	ja, doch (als Antwort auf eine negative Frage)

kafeteria, en [-ˊte:ria]	Cafeteria
på kafeteria	in einer Cafeteria
kaffe, en	Kaffee
kake, en/ei	Kuchen
kjøpe	kaufen
kopp, en [o]	Tasse
krem, en	Creme, Schlagsahne
like	mögen
lunsj, en	Lunch
mat, en	Essen, Lebensmittel
me*d*	mit
meg [mæi]	mich, mir
men	aber
middag, en	Mittagessen
spise middag	zu Mittag essen
mindre	weniger
morn [o]	hallo
mye	viel
måtte (må)	müssen (muss, musst ...)
noe	etwas
norsklærer, en [o]	Norwegischlehrer/-in
ofte [o]	oft
rekesmørbrø*d*, et	belegtes Brot mit Garnelen/Krabben
run*d*stykke, et	Brötchen
senere	später
si (sier)	sagen (sage, sagst ...)
skikk, en	Sitte
skikk og bruk	Sitten und Gebräuche
skinkesmørbrø*d*, et	Schinkenbrot
snill	lieb
vær så snill ...	bitte, sei so gut ... (wenn man um etw. bittet)
spise	essen
sulten	hungrig
være sulten	Hunger haben

vann = Leitungswasser
melk = Milch

så	so	vanlig	üblich
ta	nehmen	vanligvis	normalerweise
takk	danke	varm	warm
tid en/ei	Zeit	verst [æ]	am schlechtesten
Jeg har ikke tid.	Ich habe keine Zeit.	ikke så verst	nicht schlecht
tørst	durstig	vet	weiß, weißt ...
være tørst	Durst haben	vite (vet)	wissen
unnskyld!	entschuldige!	øl, et	Bier
	Entschuldigung!	å ja	ach so

C. Wörterkiste: Hei, hvordan har du det?

Hallo, wie geht's?

hei, hallo	hallo	god natt	gute Nacht
morn	hallo	ha det	tschüss
god morgen	guten Morgen	ha det bra/godt	mach's gut
god dag	guten Tag	morna	tschüss
god kveld	guten Abend	adjø	adieu

Hvordan går det?
Hvordan har du det? } Wie geht es dir/Ihnen?
Hvordan står det til?

Takk, bare bra.	Danke, gut.
Takk, ganske bra.	Danke, ganz gut.
Takk, ikke så verst.	Danke, nicht schlecht.
Takk, sånn passe.	Danke, es geht so.
Dårlig.	Schlecht.
Vil du ha en kopp te?	Möchtest du eine Tasse Tee?
Ja takk.	Ja, bitte.
Ja gjerne.	Ja, gern.
Nei takk.	Nein, danke.
Vil du ikke ha en kopp te?	Möchtest du nicht eine Tasse Tee?
Jo gjerne.	Doch, gern.

D. Grammatik

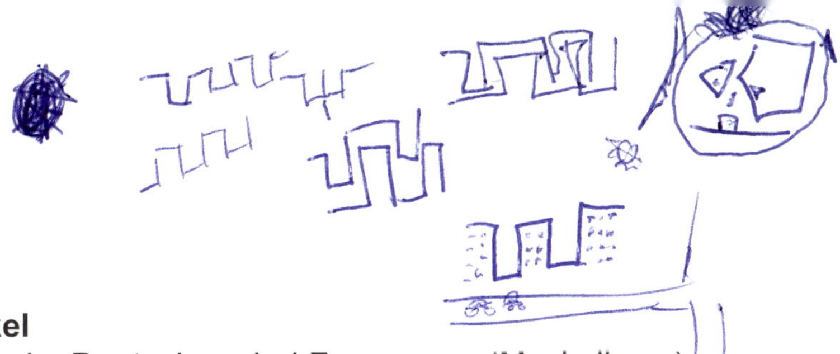

Substantiv

Der unbestimmte Artikel

hat im Norwegischen wie im Deutschen drei Formen: *en* (Maskulinum), *en*/*ei* (Femininum) und *et* (Neutrum).

Maskulinum	**en** kopp	eine Tasse
Femininum	**en/ei** flaske	eine Flasche
Neutrum	**et** glass	ein Glas

Alle femininen Substantive können grundsätzlich mit dem Artikel *en* oder *ei* verwendet werden.

Verb

Imperativ

Die Befehlsform des Verbs entspricht dem Verbstamm, d. h. dem Infinitiv ohne *-e*, und lautet im Singular und Plural gleich.

Infinitiv	Imperativ	
kjøpe	kjøp!	Kaufe! Kauft! Kaufen Sie!
snakke	snakk!	Sprich! Sprecht! Sprechen Sie!
sitte	sitt!	Setz dich! Setzt euch! Setzen Sie sich!
ta	ta!	Nimm! Nehmt! Nehmen Sie!

Wortstellung

Wenn keine anderen Adverbien im Satz vorhanden sind, steht ***ikke*** im Hauptsatz nach dem flektierten Verb.

Jeg er ikke tørst.	Ich habe keinen Durst.
Jeg vil ikke ha bløtkake.	Ich möchte keine Sahnetorte.

In Fragen steht *ikke* normalerweise nach dem Subjekt:

Drikker hun ikke øl?	Trinkt sie kein Bier?
Vil hun ikke ha øl?	Möchte sie kein Bier?

E. Übungen

1. Svar på spørsmålene. Erstatt egennavnet med pronomen (Beantworten Sie die Fragen. Ersetzen Sie den Eigennamen durch ein Pronomen):

a. Er Susanne sulten? .... Ja, hun er sulten.
b. Er Pierre sulten? ....
c. Er ikke Anna sulten? .... Ja (Doch)
d. Drikker Matthias noe? ....
e. Liker ikke Susanne kaffe? ....
f. Vil Anna drikke øl? ....
g. Har Ola mye å gjøre? ....
h. Studerer Ola? ....
i. Vil du ha et smørbrød? ....
j. Vil du ikke ha en kopp kaffe? ....
k. Vil du ha et glass øl? ....
l. Vil du ikke ha ei kake? ....

2. Sett i imperativ (Setzen Sie in den Imperativ):

Eksempel (Beispiel):
Du må kjøpe et glass. — *Kjøp et glass!*

a. Du må spise et rundstykke. ....
b. Du må finne et bord. ....
c. Du må gå. ....
d. Du må drikke en kopp kaffe. ....
e. Du må snakke med Ragnhild. ....
f. Du må arbeide mye. ....

Wiederbeginn 10.9.07

3. Sett følgende setninger i nektende form (Verneinen Sie die folgenden Sätze):

men = aber

eller = oder

og = und

på = auf, in

at = dass

a. Jeg er sulten. ....

b. Hun vil ha et rekesmørbrød. ....

c. De kommer fra Frankrike. ....

d. Vi vil snakke norsk. ....

e. Jeg drikker ei flaske brus. ....

f. Han vil ha et rundstykke. ....

g. Pierre og Anna liker bløtkake. ....

h. Vil du ha et glass øl? ....

4. Finn riktig svar (Suchen Sie die richtige Antwort aus):

a. Studerer du engelsk?
b. Arbeider hun?
c. Er dere fra Norge?
d. Hvor kommer de fra?
e. Hvor studerer Susanne?
f. Snakker de bare fransk?
g. Hvor vil dere ha ferie?

A. Ja, hun er lærer.
B. Nei, vi er fra Italia.
C. Hun studerer i Tromsø.
D. Vi vil ha ferie i Italia.
E. Nei, de snakker også engelsk.
F. De kommer fra Frankrike.
G. Nei, jeg studerer norsk.

5. Lag spørsmål som passer til svarene (Bilden Sie passende Fragen):

a. .... ? Nei takk, jeg vil ha en kopp kaffe.

b. .... ? Et skinkesmørbrød, takk.

c. Liker du ikke geitost ? Jo, jeg liker geitost. Doch

d. .... ? Takk, ikke så verst.

e. .... ? Jo, jeg er tørst.

f. .... ? Ja, det er ledig her.

g. .... ? Takk, bare bra.

h. .... ? Jeg vet ikke.

6. Snakk med sidemannen din:
Er du sulten? Er du tørst? Hva vil du ha?

7. Kryssord: Oversett!

ich
norwegisch
Brötchen
trinken
Kuchen
englisch
nehmen
Flasche
hungrig
Ziegenkäse
Entschuldigung
Tag
kommen
zusammen
nicht
ziemlich, ganz

Elgtesten

Sett inn riktige ord (Fügen Sie die richtigen Wörter ein):

Anna .... sulten og Pierre er .... De er .... en kafeteria. Anna .... en kopp .... og .... ei bløtkake. Pierre .... et .... øl og et rundstykke .... geitost. Der .... Ragnhild og Ola. Ola .... også norsklærer. Han har .... tid. Han vil komme .... senere. Ragnhild spiser .... skinkesmørbrød og .... ei flaske brus. .... kjøper også ei .... Farris. Hun .... tørst. Hun snakker .... Anna og Pierre, ... de snakker .... norsk. Ragnhild sier: »Hvordan har .... det?« »Vi har det ...., men vi har .... å gjøre. Og du?« »Jeg .... det ganske bra, men jeg vil gjerne .... ferie.«

Lektion 3

A. Text

1. Hallo, Anna!

Matthias: Hvor bor du, Anna?
Anna: I Kirkeveien 11.
Matthias: Er det sant? Jeg bor også i Kirkeveien – i nummer 3. Snakk om flaks! Nå må jeg kjøpe inn litt mat. Spiser vi sammen i dag? Hva slags mat liker du?
Anna: Jeg liker nesten all slags mat.
Matthias: Og jeg liker å lage mat. Pølser og poteter?
Anna: Ja, OK! Jeg kjøper noen epler og tre-fire flasker Cola. Dessuten trenger jeg noen frimerker. Jeg tror det er et postkontor i ei gate her i nærheten.
Matthias: Skriver du ofte brev?
Anna: Ja, jeg har mange venner i Italia.
Matthias: Jeg har også mange venner, men jeg liker ikke å skrive brev. Forresten, hva koster det å sende et kort fra Norge?
Anna: Ni eller ti kroner, tror jeg. Men vi kan spørre.

Anna: Hvor mange frimerker vil du kjøpe?
Matthias: Femten stykker. Men vent litt! Jeg har ikke nok penger!
Anna: Hvor mye trenger du?
Matthias: Nitten kroner.
Anna: Du kan gjerne låne tjue kroner av meg. Vær så god!
Matthias: Tusen takk! Forresten, Anna, har du telefon?
Anna: Hvorfor spør du?
Matthias: Fordi jeg vil ringe til deg selvsagt.
Anna: Ja, jeg har telefon, men i dag spiser vi jo sammen, ikke sant? Dessuten er det bare to minutter å gå fra deg til meg.

2. Norsk mat

I Norge spiser man pølser, poteter, bløtkake, geitost, flatbrød, lefse, rømmegrøt, fårikål, multekrem og mye mer.

Noen norske spesialiteter (Einige norwegische Spezialitäten):

flatbrød, et	eine Art dünnes Knäckebrot
lefse, en/ei	ein weiches Gebäck (mit Butter, Zucker, Zimt, ggf. auch Ziegenkäse – zum Kaffee)
rømmegrøt, en	»Sauerrahmbrei« (mit Zimt und Zucker gegessen, wie Milchreis)
fårikål, en	»Hammel-in-Kohl« – ein Hauptgericht
multekrem, en	Schlagsahne mit Multebeeren (orangefarbene »arktische« Beeren) – als Nachtisch

B. Vokabeln

av	von, aus
bo	wohnen
brev, et	Brief
Cola, en	Cola
deg [dæi]	dich/dir
dessuten	außerdem
eple, et	Apfel
flaks, en	Glück, »Schwein«
snakk om flaks!	so ein Glück!
fordi	weil
forresten	übrigens
frimerke, et [æ]	Briefmarke
gate, en/ei	Straße
go*d*	gut
vær så god	bitte schön (wenn man etwas gibt/anbietet)
hallo	hallo
hvor (vor einem Adj./Adv.)	wie
i dag	heute
Kirkeveien	Kirchweg
kjenne	kennen, spüren
kjøpe inn	einkaufen
kort, et [o]	(Ansichts)karte
koste [o]	kosten
Hva/hvor mye koster ...?	Was kostet ...?
krone, en/ei	Krone
lage	machen, zubereiten

lage mat	kochen
like	mögen
like å gjøre noe	etw. gern tun
låne	leihen
mange	viele
hvor mange	wie viele
minutt, et	Minute
mye	viel
hvor mye	wie viel
nesten	fast
noen	einige, jemand
nok [o]	genug
nummer, et [u] (–)	Nummer
nærhet, en/ei	Nähe
i nærheten (av)	in der Nähe (von)
nå	jetzt
OK [o´kei]	okay
om	von, um, über ...
penger (nur Plural)	Geld
postkontor, et [o-o-u]	Postamt
potet, en	Kartoffel
pølse, en/ei	Wurst, Würstchen
ringe til noen	jdn. anrufen
sammen	zusammen
sann/sant	wahr
ikke sant?	nicht wahr?
sel*v*sagt	natürlich
sen*d*e	senden, schicken

skrive	schreiben	telefon, en	Telefon
slags, en/et	Sorte, Art	trenge	brauchen
hva slags	was für (ein), welche Art (von)	tro	glauben
		tusen, et (–)	tausend, Tausend
all slags	jede Art (von)	tusen takk	vielen Dank
spesialitet, en	Spezialität	venn, en	Freund
spørre (spør)	fragen	vente	warten
stykke, et	Stück	vei, en	Weg

C. Wörterkiste: Vel bekomme! Wohl bekomm's!

brød, et	Brot	kjøtt, et	Fleisch
smør, et	Butter	fisk, en	Fisch
ost, en	Käse	suppe, en/ei	Suppe
pølse, en/ei	Wurst	salat, en	Salat
syltetøy,et	Konfitüre	frukt, en	Obst
honning, en	Honig	grønnsaker (Plural)	Gemüse
pålegg, et	Aufstrich	melk, en	Milch
rett, en	Gericht	dessert, en	Nachtisch
forrett, en	Vorspeise		

D. Grammatik

Substantiv

Der unbestimmte Plural

Der Plural der Substantive wird gebildet, indem an den Singular die Endung *-er* angehängt wird. Endet das Substantiv bereits auf *-e*, wird lediglich ein *-r* hinzugefügt:

Singular	Plural	
en venn	venn**er**	Freunde
en potet	potet**er**	Kartoffeln
en/ei flaske	flaske**r**	Flaschen
en/ei krone	krone**r**	Kronen
et minutt	minutt**er**	Minuten
et frimerke	frimerke**r**	Briefmarken

Eine Ausnahme zu dieser Regel bilden **einsilbige Neutra.** Sie lauten in Einzahl und Mehrzahl gleich: *et brev – mange brev.*

Singular	Plural	
et brød	brød	Brote
et brev	brev	Briefe
et glass	glass	Gläser
et bord	bord	Tische

Dasselbe gilt für zusammengesetzte Substantive, die als letztes Glied ein einsilbiges Neutrum haben: *et rekesmørbrød – mange rekesmørbrød.*

Wortstellung

Wie im Deutschen gibt es **Inversion** (Subjekt und Verb tauschen den Platz), wenn am Satzanfang ein anderes Satzglied als das Subjekt steht.

Jeg kjøper noen epler.	Ich kaufe einige Äpfel.
I dag kjøper jeg noen epler.	Heute kaufe ich einige Äpfel.

Im **Nebensatz** gibt es keine Endstellung des flektierten Verbs.

Jeg kjøper ei flaske fordi jeg liker Cola.	Ich kaufe eine Flasche, weil ich Cola mag.
Jeg spør fordi jeg vil ringe til deg.	Ich frage, weil ich dich anrufen will.

Die Grundzahlen von 0 bis 20

0	null		
1	en, ett*	11	elleve
2	to	12	tolv [o]
3	tre	13	tretten
4	fire	14	fjorten
5	fem	15	femten
6	seks	16	seksten [sæistn]
7	sju	17	sytten [søtn]
8	åtte	18	atten
9	ni	19	nitten
10	ti	20	tjue

* *ett* steht vor neutralen Substantiven.

E. Übungen

1. Les tallene (Lesen Sie die Zahlen):

Eksempel: *3 + 4 = 7* *tre og fire er sju*

a. 6 + 3 = 9
b. 2 + 8 = 10
c. 1 + 5 = 6
d. 8 + 4 = 12
e. 5 + 6 = 11
f. 13 + 1 = 14
g. 11 + 4 = 15
h. 8 + 8 = 16
i. 9 + 6 = 15
j. 13 + 6 = 19
k. 2 + 9 = 11
l. 10 + 2 = 12
m. 6 + 7 = 13
n. 15 + 2 = 17
o. 16 + 3 = 19
p. 12 + 8 = 20

2. Sett inn tallord (Setzen Sie Zahlwörter ein):

Eksempel:
Jeg har ikke bare ..... kopp. Jeg har (3) — *Jeg har ikke bare en kopp, jeg har tre kopper.*

a. Jeg har ikke bare ..... kake. Jeg har (7) ....
b. Jeg har ikke bare ..... glass. Jeg har (8) ....
c. Jeg har ikke bare ..... venn. Jeg har (15) ....
d. Jeg har ikke bare ..... rundstykke. Jeg har (11) ....
e. Jeg har ikke bare ..... frimerke. Jeg har (12) ....
f. Jeg har ikke bare ..... brev. Jeg har (17) ....
g. Jeg har ikke bare ..... eple. Jeg har (16) ....
h. Jeg har ikke bare ..... potet. Jeg har (14) ....
i. Jeg har ikke bare ..... flaske. Jeg har (18) ....

3. Erstatt med et personlig pronomen
(Ersetzen Sie die unterstrichenen Satzglieder durch ein Personalpronomen):

Eksempel:

Matthias og Anna spiser pølser.	*De spiser pølser.*
a. Matthias og jeg bor i Ullevålsveien.	....
b. Anna liker poteter.	....
c. Du og Anna spiser bløtkake.	....
d. Pierre snakker fransk.	....
e. Du og jeg har mye å gjøre.	....
f. Du og Pierre er på ferie.	....
g. Susanne og Matthias snakker tysk.	....

4. Fortsett setningene (Vervollständigen Sie die Sätze):

Eksempel:

Vi spiser sammen.	*Nå*	*Nå spiser vi sammen.*
a. Vi lærer norsk.	I dag	....
b. Jeg må skrive et brev.	Forresten	....
c. Jeg kan snakke norsk.	Selvsagt	....
d. Hun ringer til Matthias.	Senere	....
e. Jeg kjøper noen frimerker.	Der	....
f. Han må snakke med Anna.	Dessuten	....

5. Oversett til norsk:

a. Heute rufe ich dich an.	....
b. Wie viel kostet ein Apfel?	....
c. Wir wohnen hier in der Nähe.	....
d. Ich will eine Karte schreiben.	....
e. Wie viele Brötchen kauft ihr?	....

f. Später trinke ich Kaffee und esse etwas. ....
g. Was für einen Kuchen möchtest du? ....
h. Sie mögen alle Arten von Fisch. ....

6. Svar på spørsmålene:

a. Hvor mange glass har du? Jeg har to ~~glass~~ glass)
b. Hvor mange venner har du? Jeg har fire venner.
c. Hvor mange brev skriver du? Jeg ~~ikke~~ skriver ikke mange brev.
d. Hvor mange flasker øl drikker du? Jeg drikker mange flasker øl.
e. Hvor mange rundstykker spiser du? Jeg spiser mange rundstykker.

7. Snakk med sidemannen din:

Kjenner du noen norske spesialiteter?
Liker du å lage mat?
Hva slags mat liker du å lage?

Elgtesten

Lag en sammenhengende tekst. Sett setningene i riktig rekkefølge
(Bilden Sie aus den folgenden Sätzen einen zusammenhängenden Text, indem Sie die Sätze in die richtige Reihenfolge bringen):

1. Matthias og Anna vil spise sammen, og nå vil de kjøpe inn litt mat.
2. »Fordi jeg vil ringe til deg. Men jeg kan også skrive et brev til deg. Vil du ha det?«
3. »Nei, jeg skriver ikke brev. Jeg liker ikke å skrive. Har du forresten telefon, Anna?«
4. »Hva slags mat liker du, Anna?«
5. »Jeg kan gjerne lage pølser og poteter, men vi trenger også ei flaske Cola og tre-fire epler. Kan du kjøpe epler og Cola, Anna?«
6. »Ja, jeg vil gjerne ha mange, mange brev fra deg!«
7. »Jeg liker nesten all slags mat, men ikke geitost og fårikål.«
8. »Ja, OK. Dessuten må jeg kjøpe kaffe. Frimerker trenger jeg også. Jeg vil skrive et brev til en venn i Italia. Trenger du også frimerker, Matthias?«
9. »Ja, selvsagt, men hvorfor spør du?«

Begynn med:

Matthias og Anna vil spise sammen, og nå vil de kjøpe inn litt mat.

....

....

....

....

....

....

....

....

....

....

Lektion 4

A. Text

1. Skandinaviske venner

Susanne skriver kort til en svensk venninne:

Hei Birgitta!

Nå er jeg endelig i Oslo. Her bor jeg hos en hyggelig, gammel dame. Hun heter Nora og er over 80 år. Hun har et stort, gammelt hus med åtte rom. Jeg har et fint, lyst rom med utsikt mot en stor park med mange høye trær. Det bor to andre utenlandske studenter her, ei jente fra Finland og en gutt fra Danmark. Marja er her fordi hun arbeider i et finsk firma og Bjørn fordi han har en norsk venninne. Heldigvis kan Marja svensk, og vi tre snakker alltid norsk-svensk-dansk med hverandre. Det er litt vanskelig å forstå dansk, men stort sett går det bra.

Nå sitter jeg på en kafé og spiser et billig, men godt skinkesmørbrød. Oslo er en ganske dyr by, og det er ikke lett å finne kafeer med billig mat. Det er fint vær her i dag. Hvordan er det i Stockholm?
Kommer du til Oslo snart? Skriv eller ring!

Jeg har telefon: 22 87 65 43 og adresse:
Tryms vei 77,
0375 Oslo 3

Hjertelig hilsen
Susanne

2. Norge, Sverige, Danmark og Finland

Norge, Sverige, Danmark og Finland er gode naboer og har mye med hverandre å gjøre. Susanne kan skrive på norsk til Birgitta fordi nordmenn, svensker og dansker vanligvis forstår hverandre uten større

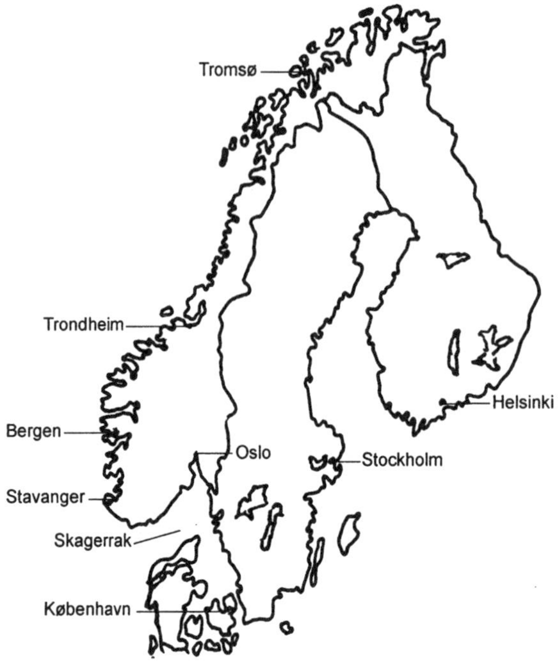

problemer - skriftlig og muntlig. Norsk, dansk og svensk er nesten som tre dialekter av et språk. Finsk hører til en annen språkfamilie, og det er ikke mulig for nordmenn, dansker og svensker å forstå finsk. Heldigvis snakker mange finner også svensk.

Eksempel på en setning på norsk, dansk, svensk og finsk:

bokmål:	Jeg spiser en kake og drikker en kopp kaffe.
nynorsk:	Eg et ei kake og drikk ein kopp kaffi.
dansk:	Jeg spiser en kage og drikker en kop kaffe.
svensk:	Jag äter en kaka och dricker en kopp kaffe.
finsk:	Syön kakun ja juon kupin kahvia.

B. Vokabeln

adresse, en/ei	Adresse, Anschrift	dyr	teuer
allti*d*	immer	eksempel, et (–)	Beispiel
andre	andere	endelig	endlich
annen	anderer	Englan*d*	England
billig	billig	engelskmann, en (-menn)	Engländer/-in
by, en	Stadt		
dame, en/ei	Dame, Frau	fin	schön, fein
Danmark	Dänemark	Finlan*d*	Finnland
dansk	dänisch	finne, en	Finne/Finnin
danske, en	Däne/Dänin	finsk	finnisch
dialekt, en	Dialekt	firma, et	Firma

forstå	verstehen
franskmann, en (-menn)	Franzose/Französin
gammel	alt
godt [o]	gut
gutt, en	Junge
heldi*g*vis	glücklicherweise
hilsen, en	Gruß
hjertelig [æ]	herzlich
hos (+Personen)	bei
hus, et	Haus
hverandre [æ]	einander
hyggelig	nett
høre til	an-/zugehören
høy/høyt	hoch, laut
italiener, en (-e)	Italiener/-in
jente, en/ei	Mädchen
kafé, en	Café
lese	lesen
lese høyt	vorlesen
lett	leicht
lys	hell
mot	gegen
mulig	möglich
muntlig	mündlich
nabo, en	Nachbar
nor*d*mann, en (-menn)	Norweger /-in
over	über
park, en	Park

problem, et	Problem
rom, et	Zimmer
setning, en	Satz
skandinavisk	skandinavisch
skriftlig	schriftlich
snart	bald
som [o]	wie
språk, et	Sprache
språkfamilie, en	Sprachfamilie
stor	groß
større	größer
stort sett	im Großen und Ganzen
sveitser, en (-e)	Schweizer/-in
svensk	schwedisch
svenske, en	Schwede/Schwedin
Sverige [ˈsværjə]	Schweden
til	an
tre, et (trær)	Baum
tysker, en (-e)	Deutsche/r
uten	ohne
utenlan*d*sk	ausländisch
utsikt, en	Blick, Aussicht
vanskelig	schwierig
venninne, en/ei	Freundin
vær, et	Wetter
Østerrike	Österreich
østerriker, en (-e)	Österreicher/-in
østerriksk	österreichisch
år, et	Jahr

C. Wörterkiste: Post og telefon

postkontor, et	Post(amt)
sende et brev	einen Brief schicken
(post)kort, et	(Post)karte, Ansichtskarte
pakke, en	Paket
småpakke, en	Päckchen
frimerke, et	Briefmarke
et frimerke til 6 kroner	eine Briefmarke zu 6 Kronen
telefon, en	Telefon
ringe til noen	jemanden anrufen
snakke med noen i telefonen	mit jemandem telefonieren
telefonnummer, et	Telefonnummer
retningsnummer, et	Vorwahl

telefonsamtale, en	Telefongespräch
fjernsamtale, en	Ferngespräch
Hallo, dette er ...	Hallo, hier ist ...
Kan jeg få snakke med ...?	Kann ich ... sprechen?
Et øyeblikk.	Einen Moment, bitte.
Det er telefon til deg.	Ein Anruf für dich.
Hva er ditt telefonnummer/ din adresse?	Wie lautet deine Telefonnummer/ deine Adresse?

D. Grammatik

Adjektiv

Die unbestimmte Form

Das Adjektiv steht vor unbestimmten maskulinen und femininen Substantiven in der Grundform. Im Neutrum erhält das Adjektiv ein *-t.* Im Plural lautet die Endung *-e*.

	Maskulinum	Femininum	Neutrum
Singular	en **god** venn ein guter Freund	en/ei **god** kake ein guter Kuchen	et **godt** eple ein guter Apfel
Plural	**gode** venner gute Freunde	**gode** kaker gute Kuchen	**gode** epler gute Äpfel

Ausnahme:
Adjektive auf *-ig* und die meisten Adjektive mit der Endung ***-sk*** (darunter alle Nationalitätenangaben) erhalten im Neutrum keine Endung.

et billig brød	ein billiges Brot
et skandinavisk språk	eine skandinavische Sprache

Auslassung des Artikels

Der unbestimmte (und der bestimmte) Artikel können in vielen Fällen wegfallen, in denen sie im Deutschen stehen müssen (s. S. 226).

De er på språkkurs i Oslo.	Sie sind in einem Sprachkurs in Oslo.
Jeg skriver kort til en venn.	Ich schreibe eine Karte an einen Freund.

Grundzahlen 21–100

21	tjueen	30	tretti
22	tjueto	40	førti
23	tjuetre	50	femti
24	tjuefire	60	seksti
25	tjuefem	70	sytti [søtti]
26	tjueseks	80	åtti
27	tjuesju	90	nitti
28	tjueåtte	100	(ett) hundre
29	tjueni		

1. Die folgenden drei Zahlen haben auch eine zweite, ältere Form:

7	*sju* oder *syv*
20	*tjue* oder *tyve*
30	*tretti* oder *tredve*

2. Die ältere »deutsche« Zählweise ist immer noch in Gebrauch: 51 = *en og femti* statt *femtien*

E. Übungen

1. Sett inn riktig form av adjektivet:

a. norsk — Jeg har en .... venn.
b. god — Vil du ha et .... rundstykke?
c. varm — Hun drikker en kopp .... kaffe.
d. billig — Dette er et .... bord.
e. stor/lys — Nora har et .... hus med mange .... rom.
f. tysk — De har en .... lærer.
g. god/varm — De spiser noen .... lefser og .... rømmegrøt.
h. utenlandsk — Har du noen .... frimerker?
i. finsk — Ja, jeg har et .... frimerke.
j. vanskelig — Er norsk et .... språk?
k. høy — Birgitta liker ikke .... trær.
l. hyggelig/dansk — Bjørn er en ...., ... gutt.

2. Her er noen telefonnummer. Les dem høyt
(Hier sind einige Telefonnummern. Lesen Sie sie vor):

55 16 32 89 83 98 44 15 41 22 57 19 29 80 26 40 21 66 75 14
74 27 17 04 22 72 31 94 36 88 18 08 09 63 39 13 68 47 77 17

Hva er ditt telefonnummer?

3. Fyll ut:

Østerrike	østerriksk	østerriker
		tysker
Sverige		
		sveitser
Norge		
		engelskmann
	finsk	
		franskmann
Danmark		
		italiener

4. Sett inn *hvem, hva, hvor, hvordan* eller *hvorfor*:

a. Hvordan har du det?
b. Hvorfor liker dere ikke geitost?
c. Hvem spiser rømmegrøt?
d. Hvordan går det?
e. Hvem er fra Finland?
f. .... kan Susanne snakke norsk med Marja?
g. .... spiser de ikke bløtkake?
h. .... er det å bo i Oslo?
i. .... er det vanskelig å forstå finsk?
j. Hva koster tre epler?
k. Hvor bor Susanne?

5. Fyll ut:

Heike .... Østerrike er .... språkkurs .... Bergen. Hun .... sammen med ei finsk .... De bor .... et stort, gammelt .... med åtte .... Heike har et .... rom med .... mot en .... med mange høye .... Eila har utsikt .... ei gate. Fordi Heike ikke liker å .... mat, spiser hun ofte på en .... i nærheten. I dag spiser hun sammen .... Eila. Heike er ...., og hun spiser tre .... Fordi hun også er tørst, ... hun ei .... mineralvann og to .... te. Eila er også i Norge .... hun vil lære .... Hun forstår ganske .... nå, men hun kan .... snakke så bra. Heike snakker godt, men hun .... ikke norske dialekter. Heike og Eila vil .... snakke norsk .... hverandre, og det går stort .... bra. Nå .... Heike et kort til en .... i Sverige. Hun skriver .... norsk til Eleonor .... svensker .... forstår norsk.

6. Snakk med sidemannen din:

Hva vet du om Skandinavia?
Hva vet du om dansk, finsk, norsk og svensk?

Elgtesten

Bjørn, Katrine, Mari og Egil er på et postkontor og har mye å gjøre der. Arne arbeider der. Hva sier de? Lag fire dialoger:

Bjørn vil sende:

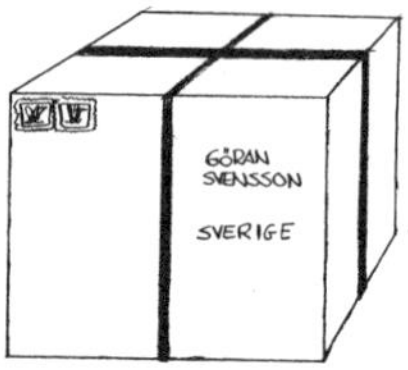

Katrine vil sende:

Mari vil sende:

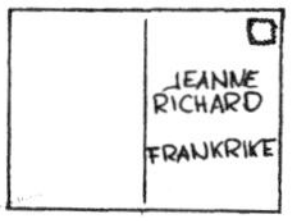

Egil vil kjøpe:

15 stk

25 stk

Lektion 5

A. Text

1. Typisk norsk?

Susanne og Anna vil kjøpe seg norske kofter.
Pierre er med dem på Husfliden.

Susanne: Jeg vil ha ei blå kofte med hvitt og rødt mønster.
Anna: Du vil ha norske farger?
Pierre: Franske, mener du.
Susanne: Franske eller norske – det spiller ingen rolle. Men jeg vil ikke ha ei grønn eller gul eller ...
Pierre: ... svart eller brun kofte. Men du har jo på deg en fin, norsk genser. Må du ha ei kofte også?
Susanne: Ja.
Anna: Jeg vil gjerne ha ei tjukk, grå kofte med hvitt mønster.
Susanne: Her er ei fin, lys kofte.
Anna: Den er for lys.
Susanne: Men se her! De har noen flotte skjerf også. Jeg har en god venn i Tyskland. Dette er sikkert noe for ham.
Pierre: Her er et skjerf med reinsdyrmønster.
Susanne: Det er veldig mørkt.
Anna: Mor elsker skandinaviske ting. Er ikke dette et fint troll? Det må være noe for henne.
Susanne: Uff, jeg liker ikke troll. Men kanskje et vikingskip ...
Pierre: Plastikksuvenirer. Typisk norsk – made in Taiwan.
Anna: De er av tinn, Pierre, og her på Husfliden har de bare ekte norske suvenirer. De er ikke billige, men ...
Susanne: De er for dyre for meg. Vi må komme tilbake senere. I dag vil vi kjøpe kofter, ikke sant? Det blir snart kaldt, og vi trenger dem nå.
Anna: Ja, vi må prøve å bestemme oss.
Pierre: Det er faktisk en god idé. Da kan kanskje jeg også kjøpe noe. Jeg trenger en varm jakke og ei ny bukse.

2. Troll

spiller en viktig rolle i norsk folketro. Et troll er nesten alltid stort og gammelt. Det har ofte mye hår og skjegg, en lang nese og hale. Norsk natur er full av mystikk. Et troll kan vise seg i et tre, ei rot eller i en stein. Ordet *troll* finner vi i mange navn og andre ord, for eksempel:

Trollheimen	Gebirge in Møre og Romsdal og Trøndelag	*Trollfjorden*	Fjord in Vesterålen
Trollstigen	Serpentinenstraße südl. von Åndalsnes	*Trollhaugen*	Edvard Griegs Haus in Bergen
trolldeig	Salzteig	trollkrem	Nachtisch aus Preiselbeeren, Eischnee und Zucker

B. Vokabeln

bestemme (seg)	(sich) entscheiden	gul	gelb
bli	werden, bleiben	ha på seg	anhaben
blå	blau	hale, en	Schwanz
brun	braun	ham	ihn, ihm
bukse, en/ei [u]	Hose	henne	sie, ihr
da	dann	hjelp, en/ei	Hilfe
den	er, sie	Husfliden	*Geschäft mit norw. kunsthandwerklichen Produkten*
dem	sie, ihnen		
eksempel, et (–)	Beispiel		
for eksempel/f.eks.	zum Beispiel/ z.B.	hvit	weiß
ekte	echt	hår, et	Haar
elske	lieben	idé, en (ideer)	Idee
faktisk	tatsächlich, wirklich	ingen	kein, niemand
farge, en	Farbe	jakke, en/ei	Jacke
flott [o]	toll, schön	kal*d*	kalt
folketro, en [o-u]	Volksglaube	kanskje	vielleicht
for	zu	kofte, en/ei	norw. Strickjacke
full (av)	voll (von)	lang	lang
genser, en (-e)	Pullover	mene	meinen
grønn	grün	mor, en/ei (mødre)	Mutter
grå	grau	mystikk, en [-´tik]	Mystik

mønster, et (–)	Muster
mørk	dunkel
natur, en	Natur
navn, et	Name
nese, en/ei	Nase
ny	neu
or*d*, et	Wort
oss [o]	uns
plastikk, en	Plastik
prøve	versuchen
reinsdyr, et	Rentier
rolle, en/ei [o]	Rolle
Det spiller ingen rolle.	Das spielt keine Rolle.
rot, en/ei (røtter)	Wurzel
rø*d*	rot
se	sehen
se her	schau mal, schau her
seg [sæi]	sich
sikker/sikkert	sicher, bestimmt
skjegg, et	Bart
skjerf, et [æ]	Schal
spille	spielen
stein, en	Stein
suvenir, en	Souvenir
svart	schwarz
tilbake	zurück
ting, en (–)	Ding, Sache
tinn, et	Zinn
tjukk	dick
troll, et [o]	Troll
typisk	typisch
uff	*Ausruf der Ablehnung*
varm	warm
veldig	sehr
vikingskip, et	Wikingerschiff
viktig	wichtig
vise (seg)	(sich) zeigen

C. Wörterkiste: På handletur Einkaufsbummel

handle/kjøpe	einkaufen
butikk, en	Geschäft, Laden
supermarked, et	Supermarkt
varehus, et	Kaufhaus
Det er på salg.	Das ist herabgesetzt.
Ekspeditøren sier:	Die Verkäuferin/der Verkäufer sagt:
Vær så god!	Bitte schön!
Kan jeg hjelpe deg?	Kann ich dir/Ihnen helfen?
Vi har dessverre ikke ...	Wir haben leider kein ...
Det blir 20 kroner.	Das macht 20 Kronen.
Du betaler i kassen.	Bezahlen Sie an der Kasse.
Kunden sier:	Die Kundin/der Kunde sagt:
Hvor mye/Hva koster ...?	Wie viel/Was kostet ... ?
Jeg ser etter ...	Ich suche ...
Jeg trenger ...	Ich brauche ...
Jeg vil heller ha ...	Ich möchte lieber ...
Dette er for dyrt/for stort/ for kort ...	Das ist zu teuer/zu groß/zu kurz ...
Vær så snill og vis meg ...	Zeigen Sie mir bitte ...

D. Grammatik

Pronomen

Alle Formen des Personalpronomens

Singular	Subjektformen		Objektformen		Reflexivpron.	
1. Pers.	jeg	ich	meg	mir, mich	meg	mich
2. Pers.	du	du	deg	dir, dich	deg	dich
3. Pers.	han	er	ham/han	ihm, ihn	seg	sich
	hun	sie	henne	ihr, sie	seg	sich
	den	er, sie	den	ihm, ihn, ihr, sie	seg	sich
	det	es	det	es, ihm	seg	sich
Plural						
1. Pers.	vi	wir	oss	uns	oss	uns
2. Pers.	dere	ihr	dere	euch	dere	euch
3. Pers.	de	sie	dem	ihnen, sie	seg	sich
Höflichkeitsf.	De	Sie	Dem	Ihnen, Sie	Dem	sich

Gebrauch des Personalpronomens der 3. Person

Die Pronomen *han/ham* und *hun/henne* werden nur für Personen gebraucht. Für Gegenstände und auch für Tiere benutzt man die Formen *den* (Mask./Fem. Sg.) und *det* (Neutr. Sg.). Im Plural gibt es nur die Form *de*.

M.	Jeg har en venn. **Han** heter Pål. Ich habe einen Freund. **Er** heißt Pål.	Jeg ser en vei. **Den** er lang. Ich sehe einen Weg. **Er** ist lang.
F.	Jeg bor hos ei fransk jente. **Hun** er hyggelig. Ich wohne bei einem französischen Mädchen. **Sie** ist nett.	Jeg har ei blå bukse. **Den** er fin. Ich habe eine blaue Hose. **Sie** ist schön.
N.		Jeg har et glass. **Det** er fint. Ich habe ein Glas. **Es** ist schön.
Pl.	Jeg ser to studenter. **De** er tørste. Ich sehe zwei Studenten. **Sie** haben Durst.	Jeg har to epler. **De** er røde. Ich habe zwei Äpfel. **Sie** sind rot.

Adjektiv

1. ***blå, grå* und *ny*** erhalten im Neutr. Sg. die Endung *-tt*. Im Plural haben *blå* und *grå* keine Endung, *ny* bekommt die Endung *-e*.

Sg.	et **blått** frimerke eine blaue Briefmarke	et **nytt** bord ein neuer Tisch
Pl.	**blå** frimerker blaue Briefmarken	**nye** bord neue Tische

2. **Das Adjektiv in prädikativer Stellung** richtet sich, anders als im Deutschen, in Geschlecht und Zahl nach dem Subjekt.

Mask./Fem.	Den er **dyr**.	Er/Sie ist teuer
Neutrum	Det er **dyrt**.	Es ist teuer.
Plural	De er **dyre**.	Sie sind teuer.

Verb

Reflexive Verben

Jeg bestemmer meg.	Ich entscheide mich.
Du bestemmer deg.	Du entscheidest dich.
Hun/Han bestemmer seg.	Sie/Er entscheidet sich.
Vi bestemmer oss.	Wir entscheiden uns.
Dere bestemmer dere.	Ihr entscheidet euch.
De bestemmer seg.	Sie entscheiden sich.

Rechtschreibregel

Vor einem neuen Konsonanten wird ein Doppelkonsonant normalerweise vereinfacht.

grønn	→	grønt	grün
tjukk	→	tjukt	dick

E. Übungen

1. Sett inn riktig form av adjektivet og – om nødvendig – av artikkelen
   (Setzen Sie die richtige Form des Adjektivs und – wenn nötig – des Artikels ein):

Eksempel:

hvit	*Hun har .... genser.*	*Hun har **en hvit** genser.*
a. god	Jeg spiser .... bløtkake.	
b. kald	Han drikker en kopp .... kaffe.	
c. stor	Vil du ha .... rundstykke?	
d. tjukk	Jeg liker ikke .... kofter.	
e. grønn	Bodil kjøper .... skjerf.	
f. fransk	Liker du .... poteter?	
g. gul/blå	Torleif vil ha .... bukse og to .... jakker.	
h. god/varm	De spiser noen .... lefser og .... rømmegrøt.	
i. billig	Vi kjøper .... smørbrød.	
j. grå	Dere ser .... reinsdyr.	
k. lys	Jeg vil ha .... kofte.	
l. norsk	Gerd liker .... suvenirer.	
m. varm	Har du .... bukse?	
n. tysk	Britt trenger .... frimerke.	
o. viktig	Pål skriver .... brev.	

2. Sett inn riktig pronomen:

Eksempel:

Jeg har ei pølse.	*Den er varm.*
a. Han har en telefon.	.... er gul.
b. Hun har et eple.	.... er stort.
c. Jeg ser Pierre.	.... er sulten.
d. Han har fem jakker.	.... er fine.
e. Du har ei bukse.	.... er rød.

f. Jeg ser Anna. .... er tørst.

g. Du har tre skjerf. .... er blå.

h. Der sitter en student. .... snakker norsk.

3. Lag setninger med pronomen og adjektiv
(Bilden Sie Sätze mit Pronomen und Adjektiv):

Eksempel: Jeg har ei bukse. (fin) *Den er fin.*

a. Jeg kjøper fire kort. (dyr) ....
b. De har et glass. (ny) ....
c. Vi ser en lærer. (sulten) ....
d. Han skriver et brev. (lang) ....
e. Der går en svenske. (tjukk) ....
f. Jeg kjøper to smørbrød. (varm) ....
g. Dere kjøper mange suvenirer. (billig) ....
h. Han spiser ei kake. (god) ....

4. Oversett til norsk:

a. Ich spreche mit ihm. ....
b. Du sprichst mit ihr. ....
c. Er spricht mit mir. ....
d. Sie spricht mit dir. ....
e. Wir sprechen mit ihnen. ....
f. Ihr sprecht mit uns. ....
g. Sie sprechen mit euch. ....

5. Snakk med sidemannen din:

Hva vil du kjøpe i Norge? Hvorfor?

Rollespill: Du er på Husfliden/i en matbutikk og trenger hjelp.

Elgtesten

Tall og uttaleøvelse. Les teksten høyt
(Zahl- und Ausspracheübung. Lesen Sie vor):

Gerda er fra Tyskland. Hun er tysklærer i Oslo. Hun liker rømmegrøt og geitost.
Kjell er norsk og studerer tysk i Oslo. Han liker øl og skinkesmørbrød.
I dag er Gerda sulten og tørst. Hun drikker 3 kopper kaffe og spiser 5 rekesmørbrød.
Kjell spiser 6 stykker bløtkake og drikker 4 glass øl. De snakker alltid norsk med hverandre.

Gerda: Vi spiser kanskje litt for mye, Kjell. Jeg vil ikke bli tjukk.
Kjell: Ja, det er sant. Nå spiser vi ikke mer.
Gerda: Vet du forresten hva ei »kofte« er, Kjell?
Kjell: Selvsagt vet jeg det. Jeg er jo norsk. Vi går på Husfliden. Der kan du se mange kofter.

På Husfliden ser de 8 blå kofter og 14 røde.
Gerda kjøper 7 lyse skjerf og 18 fine troll. De er ikke billige, og hun har ikke nok penger. Hun vil låne penger av Kjell.

Gerda: Kan du låne meg 70 kroner?
Kjell: Du kan gjerne låne 80 kroner. Vær så god!
Gerda: Men det er 10 kroner for mye.
Kjell: Det er OK.
Gerda: Jeg må komme tilbake senere. Jeg vil også gjerne kjøpe 12 vikingskip og ei tjukk kofte.
Men nå må jeg finne et postkontor. Jeg vil kjøpe 27 kort og 40 frimerker. Jeg har mange venner: 9 i England, 13 i Tyskland og 16 i Østerrike.
Kjell: Da må du kjøpe 38 kort.
Gerda: Jeg vil bare sende 17 kort i dag. Jeg kjøper 21 kort senere.
Kjell: Spiser vi sammen i dag? Jeg lager fårikål og multekrem.
Gerda: Ja, fint. Jeg er faktisk litt sulten nå.
Kjell: Du er alltid sulten, men det er jeg også. Har du forresten telefon?
Gerda: Ja, selvsagt. Jeg har nummer 77 88 44. Og du?
Kjell: Jeg har nummer 11 32 27. Men nå går vi og kjøper mat, Gerda!

Lektion 6

A. Text

1. Gratulerer med dagen!

Matthias: Gratulerer med dagen, Susanne! Hvor gammel blir du egentlig?
Susanne: Hvor ung mener du? 22 år.
Anna: Her får du en liten ting. Vær så god!
Susanne: Tusen takk! Så hyggelig at dere gir meg en gave. Men hvordan vet dere at jeg har fødselsdag?
Pierre: Tja, det er ikke lett å skjule noe for oss.
Susanne: »Kunsten i Norge«, ei nydelig bok. Midt i blinken!
Anna: Ja det er mange vakre bilder i den, og teksten er lett å forstå. Det er et kort fra oss i den. Kan du lese det?
Susanne: Ja, selvsagt: »I livet går skjønnheten til grunne, men ikke kunsten«. Er du dikteren, Matthias?
Matthias: Nei, for en gangs skyld ikke. Det er Leonardo da Vinci.
Susanne: Etter timen tar vi en tur ned på Aker brygge. Isen på en av uterestaurantene der er kjempegod. Jeg spanderer!
Pierre: En god idé! Og været er for en gangs skyld også fint. Det regner faktisk ikke i dag!
Matthias: »Nå skinner sola i vinduskarmen, og katta maler som aldri før ... «
Anna: Hva siterer du nå, Matthias?
Matthias: En barnesang. Skal jeg synge den for dere?
Pierre: Nei, vær så snill!
Matthias: OK. Men jeg vil bare si at sommeren i Norge **kan** være – hm – bra.
Susanne: Ja, men den er for kort. Og våren er også for kort, og høsten er for lang, men vinteren – den er fin – i alle fall når det er mye snø.
Matthias (synger): »Det snør, det snør, tiddeli bom, det er det det gjør, tiddeli bom ... «

2. To norske barnesanger

Soltrall
(Tekst: Alf Prøysen)

Nå skinner sola i vinduskarmen,
og katta maler som aldri før.
Den ligger langflat og kjenner varmen
og er ei katte med godt humør.
Heisan! Og dudli-atten-tei!
For sola og deg og meg.

Det snør, det snør
(Tekst:Thorbjørn Egner. Melodi: Chr. Hartmann)

Det snør, det snør, tiddeli bom.
Det er det det gjør, tiddeli bom.
Nå snør det mye mer enn før,
tiddeli bom og huttemei tu.

Så kaldt det er, tiddeli bom.
Jeg kjenner det her, tiddeli bom.
Jeg kjenner det på mine tær
tiddeli bom og huttemei tu.

B. Vokabeln

Aker brygge	*Einkaufs- und Restaurantzentrum in Oslo*	blink, en	das »Schwarze«
		midt i blinken	mitten ins Schwarze, gerade richtig
aldri	nie		
at	dass	bok, en/ei (bøker)	Buch
barnesang, en	Kinderlied	brygge, en/ei	Kai
bilde, et	Bild	dikter, en (-e)	Dichter/-in

egentlig	eigentlich
etter	nach
fall, et	Fall
i alle fall	jedenfalls, auf alle Fälle
for - skyl*d*,	- halber, - wegen
fødselsdag, en	Geburtstag
før	zuvor
få	bekommen
gang, en	Mal
for en gangs skyld	ausnahmsweise
gave, en/ei	Geschenk
gi	geben
gratulere	gratulieren
Gratulerer med dagen!	Herzlichen Glückwunsch!
grunn, en	Grund
gå til grunne	zugrunde gehen
humør, et	Laune
hutte(mei)tu	*Ausruf bei Kälte*
hyggelig	nett, gemütlich
så hyggelig	wie nett
høst, en	Herbst
is, en	Eis
katt, en/katte, ei	Katze
kjempe-	*verstärkende Vorsilbe*
kjempego*d*	sehr gut
kjenne	spüren, kennen
kort [o]	kurz
kunst, en	Kunst
langflat	ganz flach
ligge	liegen
liten	klein
liv, et	Leben
male	schnurren

midt i	mitten in
ned	hinunter
når	wenn
nydelig	wunderschön
or*d*bok, en/ei	Wörterbuch
regne	regnen
sangbok, en/ei (bøker)	Liederbuch
sitere [-ˈteːrə]	zitieren
skinne	scheinen
skulle (skal)	sollen
skjule	verbergen
skjønnhet, en/ei	Schönheit
snø	schneien
snø, en	Schnee
sol, en/ei	Sonne
sommer, en (somrer) [o]	Sommer
spandere [-ˈdeːrə]	spendieren
synge	singen
søt	süß
så	wie, so
tekst, en/ei	Text
time, en	Stunde
trall, en	»Geträller«
tur, en	Tour
ta en tur	hingehen, hinfahren
tå, en/ei (tær)	Zeh
ung [u]	jung
uterestaurant, en [-raŋ]	Straßencafé
vakker	hübsch
varme, en	Wärme
vinduskarm, en	Fensterbrett
vinter, en (vintrer)	Winter
vår, en	Frühjahr

C. Wörterkiste: Gratulerer! Herzlichen Glückwunsch!

Gratulerer hjerteligst!	Herzlichen Glückwunsch!
Hjertelig til lykke (med dagen)!	Herzlichen Glückwunsch!
Gratulerer med fødselsdagen!	Herzlichen Glückwunsch zum Geburtstag!
femtiårsdagen!	zum 50.!
bryllupsdagen!	zur Hochzeit!
nytt hus!	zum neuen Haus!
førerkortet!	zum Führerschein!
Våre hjerteligste gratulasjoner!	Unsere herzlichsten Glückwünsche!

D. Grammatik

Substantiv

Der bestimmte Artikel ist im Gegensatz zum Deutschen kein eigenes Wort, sondern eine Endung. Dies gilt sowohl für den Singular wie für den Plural: *-en* (Maskulinum), *-en*/*-a* (Femininum), *-et* (Neutrum), *-ene* (Plural).

Alle Formen des Substantivs:

	Unbest. Sing.	Best. Sing.	Unbest. Pl.	Best. Pl.
Mask.	en kopp eine Tasse	kopp**en** die Tasse	kopp**er** Tassen	kopp**ene** die Tassen
Fem.	en/ei flaske eine Flasche	flask**en** oder flask**a** die Flasche	flask**er** Flaschen	flask**ene** die Flaschen
Neutr.	et minutt eine Minute	minutt**et** die Minute	minutt**er** Minuten	minutt**ene** die Minuten
	et brev ein Brief	brev**et** der Brief	brev Briefe	brev**ene** die Briefe

Das auslautende *-t* im Neutrum Singular wird nicht gesprochen.

Substantive auf *-er*

1. Die Personenbezeichnungen auf *-er* sind im Plural unregelmäßig.

en lærer ein Lehrer/eine Lehrerin	lærer**en** der Lehrer/die Lehrerin	lærer**e** Lehrer/-innen	lærer**ne** die Lehrer/-innen
en tysker ein(e) Deutsche(r)	tysker**en** der/die Deutsche	tysker**e** Deutsche	tysker**ne** die Deutschen

2. Andere maskuline Substantive auf *-er* werden nach folgendem Muster gebildet.

en sommer ein Sommer	sommer**en** der Sommer	somr**er** Sommer	somr**ene** die Sommer
en vinter ein Winter	vinter**en** der Winter	vintr**er** Winter	vintr**ene** die Winter

Adjektiv

1. Das Adjektiv ***liten*** ist unregelmäßig:

	Unbest. Sing.		Unbest. Pl.	
Mask	en liten kopp	eine kleine Tasse	små kopper	kleine Tassen
Fem.	ei lita kake	ein kleiner Kuchen	små kaker	kleine Kuchen
Neutr.	et lite troll	ein kleiner Troll	små troll	kleine Trolle

2. **Adjektive auf *-el, -en, -er*** verlieren das erste -*e*, wenn eine *e*-Endung folgt. Auch in diesen Fällen wird ein Doppelkonsonant (vor einem neuen Konsonanten) vereinfacht (vgl. Lektion 5).

Unbest. Sing.	Unbest. Pl.	
gammel	gamle	alt
sulten	sultne	hungrig
vakker	vakre	hübsch

3. **Adjektive auf *-t*** bekommen normalerweise kein weiteres -*t* im Neutr. Sg.

Mask.	en kort vei	ein kurzer Weg
Neutr.	et kort liv	ein kurzes Leben

Ausnahmen: *hvit* - *hvitt* (weiß) und *søt* - *søtt* (süß).

Konjunktion

Die Konjunktion *at* »dass« kann wie im Deutschen wegfallen:

Hun sier at boka er god.	Sie sagt, dass das Buch gut sei.
Hun sier boka er god.	Sie sagt, das Buch sei gut.

Rechtschreibregel

Der Buchstabe -*m* ist im Auslaut immer einfach.

et rom	rommet	rom	rommene	Zimmer

E. Übungen

1. Svar på spørsmålene:

a. Hvor gammel blir Susanne? ....

b. Hva slags gave får hun? ....

c. Hvor går de etter timen? ....

d. Hva vil de spise der? ....

e. Hva vet du om Aker brygge? ....

f. Kjenner du en norsk barnesang?..

g. Hvordan er været i dag? ....

2. Sett i bestemt form singular:

a. et reinsdyr	....	g. et brød	....
b. en dikter	....	h. en time	....
c. et kort	....	i. ei jente	....
d. en suvenir	....	j. en student	....
e. en vinter	....	k. ei gate	....
f. en geitost	....	l. ei bok	....

3. Fyll ut:

ubest. sing.	best. sing.	ubest. plur.	best. pl.
en lærer	....	....	....
....	smørbrødet	....	....
....	....	....	glassene
....	....	kofter	....
en farge	....	....	....
....	timen	....	....

....	....	rom	....
....	vinteren	....	....
....	....	....	skjerfene
....	....	telefoner	....
et språkkurs	....	....	....
....	sola	....	....

4. Fyll ut med et passende adjektiv:

Eksempel: Kofta er ikke ny. *Den er gammel.*

a. Flaska er ikke stor. Den er ....

b. Kaffen er ikke varm. Den er ....

c. Brevet er ikke langt. Det er ....

d. Kaka er ikke billig. Den er ....

e. Ølet er ikke lyst. Det er ....

f. Læreren er ikke gammel. Hun er ....

5. Sett i ubestemt plural:

Eksempel: en svart katt *svarte katter*

a. ei god pølse ....

b. en gammel dikter ....

c. et vakkert bilde ....

d. en liten gutt ....

e. et lett språk ....

f. en kort tur ....

g. ei blå kofte ....

h. et lite glass ....

6. Sett inn riktig form av adjektivet og pronomenet:

	Eksempel:	
	hvit/sulten	*Vi har to .... katter. ....*
		Vi har to hvite katter. De er sultne.
a.	billig/liten	Han kjøper noen .... epler. ....
		....
b.	svart/varm	Hun drikker en kopp .... kaffe. ....
		....
c.	liten/fransk	Knut synger en .... sang. ....
		....
d.	lang/rød	De spiser mange .... pølser. ....
		....
e.	ung/hyggelig	Vi har en .... lærer. ....
		....
f.	god/skandinavisk	Petra har mange .... venner. ....
		....
g.	fin/billig	Sveinulf har et .... skjerf. ....
		....
h.	lys/fantastisk	Solveig har .... hår. ....
		....
i.	liten/norsk	Jeg ser et .... troll. ....
		....
j.	gammel/snill	Der går tre .... troll. ....

7. Sett i bestemt form singular og plural:

Eksempel:

 *pølsa* *pølsene*

 ....

 ....

 ....

 ....

 ....

 ....

 ....

 ....

 ....

 ....

 ....

 ....

8. Lag spørsmål som passer til svarene:

a. ....? Nei, jeg ser bare en katt.

b. ....? Nei, det liker jeg ikke.

c. ....? Jo, jeg liker snille lærere.

d. ....? Nei, jeg vil ikke ha et rødt skjerf.

e. ....? Nei, jeg har ikke fødselsdag i dag.

f. ....? Hun er på postkontoret.

g. ....? Han er 50 år.

h. ....? Nei, jeg snakker bare tysk.

i. ....? Det er en tysk venn.

j. ....? Nei, han heter Pål.

k. ....? Nei takk, jeg liker ikke fårikål.

l. ....? Ja, jeg er 35 år idag.

9. Snakk med sidemannen din:

Hva vil du gjerne gjøre når du har fødselsdag?

Elgtesten

Sett inn riktig ord:

Thomas .... fødselsdag i dag. Han .... 25 år. Han er .... Norge og vil være sammen med .... tyske og norske venner. Nå er han .... språkkurs. Der ....de leksjon 15. Etter timen går de .... en uterestaurant og ....

is. De drikker også øl og .... Alle gratulerer ham.................... dagen. Birgit .... Thomas .... nydelig skjerf. Det er midt .... blinken for ham. Eirik gir .... ei norsk sangbok fordi Thomas liker å .... Han får også ei stor ....-tysk ordbok. Den .... han når han leser norske .... Thomas spør: .... jeg synge en barnesang for dere? Alle .... »ja«, og Thomas synger en fin, ... sang. .... skinner og .... er varmt.

Lektion 7

A. Text

1. Teater og sjalusi

Pierre:	Hvor var du i går, Anna?
Anna:	I går? Hvordan det? Jeg var på teater.
Pierre:	Alene – eller sammen med Matthias?
Anna:	Det har ikke du noe med. Hvorfor spør du?
Pierre:	Jeg prøvde å ringe til deg, men du svarte ikke.
Anna:	Nei, selvsagt ikke, jeg var jo på Nasjonalteatret. Når ringte du?
Pierre:	Klokka kvart på åtte, klokka åtte, klokka kvart over åtte, klokka halv ni ... mange ganger. Jeg ringte forresten på fredag også. Og i dag prøvde jeg igjen ... Hvilket stykke spilte de?
Anna:	*Vildanden* av Ibsen, veldig alvorlig.
Pierre:	Men dere hadde det sikkert hyggelig likevel – etterpå?
Anna:	Ja, det finnes en koselig liten restaurant i Stortingsgata. Der snakket vi og hygget oss til sent på kveld.
Pierre:	Og jeg var hjemme og leste og tenkte på deg – til sent på kveld.
Anna:	Hva sier du? Du tuller.

Matthias:	Hallo! Takk for i går, Anna!
Anna:	Takk i like måte. Det var en hyggelig kveld.
Matthias:	Ja, ikke sant? Men er du trøtt i dag?
Anna:	Nei, jeg våknet ikke før klokka ti på åtte.
Matthias:	Jeg våknet allerede ved halv-seks-tiden – altfor tidlig. Kanskje fordi jeg spiste litt for mye i går kveld.
Pierre:	Og så drakk du vel litt for mye også – som vanlig.
Matthias:	Og du satt hjemme og var sur – som vanlig.
Anna:	Nå begynner dere å krangle igjen. Jeg synes dere er utrolig barnslige. Hvilke filmer går forresten på kinoene denne uken? Sist jeg var på kino, så jeg en bra engelsk film. Hvis det går en god film nå, kan jeg tenke meg å gå på kino på lørdag.

Matthias: Jeg så også en engelsk film for noen dager siden. Den var ganske bra.

Pierre: Det går en fransk kjærlighetsfilm på Saga, den er sikkert fantastisk.

Anna: Jeg ringer til Susanne og spør om hun vil være med.

2. Henrik Ibsen

Ingen norsk forfatter er vel så godt kjent i utlandet som dramatikeren Henrik Ibsen (1828-1906). Som mange andre norske kunstnere tilbrakte han en stor del av livet i utlandet – i Italia, Tyskland og Østerrike. Kjente dramaer av Ibsen er *Peer Gynt* fra 1867, *Et dukkehjem* (Nora oder Ein Puppenheim) fra 1879, *Gengangere* (Gespenster) fra 1881, *Vildanden* (Die Wildente) fra 1884 og *Hedda Gabler* fra 1890. Handlingen i dramaene utspiller seg i Norge, men er likevel ikke bundet til tid og sted. Mange mener at Ibsens dramaer i dag er like aktuelle som de var for 100 år siden.

B. Vokabeln

aktuell	aktuell	(bandt-bun*d*et)	
alene	allein	del, en	Teil
allerede	schon	denne	dieser
altfor	viel zu	disse	diese
alvorlig [o]	ernst	drama, et	Drama
bare de ikke ...	wenn sie nur nicht ...	dramatiker, en	Dramatiker/-in
barnslig	kindisch	drikke	trinken
begynne (-te)	beginnen	(drakk-drukket)	
bin*d*e (til)	binden (an)	etterpå	nachher

fantastisk	fantastisch
film, en	Film
finnes (fantes)	
det finnes/fins	es gibt
forfatter, en	Schriftsteller/-in
for - siden	vor (+ Zeitdauer)
for 5 år siden	vor 5 Jahren
fredag	Freitag
på fredag	am Freitag
fritid, en/ei	Freizeit
før	vor (+ Zeitpunkt)
ikke før kl. 10	nicht vor 10 Uhr, erst um 10 Uhr
gå (gikk-gått)	gehen, laufen
Hvilken film går på kino?	Welcher Film läuft im Kino?
ha (hadde-hatt)	haben
Det har ikke du noe med.	Das geht dich nichts an.
hal*v*	halb
handling, en/ei	Handlung
hjemme	zu Hause
hvilken	welcher
hvis	falls, wenn
hvordan det?	wieso?
hygge seg (-et)	es nett/gemütlich haben
hyggelig	angenehm, nett
Det var hyggelig./ Vi hadde det hyggelig.	Es war nett/gemütlich.
igjen [iˈjɛn]	wieder
i går	gestern
kino, en	Kino
kjent	bekannt
godt kjent [o]	sehr bekannt
kjærli*g*het, en/ei	Liebe
klage (-de/-et)	klagen, sich beklagen
klokke, en/ei [o]	Uhr
koselig	gemütlich
krangle (-et)	(verbal) streiten
kvart	Viertel
kvel*d*, en	Abend
til sent på kveld	bis spät abends
i går kveld	gestern Abend
leksjon, en	Lektion
lik	gleich
like - som	(genau) so - wie
likevel	trotzdem
lørdag	Samstag

på lørdag	am Samstag
måte, en	Art, Weise
takk i like måte	danke gleichfalls
Nasjonalteatre*t*	das Nationaltheater
når	wann
om	ob
over	über; *hier:* nach
på	an, auf; *hier:* vor
restaurant, en [-raŋ]	Restaurant
Saga	*Kino in Oslo*
sent	spät
se (så-sett)	sehen
sist	das letzte Mal, als ... zuletzt
sitte (satt-sittet)	sitzen
sjalusi, en	Eifersucht
spørre om ... (spurte-spurt)	fragen, ob ...
sted, et (steder)	Ort, Stelle
Storinge*t*	*das norw. Parlament*
sur	sauer
svare (-te)	antworten
Du svarte ikke.	hier: Niemand meldete sich.
synes (syntes)	meinen, »finden«
Jeg synes at ...	Ich finde, dass ...
så	dann
så - som [o]	so - wie
teater, et (–)	Theater
på teater	im Theater
tenke på noe(n) (-te)	an etw/jdn. denken
tenke seg	sich vorstellen
ti*d*lig	früh
til	bis, an
tilbringe (-brakte)	verbringen
trøtt	müde
tulle (-et)	Quatsch machen
uke, en/ei	Woche
utlan*det*	das Ausland
utrolig	unglaublich
utspille seg (-te)	spielen, sich abspielen
vanlig	üblich
som vanlig	wie üblich
ve*d*	an, bei, um ... herum
ved seks-tiden	gegen sechs (Uhr)
veie (-de)	wiegen
vel	wohl, vermutlich
vil*d*an*d*en	die Wildente
være me*d*	mitkommen
våkne (-et)	aufwachen

C. Wörterkiste: Takk! Danke!

takke	danken
mange takk/tusen takk	vielen Dank
hjertelig takk	herzlichen Dank

Die Norweger bedanken sich bei vielen Gelegenheiten, bei denen man es in Deutschland nicht immer tut, z.B.:

takk for i går	»danke für gestern« (wenn man sich am Tag nach einer Einladung o.ä. wieder sieht)
takk for nå	»danke für jetzt« (wenn man sich verabschiedet)
takk for i dag	»danke für heute« (sagt z.B. die Lehrerin/der Lehrer zu den Schülerinnen/Schülern am Ende eines Schultages)
takk for sist	»danke für das letzte Mal« (vgl. «takk for i går»)
takk for hjelpen	»danke für die Hilfe«
takk for maten	»danke für das Essen« (obligatorisch nach einer Mahlzeit zu Hause oder bei Einladungen)
vel bekomme	»wohl bekomm´s« (als Antwort auf «takk for maten»)
takk i like måte selv takk	} danke gleichfalls
vær så god	bitte
ingenting å takke for	nichts zu danken
ingen årsak	keine Ursache
bare hyggelig	war mir ein Vergnügen

Ukedagene	Die Wochentage
søndag	Sonntag
mandag	Montag
tirsdag	Dienstag
onsdag	Mittwoch
torsdag	Donnerstag
fredag	Freitag
lørdag	Samstag

D. Grammatik

Verb

Bildung des Präteritums der regelmäßigen Verben

Das Präteritum bildet man durch Endungen, die dem Verbstamm angehängt werden.

Gruppe 1: Endung *-et*

Infinitiv	Präsens	Präteritum	
snakke	snakker	snakk**et**	sprach
arbeide	arbeider	arbeid**et**	arbeitete
elske	elsker	elsk**et**	liebte

Die Verben dieser Gruppe können auch die Endung *-a* statt *-et* haben: *snakka, arbeida ...*

Zu dieser Gruppe gehören u.a.: *krangle, våkne, tulle, hygge seg, vente, koste ...* Häufig haben die Verben dieser Gruppe einen Stamm, der auf zwei oder drei Konsonanten ausgeht.
Verben auf Doppelkonsonanz gehören entweder zu Gruppe 1 oder 2.

Gruppe 2: Endung *-te*

Infinitiv	Präsens	Präteritum	
lære	lærer	lær**te**	lernte
tenke	tenker	tenk**te**	dachte
begynne	begynner	begyn**te**	begann

In die Gruppe 2 gehören u.a.: *lese, studere, spise, like, kjøpe, låne, mene, vise, ringe, sende, spille, bestemme ...*
Zu dieser Gruppe gehören die meisten Verben, deren Stamm auf einen einfachen Konsonanten ausgeht, sowie viele Verben auf Doppelkonsonanz (vgl. Gruppe 1). Doppelkonsonanz wird vor *-te* vereinfacht (vgl. Lekt. 5).

Gruppe 3: Endung *-de*

Infinitv	Präsens	Präteritum	
prøve	prøver	prøv**de**	versuchte
klage	klager	klag**de**	klagte
veie	veier	vei**de**	wog

Zu dieser relativ kleinen Gruppe gehören Verben, deren Stamm auf *-v*, *-g* oder auf Diphthong ausgeht. Verben auf *-g* können auch die Endung *-et* oder *-a* haben, also: *klaget/klaga.*

Gruppe 4: Endung *-dde*

Infinitv	Präsens	Präteritum	
bo	bor	bo**dde**	wohnte
tro	tror	tro**dde**	glaubte
bety	betyr	bety**dde**	bedeutete

Hierher gehören die regelmäßigen Verben, deren Infinitivform auf betonten Vokal ausgeht.

Präteritumsbildung von *være* »sein«

Infinitiv	Präsens	Präteritum	
være	er	var	war

Gebrauch des Präteritums

1. Das Präteritum wird verwendet, wenn ein Vorgang/eine Handlung zu einem bestimmten Zeitpunkt oder innerhalb eines abgegrenzten Zeitraums ausgeführt und in der Vergangenheit abgeschlossen wurde. Das heißt: Wird eine Zeitangabe genannt (*i går, klokka tolv, i 1997, for ei uke siden*), muss das Präteritum stehen! Es steht ebenfalls, wenn der Zeitpunkt implizit ist, z.B. in einem vorangehenden Satz erwähnt wurde. Auch bei der Frage nach einem Zeitpunkt steht das Verb im Präteritum.

Når spiste du?	Wann hast du gegessen?
Jeg spiste for 10 minutter siden.	Ich habe vor 10 Minuten gegessen.
Jeg spiste kl. halv ett.	Ich habe um halb eins gegessen.
Jeg bodde i Oslo i 1996.	Ich habe 1996 in Oslo gewohnt.

2. In impulsiven »Gefühlsäußerungen« der Gegenwart verwendet man häufig das Präteritum.

Mmm, det var ei god kake.	Mmm, der Kuchen ist gut.
Det var en fin jakke.	Das ist eine schöne Jacke.

Pronomen

Das Fragepronomen *hvilken* »welcher«

Mask.	hvilken kopp	welche Tasse
Fem.	hvilken kake	welcher Kuchen
Neutr.	hvilket skjerf	welcher Schal
Plural	hvilke kopper/kaker/skjerf	welche Tassen/Kuchen/Schals

Nach *hvilken* steht das Substantiv in der unbestimmten Form.

Das Demonstrativpronomen *denne* »dieser«

Mask.	denne sommeren	dieser Sommer
Fem.	denne flaska	diese Flasche
Neutr.	dette kurset	dieser Kurs
Plural	disse somrene/flaskene/kursene	diese Sommer/Flaschen/Kurse

Nach *denne* steht das Substantiv in der bestimmten Form.

Zeitangaben

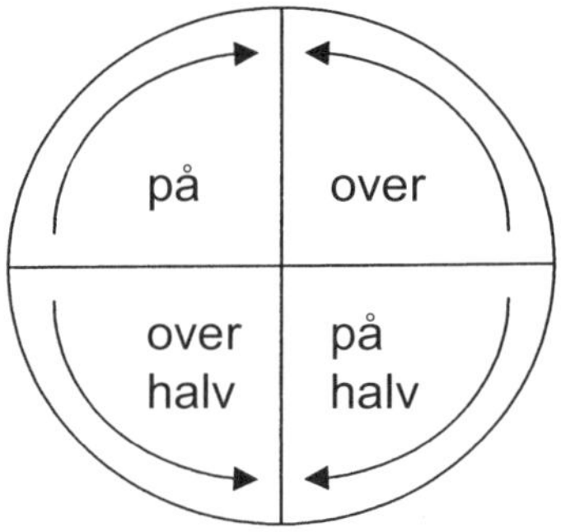

Uhrzeit

Hva er klokka?
Hvor mange/mye er klokka? (Wie viel Uhr ist es?)

12.00	Klokka er tolv
12.10	ti over tolv
12.15	kvart over tolv
12.20	ti på halv ett
12.30	halv ett
12.35	fem over halv ett
12.45	kvart på ett
12.55	fem på ett
13.00	ett

Jahreszahl

1998 spricht man: nittennittiåtte
2003 spricht man: totusenogtre
im Jahr 1998 heißt: i nittennittiåtte

E. Übungen

1. Sett inn preteritumsformen av verbet og les teksten høyt:

a. våkne	I dag	jeg kl. 5.30.
b. tenke	Jeg	på Kari til kl. 6.05.
c. lese	Fra kl. 6.20 til kl. 7 .... jeg.	
d. begynne	Så	jeg å arbeide.
e. arbeide	Jeg	til kl. 12.10.
f. vente	Kl. 12	Kari på meg i kafeteriaen.
g. være	Jeg	der ikke før kl. 12.15.
h. prøve	Jeg	å unnskylde meg.
i. tro	Kari	meg ikke.
j. krangle	Vi	fra kl. 12.15 til kl. 12.25.
k. spise	Kl. 12.30	Kari sammen med Knut.
l. kjøpe	Jeg	ei varm pølse kl. 12.40.
m. koste	Den	15 kroner.
n. ha	Jeg	bare 10 kroner.
o. låne	Jeg	5 kroner av Per.
p. snø	Det	fra kl. 13 til kl. 13.35.
q. ringe	Kl. 13.50	Berit til meg.
r. snakke	Vi	med hverandre til kl. 14.45.

2. Fyll ut med riktig form av *hvilken:*

a. .... norske forfattere liker du?

b. .... drama leser du?

c. .... film vil du se?

d. .... lærer hadde dere?

e. .... skjerf vil du ha?

f. .... suvenirer kjøpte han?

g. .... jakke tar du?

h. .... tre mener du?

3. Fyll ut med riktig form av *denne* + substantiv i singular og plural:

Eksempel:

kake	*denne kaka*	*disse kakene*
a. lærer	....	....
b. postkontor	....	....
c. skjegg	....	....
d. vikingskip	....	....
e. stykke	....	....
f. dag	....	....
g. sommer	....	....
h. student	....	....
i. eple	....	....
j. frimerke	....	....
k brev	....	....

4. Hva gjør du? På mandag ? På tirsdag?

På mandag ....

5. Når? (Wann?)

Eksempel:

 *spiser de middag.* *Klokka fire spiser de middag.*

a.  går Matthias til Anna. ....

b.  ringer Pierre til Anna, men ingen svarer. ....

c.  drikker Anna og Matthias kaffe. ....

d.  ringer Pierre til Anna igjen. ....

e.  lærer Matthias og Anna norsk sammen. ....

f.  lærer Pierre norsk alene. ....

g.  er Matthias og Anna ferdig med norskleksjonen. ....

h.  er Pierre ferdig med leksjonen. ....

i.  er alle tre på norskkurset. ....

6. Hva svarer du når noen sier:

a. Takk for i dag! . . . .

b. Takk for sist! . . . .

c. Takk for hjelpen! . . . .

d. Takk for maten! . . . .

e. Takk for lånet! . . . .

7. Snakk med sidemannen din:

Liker du å gå på kino? Hva liker du å gjøre?
Hva likte du å gjøre for 10 år siden?

Elgtesten

Kryssord:

Kai
schon
Eifersucht
das Ausland
Quatsch machen
verbergen
sehr gut
nie
wunderschön
Frühling
zu Hause
aufwachen
früh
Bild
streiten
beginnen
wieder
wann/wenn

Lektion 8

A. Text

1. Middag med provokasjon

Ragnhild: Har du vært i Norge før, Susanne?

Susanne: Ja, da jeg var 18 år, var jeg her på ferie, altså for 4 år siden. Da var jeg også i Nord-Norge. Jeg har forresten vært i Finland og Sverige en gang også.

Ragnhild: Hvor lenge har du studert norsk?

Susanne: Jeg har gått på norskkurs i Freiburg i 3 semester.

Ragnhild: Du har også lært ganske mye nå, synes jeg.

Susanne: Jeg tror tyskerne lærer like lett norsk som nordmennene lærer engelsk. Norsk har jo ikke mange bøyningsendelser, og mange ord kjenner man fra tysk eller engelsk.

Ragnhild: For nordmennene er det bøyningsendelsene og ordstillingen i tysk som er vanskelig. – Har du forresten spist middag?

Susanne: Nei, jeg har ikke hatt tid ennå. Men det passer fint nå hvis du også har tenkt å spise.

Ragnhild: Ja, det har jeg. Jeg hadde veldig dårlig tid i morges og rakk ikke å spise frokost.

I kafeteriaen:

Matthias: Hei, vi har ventet på dere. Har du lest avisen i dag, Ragnhild? I »Dagbladet« står det at norske kvinner ennå ikke får like høy lønn som norske menn. Er det likestilling her i landet eller ...?

Susanne: Matthias provoserer igjen, men det er et interessant spørsmål ...

Ragnhild: ... som vi gjerne kan snakke om. Matthias har rett. Likestillingen mellom menn og kvinner er kanskje ikke kommet så langt som mange tror. Men det går fremover. I dag er det uvanlig at en kvinne ikke er yrkesaktiv.

Matthias: Og det har ført til at foreldrene ikke har tid til barna og at ungdommen blir kriminell. Det er barna som må lide for kvinnenes selvrealisering.

Susanne: Slutt å tulle, Matthias, Ragnhild kan jo tro at du mener dette alvorlig.

Ragnhild: Hvor langt har dere kommet i Sveits? Er alle fornøyde med situasjonen der?

Matthias: Det tror jeg ikke. Kvinnene klager der også.

2. Norske aviser

Det utkommer flere aviser pr. innbygger i Norge enn i de fleste europeiske land. En grunn kan være at mange nordmenn ikke liker sentralisering og at lokalpressen derfor har en sterk stilling. Det fins altså svært mange lokalaviser, men gjennomsnittsopplaget er lite. I tillegg til lokalavisen leser de fleste nordmenn også en landsdels- eller en hovedstadsavis. Store norske aviser er VG / Verdens Gang (Oslo), Aftenposten (Oslo), Dagbladet (Oslo), Bergens Tidende (Bergen), Adresseavisen (Trondheim), Stavanger Aftenblad (Stavanger), Nordlys (Tromsø, Nord-Norge)

B. Vokabeln

altså	also
avis, en/ei	Zeitung
barn, et (best. pl. barna)	Kind
bøyningsen*d*else, en	Flexionsendung
da	als, dann
derfor [æ]	deshalb
dårlig	schlecht, *hier:* wenig
europeisk [æʉ-]	europäisch
flere	mehr
flest	am meisten
de fleste	die meisten

forelder, en (foreldre)	Elternteil
fornøyd	zufrieden
fremover	vorwärts
frokost, en [ʉ-o]	Frühstück
spise frokost	frühstücken
før	früher
føre til noe (-te)	zu etw. führen
gjennomsnitts-opplag, et	Durchschnittsauflage
hovedstadsavis, en/ei	Hauptstadtzeitung
i mor*g*es [o]	heute Morgen

innbygger, en	Einwohner/-in
interessant [-saŋt]	interessant
kriminell	kriminell
kvinne, en/ei	Frau
lan*d*, et	Land
lan*d*sdelsavis, en/ei	Regionalzeitung
langt	weit
hvor langt	wie weit
lenge	lange
hvor lenge	wie lange
lide (led-lidt)	leiden
likestilling, en/ei	Gleichberechtigung
lokalpresse, en/ei	Lokalpresse
lønn, en/ei	Lohn
mann, en (menn)	Mann
mellom	zwischen
middag, en	Mittag(essen)
spise middag	zu Mittag essen
norskkurs, et [o]	Norwegischkurs
gå på norskkurs	einen Norwegischkurs besuchen
næringsliv, et	Wirtschaft
or*d*stilling, en/ei	Wortstellung
passe (-et)	passen
Det passer fint.	Es passt gut.
pr./per [pær]	pro
provokasjon, en	Provokation
provosere (-te)	provozieren
rekke (rakk-rukket)	schaffen (zeitlich)
rett, en	Recht
ha rett	Recht haben

sel*v*realisering, en/ei	Selbstverwirklichung
semester, et (-)	Semester
i 3 semester	3 Semester lang
sentralisering, en/ei	Zentralisierung
situasjon, en	Situation, Lage
slutte (-et)	aufhören
snakke om noe (-et)	von/über etw. reden
som [o] (Relativpronomen)	der, die, das, den, ...
spørsmål, et (–)	Frage
stå (sto*d*-stått)	stehen
sterk [æ]	stark
stilling, en/ei	Stellung
svært	sehr
tid, en/ei	Zeit
ha god tid	viel Zeit haben
ha dårlig tid	wenig Zeit haben
ha tid til noe	für etw. Zeit haben
tillegg, et (tillegg)	Zusatz
i tillegg til	zusätzlich zu
ungdom, en [u-o]	Jugend, Jugendliche(r)
utkomme (-kom, -kommet) [o]	erscheinen
uvanlig	ungewöhnlich, unüblich
vente på noe(n) (-et)	auf jdn./etw. warten
yrkesaktiv	berufstätig

C. Wörterkiste: Måltider Mahlzeiten

måltid, et	eine Mahlzeit
frokost, en	Frühstück
lunsj, en/formiddagsmat, en	Lunch (zwischen 10.30 und 12.30 Uhr, meist am Arbeitsplatz)
middag, en	Mittagessen (zwischen 16 und 18 Uhr, meist zu Hause)
kvelds(mat), en	Abendessen (meist erst um 21-22 Uhr)
spise frokost/middag/kvelds	frühstücken/zu Mittag essen/zu Abend essen
drikke ettermiddagskaffe	Kaffee trinken (oft erst zwischen 18 und 20 Uhr)
matpakke, en	Pausenbrot, Lunchpaket (nehmen die meisten mit zur Schule oder zur Arbeit)
lunsjpause/middagspause, en	Mittagspause

D. Grammatik

Verb

Das **Perfekt** bildet man mit Hilfe von *har* und dem Partizip Perfekt des Hauptverbs. Bei Bewegungsverben und Verben, die eine Veränderung ausdrücken, kann man auch das Hilfsverb *er* benutzen.

Jeg har snakket med ham.	Ich habe mit ihm gesprochen.
Han har/er kommet til Freiburg.	Er ist nach Freiburg gekommen.

Bildung des Partizip Perfekt der regelmäßigen Verben

Aus der Präteritumsform kann man das Partizip bilden. In der ersten Gruppe ist das Partizip identisch mit der Präteritumsform, in den anderen Gruppen ist es gleich der Präteritumsform minus *-e*.

	Infinitiv	Präteritum	Perfekt	
Gruppe 1	snakke	snakket	har snakk**et**	hat gesprochen
Gruppe 2	lære	lærte	har lær**t**	hat gelernt
Gruppe 3	prøve	prøvde	har prøv**d**	hat versucht
Gruppe 4	bo	bodde	har bo**dd**	hat gewohnt

In der Gruppe 1 kann das Partizip auch die Endung *-a* haben: *snakka.*

Partizip Perfekt einiger unregelmäßiger Verben

Infinitiv	Präsens	Präteritum	Perfekt	
være	er	var	har **vært**	ist gewesen
ha	har	hadde	har **hatt**	hat gehabt
gjøre	gjør	gjorde	har **gjort**	hat gemacht

Gebrauch des Perfekts

1. Man verwendet das Perfekt, um einen Vorgang oder eine Handlung in der Vergangenheit auszudrücken, wenn der Zeitpunkt unbestimmt oder unwichtig ist. Perfekt ist hier auch im Deutschen üblich.

Har du spist middag?	Hast du zu Mittag gegessen?
Jeg har snakket med Pål.	Ich habe mit Pål gesprochen.

2. Man verwendet das Perfekt, um einen noch nicht abgeschlossenen Vorgang auszudrücken. Im Deutschen wird hier das Präsens benutzt, oft in Verbindung mit der Präposition *seit* oder dem Adverb *schon*.

Hvor lenge har du bodd i Oslo?	Wie lange wohnst du schon in Oslo?
Jeg har bodd i Oslo i 4 år.	Ich wohne seit 4 Jahren in Oslo.

Wortstellung

Adverbien im Nebensatz

Ikke und viele andere Adverbien wie *gjerne, likevel, kanskje, ennå, ofte, alltid, aldri, dessverre, nå, sikkert, snart* stehen im Nebensatz normalerweise vor dem flektierten Verb:

De vil ikke snakke tysk.	Sie wollen nicht Deutsch sprechen.
Studentene sier at de ikke vil snakke tysk.	Die Studenten sagen, dass sie nicht Deutsch sprechen wollen.

Ort vor Zeit

Anders als im Deutschen steht eine Ortsangabe normalerweise vor einer Zeitangabe:

Jeg har bodd i Freiburg i 20 år.	Ich wohne seit 20 Jahren in Freiburg.

Pronomen

Das **Relativpronomen** hat nur eine Form: *som*

Jeg har lest ei bok som er interessant.	Ich habe ein Buch gelesen, das interessant ist.
Jakken som han har på seg, er dyr.	Die Jacke, die er anhat, ist teuer.

Beachten Sie die Wortstellung, wenn das Relativpronomen mit einer Präposition verbunden ist:

Mennene som hun snakker med, er fra Sveits.	Die Männer, mit denen sie spricht, sind aus der Schweiz.

Wenn das Relativpronomen nicht Subjekt des Satzes ist, kann es weggelassen werden:

Mennene hun snakker med, er fra Sveits.

Fragen und Antworten

Wie im Deutschen kann man eine Antwort geben, indem man das Hilfsverb des Fragesatzes wiederholt:

Har du studert i Tromsø?	Hast du in Tromsø studiert?	Ja, det har jeg.
Vil du låne boka?	Willst du das Buch leihen?	Nei, det vil jeg ikke.

Ist kein Hilfsverb vorhanden, benutzt man das Verb *gjøre*:

Snakket du med Kari i går?	Hast du gestern mit Kari gesprochen?
Nei, det gjorde jeg ikke.	

Være og *ha* werden jedoch auch als Vollverben in der Antwort gebraucht:

Var du på kino i går?	Warst du gestern im Kino?	Ja, det var jeg.

Grundzahlen 100 - 1 000 000

(ett) hundre	100
tohundre	200
trehundreogfem	305
sjuhundreogfemtiseks	756
(ett) tusen	1000
totusenfirehundreognittiåtte	2498
en million	1 000 000

Zwischen Hundertern und Zehnern steht *og*.

E. Übungen

1. Sett inn perfektumformer av verbet:

a. tenke	Jeg .... på det lenge.
b. snakke	Pål .... med Kari.
c. arbeide	Han .... med rollen i en uke nå.
d. kjøpe	Nå .... hun .... en ny bil.
e. prøve	Jeg .... å snakke med ham.
f. bestemme seg	.... du ikke .... deg ennå?
g. vise	Jeg ....ikke .... ham avisen.
h. begynne	.... du .... å skrive brevet?
i. krangle	De .... i mange dager nå.
j. komme	Hun .... allerede .... til Norge.
k. svare	.... hun .... på brevet?
l. bo	Han .... i Norge i mange år.
m. gå	.... Pål .... på kino?
n. studere	Hva jeg ....? Jeg .... tysk og fransk.

2. Lag minidialoger:

Eksempel: spise middag	*kl. 2*
A: Har du spist middag?	B: Ja, det har jeg.
A: Når spiste du middag?	B: Jeg spiste middag kl. 2.

a. spise frokost	for tre timer siden
b. krangle med Pierre	i går
c. snakke med Anna	på mandag
d. gratulere Susanne med dagen	i morges
e. være på teater	på fredag
f. kjøpe ei ny kofte	for en uke siden

g.	bo i Norge	i 1997
h.	sende brevet	på onsdag
i.	lese avisen	etter frokosten
j.	ringe til Matthias	kl. 6

3. Preteritum eller perfektum? Oversett setningene til norsk:

a. Am Montag war ich bei Knut.

....

b. Wir haben um eins zu Mittag gegessen.

....

c. Er hat vor einem Jahr angefangen, Norwegisch zu lernen.

....

d. Am Dienstag hatte ich um Viertel nach sechs einen Sprachkurs.

....

e. Dort habe ich mit vielen Studenten gesprochen, die alle Norwegisch lernen wollten.

....

f. Als ich 1998 in Norwegen war, wohnte ich in Bergen.

....

g. Ich habe noch nie ein so schönes Land wie Norwegen gesehen.

....

4. Sett inn adverbet på riktig plass i leddsetningen:
(Setzen Sie das Adverb an die richtige Stelle im Nebensatz.)

Eksempel:

ikke	*De spør om de kan spise nå.*
	De spør om de ikke kan spise nå.

a.	ikke	Hun sier at hun reiser til Norge.
b.	alltid	Han spør om han må arbeide til sent på kveld.

c. aldri | Jeg sier jo at jeg har vært i Norge.
d. ikke | Jeg vet at han elsker meg.
e. gjerne | Hun sier at hun vil reise på ferie sammen med meg.

5. Lag relativsetninger:

Eksempel: *Jeg har ei bok. Den er god.*
Jeg har ei bok som er god.

a. Jeg snakket med en venn. Han er tysk.

....

b. Pål ser ei jente. Hun har en blå jakke.

....

c. Ungdommen liker filmene. De er sikkert amerikanske.

....

d. Forfatteren har skrevet ei bok. Alle liker den.

....

e. Frokosten var god. Hun spiste den.

....

f. Vi var på ferie med noen venner. De bor nå i Berlin.

....

g. Vi kjøpte en gave. Hun likte den ikke.

....

6. Svar på spørsmålene:

Eksempel: Har du spist? *Ja, det har jeg.*

a. Vil du lese boka? Ja, ...

b. Liker du å bo i Norge? Nei, ...

c. Arbeidet dere i Norge? Ja, ...

d. Kan du komme i morgen? Nei, ...

e. Kranglet dere? Ja, ...

7. Les tallene høyt:

189	12 475
616	108 999
2 388	752 546
8 237	

8. Skriv setningene ferdig (Ergänzen Sie folgende Sätze):

a. Vanligvis ....

b. I går ....

c. Dessverre ....

d. I Norge ....

e. På mandag ....

f. Da jeg var 15 år ....

g. Heldigvis ....

h. Fordi jeg liker å lære språk ....

i. I alle fall ....

j. Som vanlig ....

k. Fordi været for en gangs skyld er fint ....

l. Klokka 8 ....

9. Snakk med sidemannen din:

Hvorfor lærer du norsk?
Hvor lenge har du lært norsk?
Hva er vanskelig i norsk?
Hvilke aviser leser du?

Rollespill: Du snakker med en nordmann om skikk og bruk i Tyskland og Norge:

Når/hvor/hva spiser du?
Hvem sier du du til? ...

Elgtesten

Hva er riktig: *hvor lenge, hvor langt, hvor mye, hvor mange*?

a. .... har du bodd i Freiburg?

b. .... fra sentrum bor du?

c. .... ganger har du vært i Norge?

d. .... snø var det i Trondheim denne vinteren?

e. .... norske sanger kan du?

f. .... har du lært norsk?

g. .... bløtkake kan du spise?

h. .... er det fra Freiburg til Oslo?

i. .... kjærlighetsfilmer har du sett?

j. .... norske forfattere kjenner du?

k. .... er man kommet med likestillingen i Tyskland?

l. .... øl drakk Anna og Matthias?

m. .... var Pierre sur?

Lektion 9

A. Text

1. Karl Johan eller Champs Elysées

I går hadde kursdeltakerne en omvisning i Oslo sentrum. Den blonde guiden, som het Berit, svarte helt til det bildet som mange utlendinger har av skandinaviske jenter. Hun pekte og fortalte.

Berit: Vi står nå foran den nye Sentralstasjonen. Den gamle jernbanestasjonen het Østbanen og ligger ved siden av den nye. Denne plassen her heter Jernbanetorget. Den brede gata er, som dere sikkert vet, Karl Johans gate, Oslos Champs Elysées.

Pierre: Hva snakker hun om? Hørte jeg riktig? Eller kanskje hun sa Oslos Ku´damm, Susanne? Hva synes du om den sammenligningen? Jeg spør om hun virkelig mente det hun sa.

Susanne: Hysj, Pierre, du er frekk. Jeg synes hun er flink.

De går langsomt oppover.

Berit: Den kirken der til høyre er Oslo domkirke.

Pierre: Og på denne store plassen her foran kirken selger de norske poteter, som ikke er helt billige.

Susanne: Pierre, du er umulig.

Berit: Den grå bygningen til venstre er Stortinget, det norske parlamentet. Og der borte – dere ser de store trærne – det er Studenterlunden, den kjente parken.

Pierre:	Hvem er de to mennene på sokkel?
Berit:	Vi går dit nå. Da ser dere at det er Henrik Ibsen og Bjørnstjerne Bjørnson, Norges to store diktere fra det nittende århundret. Den brune bygningen bak dem er Nasjonalteatret. Og de tre lyse bygningene på den andre siden av gata er den gamle delen av universitetet.
Pierre:	Finnes det et nytt universitet også?
Berit:	De nye universitetsbygningene ligger på Blindern, men alle er en del av Universitetet i Oslo.
Anna:	Og den lange bygningen der oppe er sikkert Slottet, og den store parken er Slottsparken.
Berit:	Ja, det er riktig. Og det lille trehuset der borte i hjørnet av Slottsparken er Grotten, statens æresbolig for norske kunstnere. Men nå trenger vi en pause. Kanskje vi kan finne et sted hvor vi kan drikke noe. Vi går ned på Aker brygge.

2. Skolesystemet og universitetene i Norge

Norske barn begynner på skolen når de er 6 år. De har 10 år obligatorisk grunnskole (7 år i barneskolen og 3 år i ungdomsskolen). Deretter har alle rett til 3 år på en videregående skole. Disse skolene har mange forskjellige linjer – praktiske og teoretiske. En av disse linjene svarer til det gamle gymnaset. I Norge er det mange høyskoler og fire universiteter. Universitetene ligger i Oslo, Bergen, Trondheim og Tromsø.
Noen ungdommer tilbringer et år eller to ved en folkehøyskole. Dette er internatskoler med lange tradisjoner i Norden. Disse skolene har ingen eksamen. Det viktige for dem er å fremme studentenes personlige utvikling.

B. Vokabeln

bak	hinter
barneskole, en	»Kinderschule«, *die ersten 7 Schuljahre*
Blindern	*Stadtteil von Oslo*
blond [o]	blond
bre*d*	breit
borte	fort, weg
der borte	da drüben
bygning, en	Gebäude
de [i]	die
deltaker, en	Teilnehmer/-in
den	der, die
deretter [æ]	danach
dit	dahin
domkirke, en/ei [o]	Dom
eksamen, en	Examen

flink	tüchtig
foran	vor, davor (örtlich)
forskjellig	unterschiedlich
fortelle (-talte, -talt)	erzählen
frekk	frech
fremme (-et)	fördern
grotte, en/ei [o]	Grotte
grunnskole, en	Grundschule
guide, en [gaid]	Fremdenführer/-in
gymnas, et [gy-]	Gymnasium
hel/helt	ganz
hjørne, et	Ecke
hovedrolle, en/ei [u-o]	Hauptrolle
høre (-te)	hören
høyre	rechts
på høyre side	auf der rechten Seite
til høyre (for)	rechts (von)
høyskole, en	Hochschule
internatskole, en	Internatschule
jernbane, en [æ]	Eisenbahn
jernbanestasjon, en [æ]	Bahnhof
jernbanetorg, et [æ-o]	Bahnhofsplatz
kirke, en/ei	Kirche
kunstner, en	Künstler/-in
kursdeltaker, en	Kursteilnehmer/-in
langsom/langsomt [o]	langsam
linje, en/ei	Linie, Zweig
lun*d*, en	Hain
nitten*de*	19., neunzehnter
Norden	*die nordischen Länder*
obligatorisk [o-u]	obligatorisch
omvisning, en	Führung
oppe	oben
oppover	hinauf
parlament, et	Parlament
pause, en	Pause
peke (-te)	zeigen (mit der Hand)
personlig [æ]	persönlich
plass, en	Platz
praktisk	praktisch
rett, en	Recht
ha rett til noe	Recht auf etwas haben
riktig	richtig
sammenligning, en/ei	Vergleich
sel*g*e (solgte-solgt)	verkaufen
sentralstasjon, en	Hauptbahnhof
sentrum, et (sentra)	Zentrum
side, en/ei	Seite
på den andre siden av	auf der anderen Seite von
sjalu	eifersüchtig
skole, en	Schule
begynne på skolen	eingeschult werden
skolesystem, et	Schulsystem
slott, et [o]	Schloss
sokkel, en (sokler) [o]	Sockel
stat, en	Staat
svare til (-te)	entsprechen
synes om	halten von
Hva synes du om det?	Was hältst du davon?
teoretisk	theoretisch
torg, et [o]	Markt(platz)
trehus, et	Holzhaus
tradisjon, en	Tradition
umulig	unmöglich
ungdomsskole, en [u-o-u]	»Jugendschule«, *8.-10. Schuljahr*
universitet, et	Universität
utlen*d*ing, en	Ausländer/-in
utvikling, en/ei	Entwicklung
ve*d* siden av	neben
venstre	links
på venstre side	auf der linken Seite
til venstre (for)	links (von)
videregåen*de*	weiterführend
virkelig	wirklich
æresbolig, en	»Ehrenwohnung« (*vom Staat bezahlt*)
Østbanen	der Ostbahnhof
århundre, et	Jahrhundert

C. Wörterkiste: Kan du si meg veien til ...?

Können Sie mir sagen, wie ich zu/nach ... komme?

Unnskyld, kan du (De) si meg veien til nærmeste bank?	Verzeihung, können Sie mir sagen, wie ich zur nächsten Bank komme?
Unnskyld, hvor er/ligger ...?	Verzeihung, wo ist/liegt ...?
Unnskyld, vet du om det fins et postkontor her i nærheten?	Verzeihung, wissen Sie, ob es in der Nähe eine Post gibt?
Bare gå rett frem, så ligger banken på venstre/høyre side.	Gehen Sie einfach gerade aus, die Bank liegt auf der linken/rechten Seite.
Gå bortover Kirkegata ...	Gehen Sie die Kirkegate entlang, ...
Gå oppover gata til du kommer til ...	Gehen Sie die Straße hinauf, bis Sie zu ... kommen.
Ta første vei til venstre/høyre.	Nehmen Sie die erste Straße nach links/rechts.
Kryss Storgata ...	Überqueren Sie die Storgate ...
Ta Kirkegata til venstre ...	Biegen Sie nach links in die Kirkegate ...
Kjør til første lyskryss, og sving til høyre.	Fahren Sie bis zur ersten Ampel und biegen Sie rechts ab.

D. Grammatik

Adjektiv

Die bestimmte Form

Der Adjektivartikel *den* (m./f. sing.), *det* (n. sing.), *de* (plur.) wird benötigt, wenn ein Adjektiv als Attribut zu einem Substantiv in der bestimmten Form steht. Man spricht hier von einer »doppelten Bestimmung«. Die Endung des Adjektivs in der bestimmten Form ist in der Regel -*e*:

	Best. Sing.		Best. Plur.	
M.	**den** stor**e** parken	der große Park	**de** stor**e** parkene	die großen Parks
F.	**den** blond**e** jenta	das blonde Mädchen	**de** blond**e** jentene	die blonden Mädchen
N.	**det** gaml**e** huset	das alte Haus	**de** gaml**e** husene	die alten Häuser

1. Das Adjektiv *liten*

	Best. Sing.		Best. Plur.	
M.	den lille parken	der kleine Park	de små parkene	die kleinen Parks
F.	den lille jenta	das kleine Mädchen	de små jentene	die kleinen Mädchen
N.	det lille huset	das kleine Haus	de små husene	die kleinen Häuser

2. Adjektive, die in der unbestimmten Form Plural kein *-e* bekommen, erhalten auch keins in der bestimmten Form:

det blå huset	das blaue Haus	de blå husene	die blauen Häuser

Pronomen

Das **Demonstrativpronomen *den*** »der, derjenige, jener«

Wenn man ein Substantiv besonders hervorheben will, benutzt man – zusätzlich zum bestimmten Artikel – das Demonstrativpronomen *den/det/de*, das formal mit dem Adjektivartikel übereinstimmt:

	Singular		Plural
Maskulinum	**den** parken	der/jener Park	**de** parkene
Femininum	**den** jenta	das/jenes Mädchen	**de** jentene
Neutrum	**det** huset	das/jenes Haus	**de** husene

1. Das Demonstrativum *den/det/de* benutzt man, um etwas weiter Entferntes zu bezeichnen (oft verbunden mit dem Adverb *der* »dort«) im Gegensatz zum Demonstrativum *denne/dette/disse* (ggf. verbunden mit *her* »hier«), das etwas näher Liegendes bezeichnet:

Ikke den boka der, men denne her.	Nicht jenes Buch, sondern dieses.

2. Auch vor einem Relativpronomen benutzt man häufig das Demonstrativpronomen:

Der går den kvinnen som spiller hovedrollen i *Vildanden*.	Dort geht die Frau, die die Hauptrolle in der *Wildente* spielt.

Substantiv

Substantive auf *-el* verlieren vor der Pluralendung das *-e* (vgl. Lektion 6, Substantive auf *-er*):

sokkel	sokkelen	sokler	soklene	Sockel

Der **Genitiv**

wird durch Anfügung eines *-s* gebildet. (Oft benutzt man stattdessen eine Umschreibung mit Präposition, s. Lekt. 22):

Pierres venninne	Pierres Freundin
trollenes land	das Land der Trolle
en forfatters bøker	die Bücher einer Schriftstellerin/eines Schriftstellers

Wortstellung

Eine Präposition, die ein Fragewort regiert, steht normalerweise am Ende des Satzes. (Vergleiche Relativpronomen Lekt. 8.)

Hva snakker hun om?	Wovon spricht sie?
Hvem skriver du brev til?	Wem schreibst du einen Brief?

Verb

Übersicht über die unregelmäßigen Verben, die bisher im Text vorgekommen sind. (Eine vollständige Liste der im Buch vorkommenden unregelmäßigen Verben finden Sie in Lekt. 23 auf S. 241.)

binde	binder	bandt	har bundet	binden
bli	blir	ble	har/er blitt	werden, bleiben
drikke	drikker	drakk	har drukket	trinken
finne	finner	fant	har funnet	finden
forstå	forstår	forstod	har forstått	verstehen
fortelle	forteller	fortalte	har fortalt	erzählen
få	får	fikk	har fått	bekommen
gi	gir	gav	har gitt	geben
gjøre	gjør	gjorde	har gjort	tun, machen

gå	går	gikk	har/er gått	gehen
ha	har	hadde	har hatt	haben
hete	heter	het	har hett	heißen
hjelpe	hjelper	hjalp	har hjulpet	helfen
komme	kommer	kom	har/er kommet	kommen
lide	lider	led	har lidt	leiden
ligge	ligger	lå	har ligget	liegen
rekke	rekker	rakk	har rukket	schaffen (zeitlich)
se	ser	så	har sett	sehen
selge	selger	solgte	har solgt	verkaufen
si	sier	sa	har sagt	sagen
sitte	sitter	satt	har sittet	sitzen
skrive	skriver	skrev	har skrevet	schreiben
spørre	spør	spurte	har spurt	fragen
stå	står	stod	har stått	stehen
synge	synger	sang	har sunget	singen
ta	tar	tok	har tatt	nehmen
tilbringe	tilbringer	tilbrakte	har tilbrakt	verbringen
vite	vet	visste	har visst	wissen
være	er	var	har vært	sein

Modalverben:

å kunne	kan	kunne	har kunnet	können
å måtte	må	måtte	har måttet	müssen
å skulle	skal	skulle	har skullet	sollen
å ville	vil	ville	har villet	wollen

E. Übungen

1. Sett i bestemt form:

Eks.: en tysk lærer	*den tyske læreren*
fine bukser	*de fine buksene*

a. en gammel film ....

b. et hyggelig troll ....

c. ei lita klokke ....

d. et alvorlig drama ....
e. et dyrt frimerke ....
f. et kort liv ....
g. ei blå kofte ....
h. et vakkert hus ....
i. kalde vintrer ....
j. dårlige diktere ....
k. tjukke skjerf ....
l. fornøyde tyskere ....
m. små reinsdyr ....
n. kriminelle foreldre ....
o. viktige ting ....
p. skandinaviske menn ....

2. Sett inn adjektivsartikkel og adjektiv:

Eks: ny/god .... potetene var ....
De nye potetene var gode.

a. liten/blond .... jenta var ....
b. grå/fin .... skjerfet var ....
c. varm/sterk .... kaffen var ....
d. liten/sur .... eplene var ....
e. stor/god .... bløtkakestykket var ....
f. dårlig/gammel .... rekene var ....
g. god/ tjukk .... boka var ....
h. sulten/alvorlig .... studenten var veldig ....
i. ny/ung .... læreren var ....
j. rød/stor .... jakken var altfor ....

3. Sett inn et demonstrativt pronomen *den/det/de* eller *denne/dette/disse*:

Singular:

Eks.: Se på .... /bilde/ .... der! *Se på det bildet der!*

a. Se på .... /bok/ .... der! ....

b. Se på .... /katt/ .... der! ....

c. Se på .... /reinsdyr/ ..... her! ....

d. Se på .... /kofte/ .... her! ....

e. Se på .... /troll/ .... her! ....

Plural:

Eks: Se på .... /bukse/ .... her! *Se på disse buksene her.*

f. Se på .... /farge/ .... her! ....

g. Se på .... /glass/ .... her! ....

h. Se på .... /kake/ .... der! ....

i. Se på .... /pølse/ .... der! ....

j. Se på .... /kirke/ .... der! ....

4. Sett inn preteritumsformen av verbet:

a. sitte	På torsdag .... Pierre hjemme og
b. skrive	.... et brev til Anna.
c. få	Anna .... brevet på fredag.
d. tilbringe	Den dagen .... hun sammen med Matthias.
e. svare	Hun .... ikke på brevet.
f. gå	Matthias og Anna .... på kino og
g. se	.... en kjærlighetsfilm.
h. spise/	Etterpå .... og
i. drikke	.... de på en liten restaurant.

j.	ha	De .... det veldig hyggelig og
k.	synge	Matthias .... en liten sang for henne.
l.	kunne	Pierre .... ikke synge, og han
m.	forstå	.... at Anna ikke
n.	ville	.... være sammen med ham.
o.	bli	Han .... veldig sjalu på Matthias.
p.	se/lide	Susanne .... at Pierre ....
q.	komme	Hun .... til ham på lørdag og
r.	ta	.... ham med på kino, men
s.	tenke på	Pierre .... bare .... Anna.
t.	finne	I Norge .... Pierre en god venn som
u.	hete	.... Steinar.

5. Tall og uttaleøvelse:

a. Aud er fra Fredrikstad. Hun er 19 år og studerer norsk og tysk i Trondheim.
b. Thomas er en hyggelig tysker. Han kommer fra Nord-Tyskland, og han er 41 år.
c. Erling er en ung mann fra Kristiansund. Han er 27 år. Nå er alle tre i Trondheim.
d. I dag har Erling fødselsdag. I morges gratulerte Aud og Thomas ham med dagen.
e. For en gangs skyld skinner sola, og de spiser frokost på en hyggelig liten restaurant ved torget.
f. Erling har fått 17 brev og 18 kort til fødselsdagen.
g. Aud gir ham ei fin bok med 70 bilder av nisser og troll.
h. Han får forresten 30 forskjellige bøker til fødselsdagen. Det er veldig mange gaver, synes Thomas.
i. Dessuten får Erling 8 vikingskip av tinn og 16 røde skjerf.
j. Thomas og Aud spiser som vanlig middag hos Erling. De har med 13 store epler og 22 gode pølser.
k. Men Erling liker ikke epler og pølser. Han liker bare geitost, frukt, multesyltetøy, is og reker.

l. Derfor spiser de 12 rekesmørbrød og veldig mye is. Isen er kald og god.
m. Etterpå spiser de 15 nydelige bløtkaker. Bløtkakene er ikke billige, men de er kjempegode.
n. Erling vil gjerne ha 11 glass brus, men Aud synes det er altfor mye.
o. »Har dere forresten sett den nydelige domkirken og universitetet her i Trondheim?«, spør hun.
p. »Det er faktisk ganske mye dere må se når dere er her.«

6. Spør etter veien og forklar hvordan man kommer dit
(Fragen Sie nach dem Weg und erklären Sie, wie man dahin kommt):

Vokabeln:	et apotek	Apotheke
	en bensinstasjon	Tankstelle
	et hotell	Hotel
	en politistasjon	Polizeiwache

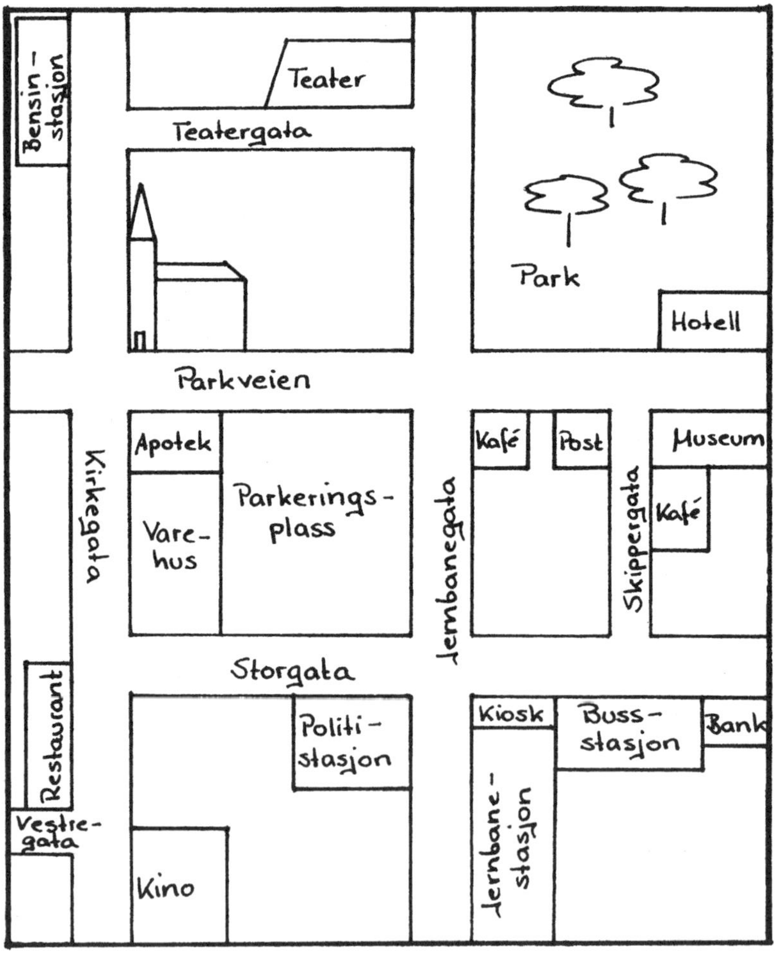

7. Snakk med sidemannen din:

Hva vil du gjerne se i Oslo?
Hva så du da du var i Oslo?

Rollespill: Du forteller en nordmann litt om skolesystemet/universitetene i Tyskland.

Elgtesten

Oversett dialogen til norsk:

Susanne:	Hast du den neuen norwegischen Film im Saga gesehen?
Pierre:	Ja, ich habe ihn am Montag gesehen. Er ist schlecht. Ich mag keine (nicht) Liebesfilme.
Susanne:	Bevor ich anfing zu studieren, bin ich oft ins Kino gegangen. Jetzt habe ich genug zu tun, aber ich habe trotzdem einige norwegische Filme gesehen.
Pierre:	Ich habe noch nie einen guten norwegischen Film gesehen. Die französischen Filme sind fast immer gut.
Susanne:	Vor einer Woche haben Anna und ich einen französischen Liebesfilm gesehen. Er war nicht schlecht. Warum bist du nicht mit uns ins Kino gegangen?
Pierre:	Ihr habt mich nicht gefragt.
Susanne:	Wir wussten nicht, dass du zu Hause warst.
Pierre:	Ich habe von 18 bis 21 Uhr einen Brief geschrieben.
Susanne:	Hast du nicht gestern Abend einen Brief geschrieben?
Pierre:	Gestern Abend auch. Ich habe Anna zehn Briefe geschrieben, aber sie hat noch nicht geantwortet.

Lektion 10

A. Text

1. Trollenes og nissenes land

Fredag, den 16.7. sluttet språkkurset. I siste time snakket kursdeltakerne med Ragnhild om ferie- og andre planer.

Ragnhild: Hvilke planer har dere nå? Dere reiser vel ikke hjem med det samme? Hva skal du gjøre, Pierre?

Pierre: Først hadde jeg tenkt å reise hjem, men så ombestemte jeg meg. Jeg skal ha ferie i 3 uker. Først skal jeg ta tog til Bergen. Der skal jeg leie en bil og kjøre litt rundt på Vestlandet i en uke. Så tar jeg Hurtigruta nordover til Kirkenes. Jeg har ennå ikke bestemt hvilken vei jeg skal reise sørover igjen, gjennom Norge eller gjennom Finland.

Ragnhild: Det kommer sikkert til å bli en fin tur.

Susanne: Kanskje vi ser hverandre i Tromsø, Pierre. Jeg skal jo begynne å studere der i august. Jeg flyr nordover i morgen.

Ragnhild: Hva skal du studere, Susanne?

Susanne: Først og fremst norsk. Men når jeg har lært nok norsk, vil jeg også studere historie. Når kommer du til Tromsø, Pierre?

Pierre: Den 28. eller 29. juli. Jeg må se på billetten.

Anna: Reiser du alene?

Pierre: Nei, en norsk venn av meg vil også være med. Han har ikke vært i Nord-Norge før.

Ragnhild: Skal du gå på språkkurs for utlendinger før semesteret starter, Susanne?

Susanne: Ja, både før og etter. Mandag den 26.7. starter et intensivt språkkurs, 6 timer pr. dag.

Matthias: Det vil nok bli anstrengende. Du får nesten ikke ferie. Men jeg kommer heller ikke til å kunne slappe av lenge. Jeg har fått jobb på et sykehus i Bergen og skal begynne den 1. august. Men før det vil jeg gjerne reise litt rundt her på Østlandet. Kanskje vi som skal være i Oslo ennå en stund, kan slå oss

	sammen og leie en bil. Anna, du skal jo heller ikke begynne å jobbe før i august. Har du ikke lyst til å se litt mer av dette spennende landet?
Anna:	Ja, jo ... forsåvidt. Jeg begynner å jobbe samme dag som du gjør. Men den familien som jeg skal være au-pair hos, vil at jeg skal flytte inn hos dem allerede den 28. juli.
Matthias:	Supert! Da har vi jo over en uke til å utforske trollenes og nissenes land.
Ragnhild:	Tusen takk for i sommer! Det har vært veldig hyggelig å ha dette kurset.

2. Nissen

er – som trollet – urnorsk og en viktig del av den norske kulturen. Det fins mange forskjellige varianter av nissen. Fjøsnissen, for eksempel, bor på bondegården og passer på dyrene hvis bonden er snill mot ham. Men hvis han ikke får det som han vil, hevner han seg. Den moderne julenissen er en sammenblanding av den norske nissen og St. Nikolaus.

B. Vokabeln

anstrengen*de*	anstrengend
august	August
i august	im August
bestemme (-te)	entscheiden, beschließen
bil, en	Auto
billett, en	Fahrkarte
bon*de*, en (bøn*der*)	Bauer, Bäuerin
bon*de*går*d*, en	Bauernhof
både - o*g*	sowohl - als auch
dyr, et	Tier
etter	nachher, nach
familie, en	Familie
fjøs, en/et (-)	Kuhstall
fly (fløy-fløyet)	fliegen
flytte inn (-et)	einziehen
forrige ['fɔrjə]	(der/die/das) vorige
forsett, et	Vorsatz
forsåvidt	an und für sich, schon
før	bevor
før og etter	vorher und nachher
før det	davor
ikke før	nicht vor, erst
først	zuerst
først ... og så	erst ... und dann
først og fremst	vor allem
gjennom	durch
gratis	umsonst
heller ikke/ ikke heller	auch nicht
hevne seg (-et)	sich rächen
historie, en/ei	Geschichte
hjem	nach Hause

Hurti*g*ruta	*Post- und Passagierschiff an der norw. Küste*
i mor*g*en [o]	morgen
intensiv [ˈin-]	intensiv
jobb, en [o]	Job, Arbeit, Stelle
jobbe [o] (-et)	jobben, arbeiten
julenisse, en	Weihnachtsmann
juli	Juli
i juli	im Juli
kjøre (-te)	fahren
kjøre rundt	herumfahren
komme til å [o]	werden
kultur, en	Kultur
leie (-de)	mieten
lyst, en/ei	Lust
ha lyst til å gjøre noe	Lust haben, etw. zu tun
moderne [æ]	modern
måne*d*, en	Monat
neste	(der/die/das) nächste
nisse, en	Wichtel *o.ä.*
nor*d*over	nordwärts
ombestemme seg (-te)	es sich anders überlegen
passe på (-et)	aufpassen
plan, en	Plan
reise (-te)	reisen, fahren
rundt	herum
samme	(der/die/das)selbe
med det samme	sofort
sammenblan*d*ing, en/ei	Mischung
se på noe(n) (så-sett)	jn./etw. anschauen
siste	(der/die/das) letzte
skulle (skal-skulle -skullet)	werden, sollen
slappe av (-et)	sich entspannen
slutte (-et)	aufhören
slå seg sammen (slo-slått)	sich zusammentun
snill	lieb
være snill mot noen	lieb zu jdm. sein
sommer, en [o]	Sommer
i sommer	diesen Sommer
spennen*d*e	spannend
stakkars	arm (bemitleidenswert)
starte (-et)	anfangen
stun*d*, en/ei	Weile
super	super
sykehus, et	Krankenhaus
sørover	nach Süden
tog, et [o]	Zug
ta tog	mit dem Zug reisen
urnorsk [o]	urnorwegisch
utforske [o] (-et)	erforschen
variant, en	Variante
venn, en	Freund
en venn av meg	ein Freund von mir
Vestlan*det*	Westnorwegen
ville (vil-ville-villet)	werden, wollen
Østlan*det*	(Süd)ostnorwegen

C. Wörterkiste: På reise Auf Reisen

reise med fly/båt/ferge/tog/buss ta fly/båt/ferge/tog/buss	Mit Flugzeug/Schiff/Fähre/Zug/Bus reisen
fly	fliegen
reisebyrå, et	Reisebüro
ankomst, en	Ankunft
avgang, en	Abfahrt
billett, en	Fahrkarte
billettluke, en/ei	Fahrkartenschalter
bestille billett	eine Fahrkarte bestellen
første klasse	erste Klasse
andre klasse/turistklasse	zweite Klasse

flyplass, en	Flugplatz
jernbanestasjon, en	Bahnhof
Båten ligger ved kaia.	Das Schiff liegt am Kai.
Toget går fra spor 12.	Der Zug fährt vom Gleis 12 ab.
Jeg vil sende denne kofferten som reisegods.	Ich will diesen Koffer aufgeben.
Hvor lang tid tar flyturen fra Oslo til Berlin?	Wie lange dauert der Flug von Oslo nach Berlin?
Hvor sjekker man inn bagasjen?	Wo wird das Gepäck eingecheckt?

Månedene	Die Monate
januar [-´a:r]	Januar
februar [-´a:r]	Februar
mars	März
april	April
mai	Mai
juni	Juni
juli	Juli
august	August
september	September
oktober	Oktober
november	November
desember	Dezember

D. Grammatik

Verb

Plusquamperfekt

Das Plusquamperfekt bildet man mit Hilfe von *hadde* (bei Bewegungsverben auch *var*) + dem Partizip Perfekt des Hauptverbs:

Jeg hadde spist før hun kom.	Ich hatte gegessen, bevor sie kam.
Han hadde/var allerede gått da jeg våknet.	Er war schon gegangen, als ich aufwachte.

Futur

Es gibt mehrere Möglichkeiten, das Zukünftige auszudrücken:

1. Durch die Präsensform des Verbs, besonders wenn im Satz eine Zeitangabe steht:

Vi reiser i morgen.	Wir reisen morgen ab.
I januar reiser Anna tilbake.	Im Januar fährt Anna zurück.
Når du ser ham, må du spørre ham.	Wenn du ihn siehst, mußt du ihn fragen.

2. Durch *skal* oder *vil* + Infinitiv des Hauptverbs. Diese zwei Hilfsverben haben auch eine modale Bedeutung. *Skal* drückt z.B. eine Absicht aus, *vil* einen Willen oder einen Wunsch. Man kann die modale Bedeutung nicht immer von der zeitlichen trennen. Wenn man einen gewissen Einfluss auf das Geschehen hat, verwendet man in der Regel *skal* als Hilfsverb im Futur:

Jeg skal studere i Tromsø.	Ich werde in Tromsø studieren.
Han skal reise med Hurtigruta.	Er wird mit der Hurtigrute reisen.
De skal gå på et språkkurs i Norge.	Sie werden in Norwegen einen Sprachkurs besuchen.

In solchen Fällen drückt *vil* normalerweise eine Modalität aus:

Jeg vil studere i Tromsø.	Ich will in Tromsø studieren.

Wenn man keinen Einfluss auf das Geschehen hat, drückt *vil* das Zukünftige aus:

Det vil sikkert bli en fin tur.	Es wird bestimmt eine schöne Reise.
Det vil regne i morgen.	Es wird morgen regnen.

3. Durch *kommer til å* + Infinitiv des Hauptverbs. Diese Möglichkeit benutzt man in der Umgangssprache und in der informellen Schriftsprache vor allem in Fällen, in denen man auch *vil* verwenden kann:

Det kommer til å bli anstrengende.	Es wird anstrengend werden.
De kommer til å begynne å krangle.	Sie werden anfangen, sich zu streiten.
Det kommer til å regne i morgen.	Es wird morgen regnen.

Substantiv

Die bestimmte Form Plural der Neutra kann statt *-ene* die Endung *-a* haben. In den beiden folgenden Fällen ist die *a*-Form die gebräuchliche Form:

barn**a**	die Kinder
bein**a**	die Beine

Adjektiv

Unflektierbar sind:

1. Adjektive, die auf unbetontem *-e* enden:

et spennende liv	ein spannendes Leben
en siste gang	ein letztes Mal

2. das Adjektiv *bra* und einige andere, die auf einen betonten Vokal enden:

et bra drama	ein gutes Drama
den sjalu mannen	der eifersüchtige Mann

3. Adjektive auf *-s:*

Ølet er gratis.	Das Bier ist umsonst.
den stakkars mannen	der arme Mann

Wortstellung bei *kanskje:*

Kanskje vi ser hverandre i Tromsø.	Vielleicht sehen wir uns in Tromsø.
Kanskje det kommer til å regne.	Vielleicht wird es regnen.

Bisweilen auch: *Kanskje ser vi hverandre i Tromsø.*

Ordnungszahlen

1. den første	11. den ellevte
2. den andre	12. den tolvte
3. den tredje	13. den trettende
4. den fjerde	14. den fjortende
5. den femte	15. den femtende
6. den sjette	16. den sekstende
7. den sjuende (syvende)	17. den syttende
8. den åttende	18. den attende
9. den niende	19. den nittende
10. den tiende	20. den tjuende (tyvende)
21. den tjueførste (en og tyvende)	
30. den trettiende (tredevte)	
42. den førtiandre (to og førtiende)	
99. den nittiniende (ni og nittiende)	

1. Das *-d* in der Endung *-ende* ist stumm.

2. *den 13.06.1998* liest man: *den trettende **i** sjette nittennittiåtte.*
den 28.12.2002 liest man: *den tjueåttende **i** tolvte totusenogto.*

3. Bei den Ordnungszahlen sowie bei den Adjektiven *siste* »letzte«, *forrige* »vorige«, *neste* »nächste«, *samme* »-selbe«, *høyre* »rechts«, *venstre* »links« fehlt oft der Adjektivartikel, häufig auch der bestimmte Artikel des Substantivs:

første gang/første gangen/den første gangen	das erste Mal
neste gang/neste gangen/den neste gangen	das nächste Mal
tredje dag/tredje dagen/den tredje dagen	der dritte Tag
siste time/siste timen/den siste timen	die letzte Stunde
samme bil/samme bilen/den samme bilen	dasselbe Auto
forrige århundre/forrige århundret/det forrige århundret	das vorige Jahrhundert

E. Übungen

1. Sett følgende verb i pluskvamperfektum:

a. tenke ....
b. være ....
c. gjøre ....
d. komme ....
e. prøve ....
f. bli ....
g. ha ....
h. leie ....
i. ligge ....
j. fortelle ....
k. spille ....
l. synge ....
m. gå ....
n. mene ....
o. lese ....

2. Sett følgende setninger i futurum:

a. I morgen reiser jeg til Tromsø. ....
b. Det regner ikke der, men det blir kaldt. ....
c. I Tromsø ser jeg på Universitetet og den kjente kirken.

....

d. Jeg bor hos en norsk venn av meg. ....
e. Han forteller meg mye om Nord-Norge. ....

f. Vi går alltid på restaurant og spiser. ....

g. Jeg spanderer. ....

h. Jeg skriver mange kort fra Tromsø. ....

i. Ett av kortene får du. ....

j. Når reiser du til Tromsø? ....

3. Hvilke gode nyttårsforsetter har du?
(Welche guten Neujahrsvorsätze haben Sie?)

Den 1.1. skal jeg begynne/slutte å ....

4. Les følgende datoer høyt:

1.1.1911	27.7.1830	3.6.1944	15.11.2000
4.5.1956	6.9.1979	8.8.1972	30.3.2007
18.8.1988	7.7.1977	20.7.1970	
21.10.1917	11.2.1998	24.12.1982	
14.4.1616	17.5.1814	16.3.2001	

5. Lag setninger med ordene: *første, andre, forrige, neste, siste, samme.*

6. Fyll ut:

Eks. *en rød bil*	*den røde bilen*	*røde biler*	*de røde bilene*
a. en norsk student	....	....	....
b. en sjalu tysker	....	....	....
c. ei super bok	....	....	....
d. en sur nordmann	....	....	....
e. et blått trehus	....	....	....
f. et flott tog	....	....	....
g. en gammel nisse	....	....	....

h. et bra liv ....

i. en spennende historie ....

j. en billig ting ....

k. en anstrengende uke ....

l. et grønt tre ....

7. Fortell om hva du skal gjøre i morgen. Bruk f. eks. verbene *stå opp, spise frokost, gå på jobb, gå på universitetet, spise lunsj, lese, drikke kaffe, gå hjem, ringe til en venn, skrive brev ...*

   Først .... og så .... og så ....

8. Snakk med sidemannen din:

   Hva tror du at du kommer til å gjøre i år 2015?
   Hva har du tenkt å gjøre når du er ferdig med å studere?

   Rollespill: Du er på flyplassen/jernbanestasjonen. Du må kjøpe billett. Du finner ikke flyet/toget du skal ta og trenger hjelp.

Elgtesten

Oversett til norsk:

a. Sie fragen, ob sie nie Urlaub bekommen.
b. Ich weiß, dass die Universität auf der anderen Seite der Stadt liegt.
c. Wovon redest du eigentlich?
d. Was hältst du von einem Glas Bier?
e. Sie sagt, dass ihr immer wenig Zeit habt.
f. Neben dem Theater liegt die kleine blaue Kirche.
g. Ich kann mich nie entspannen.
h. Mit wem warst du gestern im Kino?
i. Ist das das Mädchen, mit dem du vor zwei Jahren in Italien warst?
j. Ich weiß, dass sie lange gewartet haben.
k. Es steht in Aftenposten, dass norwegische Kinder nicht viel allein sind.

Lektion 11

A. Text

1. Typisk norsk å være god?

Pierre og Steinar hadde en fin tur med toget. Sent søndag kveld kom de til Bergen.

Pierre: Er det første gang du er i Bergen, Steinar?

Steinar: Ja, du vet at jeg ellers alltid reiser til utlandet på ferie. Jeg er altså ikke kjent her.

Pierre: Det er vanskeligere enn jeg trodde å finne et rom nå i juli.

Steinar: Og dyrere enn jeg trodde er det også. Hotellprisene er jo veldig høye. Vi prøver å finne et vandrerhjem. I sentrum er alt opptatt, men det er ledige rom i det som ligger utenfor byen. Standarden der er dessuten høyere enn i sentrum, står det i denne brosjyren.

Pierre: Høyere standard – det passer fint! Men hvordan kommer vi dit? Hvis vi må ta drosje, kan vi like godt ta et rom på det billigste hotellet her i nærheten, i alle fall for en natt. Et dobbeltrom koster ikke så mye.

Steinar: Tror du jeg vil sove i dobbelseng med deg?

Pierre: For å være ærlig – jeg synes heller ikke det er så morsomt å sove i dobbelseng, men to enkeltrom er mye dyrere.

Steinar: Jeg skal finne ut om siste buss til vandrerhjemmet er gått. Det vet de sikkert her på turistinformasjonen.

Steinar: Neste buss går om åtte minutter. Holdeplassen er like om hjørnet.

Pierre: Puh, jeg sleper tungt på en ryggsekk og to vesker, og du har bare en koffert med.

Steinar: Hvorfor har du så mye bagasje med deg da?

Pierre: Ærlig talt – jeg har vært i Oslo i fire uker og skal nå ha ferie i tre – i et land der sommertemperaturen varierer mellom 0 og 30 grader. Den tjukkeste genseren har jeg forresten glemt i Oslo. Håper vi ikke får snøstorm i Finnmark.

Steinar: Ta det med ro! Dessuten er snøstorm ikke så ille som myggstikk. Der kommer bussen.

Steinar: Stopper bussen ved vandrerhjemmet?

Sjåføren: Ja, like foran.

Steinar: Hvor langt er det dit?

Sjåføren: Ca. 6 kilometer.

Pierre: Dette er det fineste vandrerhjemmet jeg har sett – i alle fall utenfra.

Steinar: Ja, jeg tror vandrerhjemmene i Norge stort sett er finere enn i andre land.

Pierre: Jada. Jeg vet at det er typisk norsk å være god.

Steinar: Takk for komplimenten. Men så vidt jeg vet, er heller ikke franskmennene kjent for å være beskjedne. Hvor lenge er det åpent her, tror du?

Pierre: Aner ikke. Men la oss gå inn. De stenger antakelig kl. 23, og nå er den fem på.

2. Suverene nordmenn

I konkurranse med andre skandinaver vinner selvsagt alltid nordmennene, som denne – typiske – vitsen viser:

Det var en gang en nordmann, en svenske og en danske som konkurrerte om hvem som hadde det største skipet.
- Jeg har et så stort skip at jeg må bruke bil over dekket,sa dansken.
- Er det noe da? sa svensken. Jeg har et så stort skip at jeg må bruke fly over dekket.
- Det er da ikke noe å snakke om, sa nordmannen.
- Jeg har et så stort skip at kokken må bruke undervannsbåt for å se om potetene er kokt.

Svenskevitsene er også populære:

To svensker var oppe til eksamen i zoologi, og professoren spurte:
- Hvilken fugl er det som ikke bygger eget reir?
- Kanarifuglen, svarte den ene svensken. – Den bor i bur.
- Gjøken, svarte den andre svensken.
- Hvordan visste du at det var gjøken? spurte professoren.
- Alle vet vel at gjøker bor i klokker.

B. Vokabeln

akkurat	gerade, genau
ikke akkurat	nicht gerade
aller	aller-
ane (-te)	ahnen
antakelig	wahrscheinlich
bagasje, en	Gepäck
beskjeden	bescheiden
brosjyre, en/ei [o]	Prospekt
bur, et	Käfig
buss, en	Bus
bygge (-de)	bauen
ca./circa	ungefähr
dekk, et	Deck
der [æ]	dort, *hier*: wo
dobbelseng, en/ei [o]	Doppelbett
dobbeltrom, et [o-u]	Doppelzimmer
drosje,en/ei [o]	Taxi
ta drosje	ein Taxi nehmen
egen (eget-egne)	eigen
eksamen, en	Examen
være oppe til eksamen	Examen ablegen
ellers	sonst, ansonsten
enda	noch
enkeltrom, et	Einzelzimmer
ene	
den/det ene	der/die/das eine
Finnmark	*der nördlichste Verwaltungsbezirk Norwegens (»fylke«)*
finne ut (fant-funnet)	herausfinden
for å	um zu
fugl, en	Vogel
gal/galt	falsch
gang, en	Mal
Det var en gang ...	Es war einmal ...
gjøk, en	Kuckuck
glemme (-te)	vergessen
godt [o]	gut
like godt	genauso gut
grad, en	Grad
gå inn (gikk-gått)	hineingehen
hol*d*eplass, en [o]	Haltestelle
hotell, et	Hotel
hotellpris, en	Hotelpreis

håpe (-et)	hoffen
ille	schlimm
kanarifugl, en	Kanarienvogel
kilometer, en (–)	Kilometer
kjent	bekannt
være kjent et sted	sich an einem Ort auskennen
være kjent for noe	für etw. bekannt sein
koffert, en	Koffer
koke (-te)	kochen
kokk, en [o]	Koch, Köchin
kompliment, en [o-maŋ]	Kompliment
konkurranse, en [o]	Wettbewerb
konkurrere [o] om noe (-te)	konkurrieren, wetteifern um etw.
la (lot-latt)	lassen
morsom [u-o]	lustig
myggstikk, et	Mückenstich
noe	etwas
Er det noe da?	Das ist doch nichts.
om	um, in
om hjørnet	*örtlich:* um die Ecke
om 8 minutter	*zeitlich:* in 8 Minuten
opptatt	besetzt
populær	beliebt
professor, en	Professor/-in
pris, en	Preis
reir, et	Nest
ro, en/ei	Ruhe
Ta det med ro!	Nur mit der Ruhe!
ryggsekk, en	Rucksack
sjåfør, en	Fahrer/-in, Chauffeur
skandinav, en	Skandinavier/-in
skip, et	Schiff
slepe (på) (-te)	schleppen
snakke (-et)	sprechen, reden
ikke noe å snakke om	nicht der Rede wert
snøstorm, en [o]	Schneesturm
sove (sov-sovet) [o]	schlafen
standard, en	Standard
stemme, en	Stimme
stenge (-te)	schließen
stoppe [o] (-et)	(an)halten
størst	am größten
det største	das größte
suveren	souverän

temperatur, en	Temperatur
tung [u]	schwer
turistinformasjon, en [ʉ-o-u]	Touristinformation, Fremdenverkehrsamt
un*d*ervannsbåt, en	U-Boot
utenfor	außerhalb
utenfra	von außen
vandrerhjem, et	Jugendherberge
variere (-te)	variieren
veske, en/ei	Tasche
vidt	weit
så vidt jeg vet	soviel ich weiß
vinne (vant-vunnet)	gewinnen
vits, en	Witz
zoologi, en	Zoologie
ærlig	ehrlich
for å være ærlig	um ehrlich zu sein
ærlig talt	ehrlich gesagt, also wirklich
øvelse, en	Übung
åpen	offen

C. Wörterkiste: Hvordan bor vi i ferien?

Wie wohnen wir im Urlaub?

hotell, et	Hotel
vandrerhjem, et	Jugendherberge
campingplass, en	Campingplatz
hytte, en/ei	Hütte
bo på hotell	im Hotel wohnen
enkeltrom/enkeltværelse, et	Einzelzimmer
dobbeltrom/dobbeltværelse, et	Doppelzimmer
Har dere et ledig rom?	Haben Sie noch ein freies Zimmer?
Alt er opptatt, dessverre.	Leider ist alles besetzt.
Jeg har bestilt et rom.	Ich habe ein Zimmer reserviert.
Kan jeg få se på rommet?	Kann ich das Zimmer sehen?
et rom med dusj og toalett	ein Zimmer mit Dusche und Toilette
et rom med balkong	ein Zimmer mit Balkon
et rom med helpensjon/halvpensjon	ein Zimmer mit Vollpension/ Halbpension
Hva er inkludert i prisen?	Was ist im Preis inbegriffen?
Vi blir her en natt.	Wir wollen eine Nacht bleiben.
Hvor kan jeg sette bilen?	Wo kann ich das Auto hinstellen?

D. Grammatik

Adjektiv

Steigerung

Wie im Deutschen werden die Komparativ- und Superlativformen der meisten Adjektive durch Anhängung einer Endung an die Grundform gebildet. Die normalen Endungen sind *-ere* im Komparativ und *-est* im Superlativ. Die Komparativform ist unflektierbar, die Superlativform kann bestimmt oder unbestimmt sein.

Positiv		Komparativ		Superlativ	
dyr	teuer	dyr**ere**	teurer	dyr**est**/den dyr**este**	am teuersten, der teuerste
høy	hoch	høy**ere**	höher	høy**est**/den høy**este**	am höchsten, der höchste

1. Adjektive auf *-(l)ig* und *-som* haben die Endung *-st* im Superlativ:

billig	billig**ere**	billig**st**	billig
morsom	morsomm**ere**	morsom**st**	lustig

Im Superlativ wird das *-g* in der Endung *-igst* gesprochen.

2. Bei Adjektiven auf *-el,- en, -er* fällt vor der Endung das *-e* im Stamm aus:

sulten	sultn**ere**	sultn**est**	hungrig
vakker	vakr**ere**	vakr**est**	hübsch

Verstärkende Adverbien

Positiv:

Denne øvelsen er **svært/veldig** vanskelig.	Diese Übung ist sehr schwierig.

Komparativ:

Denne øvelsen er **mye** vanskeligere.	Diese Übung ist viel schwieriger.
Denne øvelsen er **enda** vanskeligere.	Diese Übung ist noch schwieriger.

Superlativ:

Denne øvelsen er den **aller** vanskeligste.	Diese Übung ist die allerschwierigste.
Denne øvelsen er **aller** vanskeligst.	Diese Übung ist am allerschwierigsten.

Vergleichspartikel

Positiv:

Denne boka er **så** dyr som den andre. Denne boka er **like (så)** dyr som den andre.	Dieses Buch ist (genau) so teuer wie das andere.

Komparativ:

Denne boka er dyrere **enn** den andre.	Dieses Buch ist teurer als das andere.

Es heißt:	*Jeg er penere enn deg.*	Ich bin schöner als du.
Oder:	*Jeg er penere enn du er.*	

Adverb

Die Neutrumsform des Adjektivs kann als Adverb verwendet werden:

en høy stemme	eine laute Stimme	Han synger høyt.	Er singt laut.
en lang reise	eine lange Reise	Hun reiser langt.	Sie reist weit.
ei fantastisk bok	ein fantastisches Buch	Han skriver fantastisk.	Er schreibt fantastisch.

Die Steigerung von Adverbien erfolgt grundsätzlich wie bei Adjektiven: *høyt - høyere - høyest.*

Präposition

Präposition in **Zeitausdrücken**: *for - siden, om, i*

for en time siden	vor einer Stunde	Per kom for en time siden.
om en time	in einer Stunde	Berit kommer om en time.
i en time	eine Stunde (lang)	De skal være her i en time.

Pronomen

Die Pronomen ***hvem som, hva som, hvilken som***

In Nebensätzen, in welchen *hvem, hva* oder *hvilken* Subjekt ist, muss das Relativpronomen *som* eingefügt werden:

De visste ikke **hvem som** hadde gjort det.	Sie wussten nicht, wer es getan hatte.
Vet du **hva som** er best?	Weißt du, was am besten ist?
Jeg vet ikke **hvilken** bil **som** er best.	Ich weiß nicht, welches Auto das beste ist.

E. Übungen

1. Lag setninger med adjektiv i positiv og komparativ:

Eksempel:	
fin	*Denne stolen her er .... , men den der er ....*
	Denne stolen her er fin, men den der er finere.
a. varm	Denne kofta her er .... , men den der er ....
b. tjukk	Dette skjerfet her er .... , men det der er ....
c. høy	Denne kirken her er .... , men den der er ....
d. kort	Denne veien her er .... , men den der er ....
e. vakker	Dette slottet her er............... , men det der er ....
f. vanskelig	Denne øvelsen her er .... , men den der er ....
g. billig	Disse husene her er .... , men de der er ....
h. snill	Disse mennene her er .... , men de der er ....

2. Lag setninger med adjektiv i positiv/superlativ og spørrepronomen (*hvem* eller *hvilken*):

Eksempel:

pen	*Her er mange .... fugler.*	*............er .... ?*
	Her er mange pene fugler.	*Hvilken er den peneste?*
a. hyggelig	Her er mange .... tyskere.	.... er .... ?
b. sur	Her er mange .... guider.	.... er .... ?
c. lett	Her er mange .... ryggsekker.	.... er .... ?
d. trøtt	Her er mange .... studenter.	.... er .... ?
e. bred	Her er mange .... gater.	.... er .... ?
f. viktig	Her er mange .... tekster.	.... er .... ?
g. vakker	Her er mange .... trehus.	.... er .... ?
h. tørst	Her er mange .... kvinner.	.... er .... ?
i. ny	Her er mange .... brosjyrer.	.... er .... ?

3. Sett verbet i preteritum, og lag adverb av adjektivet:

Eksempel:

gå/lang	*Han ....*	*Han gikk langt.*
a. synge/pen	Hun	
b. spille/vakker	Mannen	
c. fortelle/spennende	Hun	
d. krangle/høy	De	
e. selge/billig	Vi .... huset	
f. snakke/dårlig	De .... engelsk.	
g. lære/lett	Tyskerne .... norsk.	
h. kjenne/god	Han .... henne	

4. Svar på spørsmålene. Bruk preposisjonene *i*, *om* eller *for - siden:*

Eksempel:

5 år	*Hvor lenge har du vært i Norge?*	*Jeg har vært i Norge i fem år.*
3 måneder	*Når reiste du til Norge?*	*Jeg reiste til Norge for tre måneder siden.*

a.	2 timer	Når skal du spise middag?	....
b.	1 år	Hvor lenge har han vært i Freiburg?	....
c.	3 uker	Hvor lenge skal du være her?	....
d.	20 minutter	Når kom du hit?	....
e.	7 måneder	Når skal du reise til Amerika?	....
f.	4 dager	Når kjøpte du billetten?	....
g.	1 uke	Hvor lenge har du ferie?	....
h.	2 timer	Når spiste du frokost?	....
i.	1 time	Hvor lenge har du vært her?	....

5. Fyll ut med de verbformene som mangler:

Infinitiv	Präsens	Präteritum	Partizip Perfekt
....	snakker	....	....
....	....	fikk	....
....	....	....	solgt
sitte	....	....	....
....	gjør	....	....
....	....	sa	....
....	vet	....	....
....	....	....	hett
....	ser	....	....
spørre	....	....	....
....	....	....	tatt
....	....	kunne	....

....	....	....	bodd
....	forteller	....	....
gå	....	....	....

6. Husker du teksten?

	riktig	galt
a. Det er første gang Steinar er i Bergen.	❑	❑
b. Vildanden er et drama av Bjørnstjerne Bjørnson.	❑	❑
c. Det er billig å bo på hotell i Norge.	❑	❑
d. Steinar liker ikke å sove i dobbelseng.	❑	❑
e. Pierre sleper på to kofferter.	❑	❑
f. Steinar vil gjerne ha myggstikk.	❑	❑
g. Det er 6 kilometer fra sentrum til vandrerhjemmet.	❑	❑
h. I Norge er det alltid varmt i juli.	❑	❑
i. Vandrerhjemmet i sentrum er fullt.	❑	❑
j. Ingen nordmenn liker svenskevitser.	❑	❑
k. Alle gjøker bor i klokker.	❑	❑

7. Snakk med sidemannen din:

Hvordan vil du bo i ferien?
Fortell en vits!

Rollespill: Du bestiller et hotellrom (telefonsamtale).

Elgtesten

Fyll ut:

De fire .... har forskjellige .... for sommeren. Anna skal ha en kort ...., og så skal hun .... som .... hos en familie i Oslo.

Pierre vil bare ha ...., han vil ikke arbeide. Han skal .... nordover med .... sammen med en venn.

Matthias skal arbeide på et .... i Bergen, men før det vil han gjerne .... ferie på .... sammen .... Anna.

Susanne har tenkt å .... å studere norsk og historie i Tromsø. Hun tar .... nordover.

Språkkurset hadde .... veldig godt, og Ragnhild .... lært dem mye norsk. De likte også å .... i Oslo. De hadde .... veldig mye der. Matthias likte .... på Bygdøy. Susanne ville .... gå i Munchmuseet igjen. Pierre likte å .... på Aker brygge og drikke ...., og Anna tenkte ofte .... eplekaken på ....

Lektion 12

A. Text

1. Er det mulig å bli enig?

Da Matthias møtte Anna på Aker brygge lørdag formiddag, visste ingen av dem hva de helst ville gjøre i ferieuken. Mens Anna ventet på Matthias, bladde hun i en Oslo-guide.

Anna: Der er du endelig. Bedre sent enn aldri!

Matthias: Unnskyld meg! Bussen tok lengre tid enn vanlig. Har du noen gode forslag?

Anna: Du har sikkert flere og bedre ideer enn jeg har.

Matthias: Jeg kan tenke meg å være i Oslo et par dager først. Det er flere ting her jeg ikke har sett ennå, for eksempel vikingskipene og Folkemuseet på Bygdøy. Det er jo et av landets eldste friluftsmuseer. Dessuten var turen vi hadde med kurset i Vigelandsparken altfor kort. Den er tross alt en av Oslos største turistattraksjoner.

Anna: Uff, jeg vet ikke. Jeg tror det fins ting som er mer interessante enn det. Holmenkollen for eksempel. Jeg vil gjerne se utsikten derfra. Og etter at vi har vært der, kan vi gå på Frognerseteren og spise verdens beste eplekake – eller i det minste Oslos beste.

Matthias: Og hvis været blir bra, kan vi reise til Lillehammer og gå på Maihaugen. Det er også et friluftsmuseum, og både der og på Bygdøy har de severdige stavkirker. Har du sett en stavkirke?

Anna: Æsj, kirker og museer er egentlig det verste jeg vet. Vi har mer enn nok av dem i Italia.

Matthias: Men det er noe annet med friluftsmuseer. Og når vi først er i Norge ...

Anna: ... må vi se noe som er typisk norsk. Siden jeg ble kjent med deg, har du ikke snakket om annet enn at du vil se det som er typisk norsk. Men hvis du absolutt vil, så gjerne for meg.

Matthias:	Vi kan jo enten reise til Lillehammer eller dra til Bygdøy. Eller vil du verken det ene eller det andre?
Anna:	Er du sur nå igjen? Hvilket av de to museene er finest? Forresten – må vi bestemme det akkurat nå?
Matthias:	Jeg vil ikke ...
Anna:	Jada. Jeg vet at du ikke vil stå på pinne for meg. Likevel foreslår jeg at vi drar og bader et sted i Oslofjorden i dag, for man vet aldri hvor lenge denne varmen varer. Er du ikke enig i det?
Matthias:	Jo, det var akkurat det jeg ville si. To sjeler og en tanke! Når været for en gangs skyld er fint, må vi selvsagt utnytte det. Og Ragnhilds undervisning i idiomatiske uttrykk var virkelig effektiv. Vi finner sikkert en gyllen middelvei for denne ferieuken. Kultur- og naturopplevelser lar seg kombinere, ikke sant?

2. To norske kunstnere

som man kan bli kjent med i Oslo, er maleren Edvard Munch (1863–1944) og billedhuggeren Gustav Vigeland (1869–1943).
Navnet Edvard Munch er for mange europeere synonymt med norsk malerkunst. Munchs bilder handler om følelser – om angst, ensomhet, sykdom og død, men også om lyst og kjærlighet. I Munchmuseet i Oslo kan man se den samlingen av malerier og grafiske verk som han testamenterte til Oslo by før han døde.
Billedhuggeren Gustav Vigelands verk utløser ennå heftige diskusjoner. Også for ham var menneskelige følelser og forholdet mellom mennesker et sentralt tema. I Vigelandsparken på Frogner i Oslo finner man en stor samling av Vigelands kontroversielle skulpturer.

B. Vokabeln

absolutt	unbedingt
angst, en	Angst
annet	anderes
andre	andere
den/det andre	der/die/das andere
avsides	abseits
bade (-et)	baden
bebodd	bewohnt
bedre	besser
beskrive (skrev-skrevet)	beschreiben
best	am besten
billedhugger, en	Bildhauer/-in
bla (-dde)	blättern
Bygdøy	*Stadtteil von Oslo*
derfra [æ]	von dort
diskusjon, en	Diskussion
dra (dro*g*-dradd/ dratt)	ziehen, fahren
dø (døde-dødd)	sterben
død, en	Tod
effektiv [´ef-]	effektiv
el*d*st	am ältesten
enig	einig

bli enig	sich einigen
være enig med noen i noe	mit jdm. in einer Sache übereinstimmen
ensomhet, en/ei [o]	Einsamkeit
enten - eller	entweder - oder
eplekake, en/ei	Apfelkuchen
etter at	nachdem
europeer, en [æʉ-]	Europäer
fjor*d*, en	Fjord
Folkemusee*t* [o]	*Freilichtmuseum in Bygdøy*
for	denn
foreslå (-slo-slått)	vorschlagen
forhol*d*, et [o]	Verhältnis
formiddag, en	Vormittag
forslag, et	Vorschlag
fremmed	fremd
friluftsmuseum, et	Freilichtmuseum
Frogner [o]	*Stadtteil von Oslo*
Frognerseteren [o]	*Restaurant bei Oslo*
følelse, en	Gefühl
få	wenige
gjerne [æ]	gern
gjerne for meg	meinetwegen
grafisk	grafisch
gyllen	golden
handle om noe (-et)	von etw. handeln
heftig	heftig
heller	lieber
helst	am liebsten
Holmenkollen [o-o]	*Oslos große Skischanze*
idiomatisk	idiomatisch
kjent	bekannt
bli kjent me*d*	kennen lernen
kombinere (-te)	kombinieren
kontroversiell [o-u]	kontrovers
lengre (Adj.)	länger
Maihaugen	*Freilichtmuseum in Lillehammer*
maler, en	Maler/-in
maleri, et	Gemälde
malerkunst, en	Malerei
menneske, et	Mensch
menneskelig	menschlich
mens (Konjunktion)	während
middelvei, en	Mittelweg
den gylne middelvei	der goldene Mittelweg
minst	am kleinsten/am wenigsten

i det minste	zumindest, wenigstens
museum, et (-eer/eene)	Museum
møte (møtte-møtt)	treffen, begegnen
naturopplevelse, en	Naturerlebnis
nær	nahe
Oslo-guide, en [gaid]	*Reiseführer für Oslo*
Oslofjor*d*en	der Oslofjord
par, et	Paar, paar
pinne, en	Stäbchen
stå på pinne for noen	jdm. aufs Wort gehorchen
samling, en/ei	Sammlung
sent	spät
bedre sent enn aldri	besser spät als nie
sentral	zentral
severdig [e-æ]	sehenswürdig
siden	seitdem
sjel, en/ei	Seele
to sjeler og en tanke	zwei Seelen, ein Gedanke
skulptur, en	Skulptur
stavkirke, en/ei	Stabkirche
steinet	steinig
sykdom, en [o]	Krankheit
synonym [o]	synonym
tanke, en	Gedanke
tema, et	Thema
testamentere (-te)	vermachen
tross [o]	trotz
tross alt	trotz allem
turistattraksjon, en	Touristenattraktion
uff	*Ausruf der Ablehnung*
unnskyl*d*e (-te)	entschuldigen
un*d*ervisning, en/ei	Unterricht
utløse (-te)	auslösen
utnytte (-et)	ausnutzen
uttrykk, et	Ausdruck
vare (-te)	dauern
verden, en [æ]	Welt
verk, et [æ]	Werk
verken [æ] - eller	weder - noch
verst [æ]	am schlimmsten
det verste jeg vet	das Schlimmste, was ich mir vorstellen kann
Vigelan*d*sparken	der Vigelandpark
von*d*	schlecht, schmerzhaft
æsj!	igitt! *Ausruf der Ablehnung*

C. Wörterkiste: Følelser Gefühle

glede seg	sich freuen	glede, en/ei	Freude
le	lachen	latter, en	Lachen
være glad (for)	froh sein (über)		
fornøyd (med)	zufrieden (mit)		
begeistret (for)	begeistert (von)	begeistring, en/ei	Begeisterung
sint	wütend, böse	sinne, et	Wut
sur	sauer		
deprimert	deprimiert	depresjon, en	Depression
ensom	einsam	ensomhet, en/ei	Einsamkeit
gråte	weinen	gråt, en	Weinen
være redd	Angst haben	angst, en	Angst
elske	lieben	kjærlighet, en/ei	Liebe
være glad i noe(n)	etw./jdn. gern haben		
hate	hassen	hat, et	Hass
avsky	verabscheuen	avsky, en	Abscheu
beundre	bewundern	beundring, en/ei	Bewunderung
synes synd på/i n.	jdn. bemitleiden	medlidenhet, en/ei	Mitleid

D. Grammatik

Adjektiv

Nach einem Substantiv im Genitiv verwendet man die bestimmte Form des Adjektivs:

Ragnhilds effektive undervisning	Ragnhilds effektiver Unterricht
verdens beste eplekake	der beste Apfelkuchen der Welt

Adjektiv/Adverb

Unregelmäßige Steigerung

ung	yngre	yngst	jung
gammel	eldre	eldst	alt
liten	mindre	minst	klein

stor	større	størst	groß
god/bra	bedre	best	gut
dårlig	verre/dårligere	verst/dårligst	schlecht
vond	verre/vondere	verst/vondest	schlecht, schmerzhaft
ille	verre	verst	schlimm
mange	flere	flest	viele
få	færre	færrest	wenige
mye	mer	mest	viel
lite	mindre	minst	wenig
litt	mindre	minst	ein bisschen
tung	tyngre	tyngst	schwer
lang	lengre	lengst	lang
nær	nærmere	nærmest	nahe
gjerne	heller	helst	gern
lenge	lenger	lengst	lange
langt	lenger	lengst	weit

Einige Adjektive und Adverbien haben keine eigene Komparativ- und Superlativform. Stattdessen werden sie mit Hilfe von *mer* und *mest* gesteigert:

1. Partizipien, die als Adjektive/Adverbien eingesetzt werden:

elsket	mer elsket	mest elsket	geliebt
spennende	mer spennende	mest spennende	spannend

2. Adjektive/Adverbien auf -et(e), -ed, -s:

steinet(e)	mer steinet(e)	mest steinet(e)	steinig
fremmed	mer fremmed	mest fremmed	fremd
avsides	mer avsides	mest avsides	abseits

3. Mehrsilbige auf -sk:

praktisk	mer praktisk	mest praktisk	praktisch
fantastisk	mer fantastisk	mest fantastisk	fantastisch

4. Viele andere mehrsilbige Adjektive/Adverbien, z.B.:

moderne	mer moderne	mest moderne	modern
interessant	mer interessant	mest interessant	interessant
populær	mer populær	mest populær	beliebt
severdig	mer severdig	mest severdig	sehenswürdig

Gebrauch der Steigerungsformen

1. Superlativ im Norwegischen - Komparativ im Deutschen:

Im Norwegischen benutzt man den Superlativ auch beim Vergleich von zwei Dingen, Personen u.ä.

Vi har to katter.	Wir haben zwei Katzen.
Felix er den eldste av dem.	Felix ist die ältere der beiden.

Der Komparativ steht immer vor *enn*: *Felix er eldre enn Max.*

2. Absoluter Komparativ:

Es liegt kein Vergleich vor:

En eldre mann kjørte bilen.	Ein älterer Mann fuhr das Auto.

3. Absoluter Superlativ:

Es wird ein sehr hoher Grad ausgedrückt:

Vi hadde det beste været man kan tenke seg.	Wir hatten das beste Wetter, das man sich vorstellen kann.

Konjunktion

Beiordnende Konjunktionen

og	und	Vi spiser og drikker for mye. Wir essen und trinken zu viel.
eller	oder	Vil du ha kaffe eller te? Möchtest du Kaffee oder Tee?
men	aber	Han hadde reist, men hun visste det ikke. Er war abgereist, aber sie wusste es nicht.
for	denn	Jeg må ta med en tjukk genser, for det er kaldt i Norge. Ich muß einen dicken Pulli mitnehmen, denn es ist kalt in Norwegen.
både - og	sowohl - als auch	Både Per og Pål liker eplekake. Sowohl Per als auch Pål mögen Apfelkuchen.
enten - eller	entweder - oder	Vi kan enten reise på ferie eller kjøpe en ny bil. Wir können entweder in Urlaub fahren oder ein neues Auto kaufen.
verken - eller	weder - noch	Anna vil verken reise til Lillehammer eller til Bygdøy. Anna will weder nach Lillehammer noch nach Bygdøy fahren.

E. Übungen

1. Fyll ut med komparativ- og superlativformer:

Eksempel:

fin	*Denne bilen er .... enn den andre, men Karis bil er ....* *Denne bilen er finere enn den andre, men Karis bil er finest.*
a. gammel	Dette skipet er .... enn det andre, men tyskernes skip er ....
b. liten	Denne genseren er .... enn den andre, men Tors genser er ....

c. stor	Disse kirkene er .... enn de andre, men Domkirken er ....
d. praktisk	Denne veska er .... enn den andre, men den gule veska er ....
e. tung	Disse koffertene er .... enn de andre, men Pers kofferter er ....
f. spennende	Denne boka er .... enn den andre, men kriminalromanen er ....
g. nær	Dette huset er .... enn det andre, men Pettersens hus er ....
h. sterk	Denne kaffen er .... enn den andre, men kaffen i går var ....
i. god	Denne avisen er .... enn den andre, men Aftenposten er ....
j. ung	Denne mannen er .... enn den andre, men Pål er ....
k. lang	Brevet fra Britt er .... enn brevet fra Mari, men brevet fra Tone er.............
l. mange	Jeg har .... katter enn Lisa, men Kari har ....
m. mye	Susanne spiser .... bløtkake enn Anna, men Pierre spiser ....
n. interessant	Turen til Oslo var .... enn turen til Hamar, men turen til Bergen var ....
o. lite	Jeg drikker .... øl enn Matthias, men Anna drikker ....

2. Komparativ eller superlativ? Lag riktige setninger:

a. hyggelig	Av de to lærerne var Jakob ....
b. gammel	Karl har to biler, en hvit og en svart. Den svarte er ....
c. liten/brukt	Den hvite er .... enn den svarte og også ....
d. stor/fin	New York er .... byen, men Paris er ....
e. nær	Hansens butikk er .... enn Jensens. .... butikken ligger like om hjørnet.
f. god	Hvilken butikk er ....?
g. lenge	Hvem har sovet ....?
h. spennende	Av de to bøkene er Anne Holts roman ....
i. gammel	Hun er nå en .... dame.

3. Lag setninger med konjunksjoner. Bruk preteritum:

Eksempel:	
og	*Jeg - skrive - brev - Berit - lese - ei bok.* *Jeg skrev brev og Berit leste ei bok.*
a. og	Han - komme - se - vinne. ....
b. eller	Være - du - på kino - på teater i går? ....
	Spise - du - for mye - drikke - du - for mye i går? ....
c. men	Jeg - spise - geitosten - like - den ikke. ....
	Sola - skinne - det - være - kaldt. ....
d. for	Jeg - treffe - ham ikke - han - være - ennå i utlandet. ...
	Jeg - gjøre - som hun - si - det - være - det beste for meg. ....
e. både - og	Hun - synge - male. ....
	Per - Pål - studere - tysk. ....
f. enten - eller	Han - være - fransk - italiensk. ....
	Jeg - måtte - studere - arbeide. ....
g. verken - eller	Hun - ville - spise - drikke. ....
	Han - være - norsk - svensk. ....

4. Oversett til norsk:

a. Heute will Anna entweder mit Matthias ins Kino oder mit Pierre ins Theater gehen.

....

b. Sie kann nicht sowohl das eine als auch das andere tun.

....

c. Aber es ist schwer, sich zu entscheiden, denn sie mag sowohl Pierre als auch Matthias.

....

d. Vielleicht macht sie weder das eine noch das andere.

....

5. Was sagen Sie, wenn Sie ausdrücken wollen, dass ...

a. Sie die alte Lehrerin bemitleiden? Jeg ....

b. Sie müde sind und Angst haben? ....

c. Sie den Film im Saga lustig finden? ....

d. Sie mit dem neuen Zimmer zufrieden sind? ....

e. Sie wütend sind, weil Sie warten mussten? ....

f. Sie Ragnhild gern haben und sie bewundern? ....

g. Sie von dem Buch, das Sie jetzt lesen, begeistert sind? ....
....

h. Sie froh sind, dass die Ferien angefangen haben? ....

i. Sie sehr niedergeschlagen sind? ....

6. Hvordan vil du beskrive disse personene?

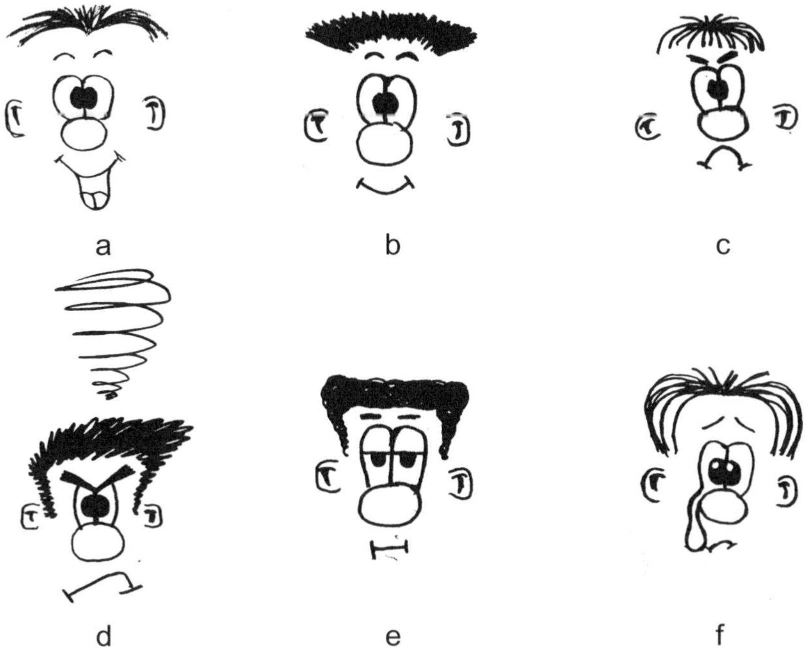

a. Han ....

b. ....

c. ....

d. ....

e. ....

f. ....

7. Snakk med sidemannen din:

Hvilke kunstnere liker du? Hvorfor?
Hva vil du gjerne se i Norge?
Hva så du da du var i Norge?

Elgtesten

Kryssord:

Bussen stopper på
Ibsen har skrevet dramaet
Pierre og Steinar bor på et
I Finnmark kan man lett få
På Maihaugen er det en
På Bygdøy ligger
Edvard Munch er en norsk
Matthias har mange gode
På Frognerseteren har de verdens beste
Pierre har mye
Pierre har en ryggsekk og to
Et gammelt norsk skip er et

Lektion 13

A. Text

1. Annas møte med familien Nygård

Den 28. juli ringte Anna på hos familien Nygård. Torleif åpnet.

Anna:	God dag ...
Torleif:	Hei! Så hyggelig. Du må være Anna. Kom inn! Var det vanskelig å finne huset vårt?
Anna:	Nei, jeg tok taxi.
Torleif:	Ja, det er klart. Du har jo mye bagasje. Koffertene dine setter vi inn på rommet ditt med det samme. Dette er Øivind, sønnen vår. Si hei til Anna, Øivind!
Øivind:	Hei!
Anna:	Hei, Øivind. Du har et artig kosedyr. Er det en bjørn?
Øivind:	Ja, den heter Bamse. Jeg har ei bok om bjørner også, og ei stor eventyrbok. Kan du lese for meg?
Anna:	Ja, etter at jeg har pakket opp kofferten min og snakket litt med faren din, skal jeg lese for deg.
Torleif:	Kirsti, datteren vår, er hos en venninne. Hun kommer hjem til middag klokka halv fem. Det gjør Bjørg-Unni også, kona mi. Du vet at hun er arkitekt og har et eget firma. Hun jobber nesten bestandig. Litt av et hell for oss at du kan begynne tidligere enn planlagt. I morgen skal jeg forklare deg alt du må gjøre. Jeg begynner ikke å arbeide før i overmorgen. Hvordan har oppholdet ditt i Norge vært hittil?
Anna:	Fint. Jeg har sett veldig mye, ikke minst museer og kirker. Jeg synes naturen her er nydelig.
Torleif:	Og norsken din er virkelig god. Jeg tror i alle fall ikke du får språkproblemer.
Anna:	Nei, sikkert ikke. Siden jeg kom til Norge, har jeg bare snakket norsk.
Torleif:	Gikk det i orden med oppholdstillatelsen?
Anna:	Ja, jeg hadde ingen problemer med den. Er det deres katt der ute i hagen?

Torleif:	Ja, det er katten til Kirsti.
Øivind:	Tigergutt er ikke Kirstis katt, den er min.
Torleif:	Jada. Men Veslepus er hennes katt. Øivind har forresten et husdyr til. Undulaten hans, som sitter i buret der borte, heter Lille My. Jeg håper du liker dyr?
Anna:	Så lenge de ikke biter, er det OK for meg. Men jeg avskyr mus!
Torleif:	Jeg er heller ikke begeistret for mus, men man venner seg til dem, og ungene synes de er søte. Det hender at kattene våre tar med seg noen små lekekamerater inn i huset, men de lever som oftest ikke lenge ... Jeg lager kaffe mens du pakker ut.

2. Norsk barnelitteratur

Fra omkring 1950 var radioen den viktigste formidleren av norsk barnelitteratur. Her skal vi bare nevne de tre pionerene Thorbjørn Egner (1912-1990), Alf Prøysen (1914-1970) og Anne-Cath Vestly (f. 1920). For både yngre og eldre nordmenn er disse navnene uløselig knyttet til barndommens bøker og til barneprogrammene i radioen med opplesninger, hørespill og sanger. Mange av bøkene er oversatt til andre språk. I Tyskland er f.eks. Egners »Karius og Baktus« godt kjent. Også moderne, norsk barnelitteratur er oversatt til tysk. P.C. Asbjørnsen og J. Moe samlet og skrev ned »Norske Folkeeventyr« i forrige århundre.

B. Vokabeln

arkitekt, en	Architekt/-in	datter, en/ei (døtre)	Tochter
arbeid, et	Arbeit	dens	sein, ihr
artig	lustig	deres	euer, Ihr
avsky (-dde)	verabscheuen	dets	sein, ihr
barndom, en [o]	Kindheit	din/di/ditt/dine	dein
barnelitteratur, en	Kinderliteratur	eventyrbok, en/ei	Märchenbuch
begeistret [-´gei-]	begeistert	far, en (fedre)	Vater
begeistret for	begeistert von	folkeeventyr, et (-) [o]	Volksmärchen
bestandig	immer	forklare (-te)	erklären
bite (beit-bitt)	beißen	formidler, en	Vermittler/-in
bjørn, en	Bär		

hage, en	Garten
hans	sein
hell, et	Glück
litt av et hell	so ein Glück
hen*d*e (-te)	passieren, geschehen
hennes	ihr (Poss.pron.)
hittil	bisher
humør, et	Laune
bli i godt humør	gute Laune bekommen
husarbeid, et	Hausarbeit
husdyr, et	Haustier
hørespill, et	Hörspiel
ikke minst	nicht zuletzt
i overmor*g*en [o]	übermorgen
kassett, en	Kassette
inn	hinein, herein
klar/klart	klar
knytte (til) (-et)	knüpfen, verbinden (mit)
kone, en/ei	Ehefrau
kosedyr, et	Schmusetier
lekekamerat,en	Spielkamerad/-in
leve (-de)	leben
litt av en/et ...	ein toller/tolles ...
min/mi/mitt/mine	mein
minst	am wenigsten
ikke minst	nicht zuletzt
mus, en/ei (–)	Maus
møte, et	Begegnung
nevne (-te)	nennen
oftest [o]	am häufigsten
som oftest [o-o]	meistens
omkring	ungefähr
opphol*d*, et [o]	Aufenthalt
opphol*d*stillatelse, en [o]	Aufenthaltserlaubnis
opplesning, en	Vorlesen, Lesung
orden, en [o]	Ordnung
gå i orden	in Ordnung gehen
oversette (-satte-satt)	übersetzen
pakke opp/ut (-et)	auspacken
pioner, en	Pionier/-in
planlegge (-la -lagt)	planen
problem, et	Problem
radio, en	Radio
ringe på (-te)	an der Tür klingeln
samle (-et)	(ver)sammeln
sette (satte-satt)	setzen, stellen
skrive ned (skrev-skrevet)	aufschreiben
språkproblem, et	Sprachproblem
sønn, en	Sohn
søt	süß
så lenge	so lange
taxi, en	Taxi
Tigergutt	»Tigerjunge«
til	zusätzlich, noch
et husdyr til	noch ein Haustier
uløselig	fest
undulat, en	Wellensittich
unge, en [u]	Kind
ute	draußen
venne seg til noe (-te)	sich an etw. gewöhnen
Veslepus	»kleine Mieze«
vår/vårt/våre	unser
åpne (-et)	öffnen

C. Wörterkiste: Byråkrati og formaliteter
Bürokratie und Formalitäten

oppholdstillatelse, en	Aufenthaltserlaubnis
arbeidstillatelse, en	Arbeitsgenehmigung
søke om oppholdstillatelse/ arbeidstillatelse	eine Aufenthaltserlaubnis/ Arbeitsgenehmigung beantragen
skjema, et	Formular
fylle ut et skjema	ein Formular ausfüllen
fornavn, et	Vorname

etternavn, et	Nachname
adresse, en/ei	Adresse
født	geboren
stilling, en/ei	Stellung
yrke, et	Beruf
sivilstand, en	Familienstand
gift/ugift	verheiratet/ledig
skilt	geschieden
ektefelle, en	Ehepartner
samboer, en	Lebensgefährte/-gefährtin
enke, en/ei	Witwe
enkemann, en	Witwer
nasjonalitet, en	Nationalität
et gyldig pass	ein gültiger Pass

D. Grammatik

Pronomen

Possessivpronomen

Zugehöriges Subst.:	Maskulinum	Femininum	Neutrum	Plural	
Singular:					
1. Person	min	mi	mitt	mine	mein
2. Person	din	di	ditt	dine	dein
3. Person	hans	hans	hans	hans	sein
	hennes	hennes	hennes	hennes	ihr
	dens, dets	dens, dets	dens, dets	dens, dets	sein/ihr
Plural:					
1. Person	vår	vår	vårt	våre	unser
2. Person	deres	deres	deres	deres	euer
3. Person	deres	deres	deres	deres	ihr
Höflichkeitsf.	Deres	Deres	Deres	Deres	Ihr

1. Flexion

Das Possessivpronomen richtet sich in der 1. und 2. Person Singular und in der 1. Person Plural in Geschlecht und Zahl nach dem dazugehörigen Substantiv.

vennen min	mein Freund	vennen vår	unser Freund
klokka mi	meine Uhr	klokka vår	unsere Uhr
huset mitt	mein Haus	huset vårt	unser Haus
husene mine	meine Häuser	husene våre	unsere Häuser

2. Zur 3. Person Singular

Hans benutzt man, wenn die besitzende Person männlich ist*: Pierres bok - boka hans. Hennes* benutzt man, wenn die besitzende Person weiblich ist: *Annas bok - boka hennes.*

vennen hans	sein Freund	vennen hennes	ihr Freund
klokka hans	seine Uhr	klokka hennes	ihre Uhr
huset hans	sein Haus	huset hennes	ihr Haus
husene hans	seine Häuser	husene hennes	ihre Häuser

3. Stellung

Normalerweise ist das Pronomen dem Substantiv nachgestellt. Das Substantiv steht in der bestimmten Form.

Vennen min snakker med kona di.	Mein Freund spricht mit deiner Frau.

Das Pronomen kann wie im Deutschen vorangestellt sein, und ist es oft, wenn man es betonen will. Bei Voranstellung des Pronomens steht das Substantiv in der unbestimmten Form.

Din venn bor i vårt hus.	Dein Freund wohnt in unserem Haus.
Dette er mitt problem, ikke ditt.	Das ist mein Problem, nicht deins.

Substantiv

Umschreibung des Genitivs durch eine Präpositionalverbindung

Drückt ein Genitiv ein Besitzverhältnis aus, ersetzt man ihn oft durch eine Präpositionalverbindung mit *til*:

Ragnhilds bil	bilen til Ragnhild	Ragnhilds Auto
barnas katt	katten til barna	die Katze der Kinder

Konjunktion

Zeitkonjunktionen

da	als	Da sola viste seg, ble hun i godt humør. Als sich die Sonne zeigte, bekam sie gute Laune.
når	wenn	Når jeg blir gammel, skal jeg skrive ei bok. Wenn ich alt bin, werde ich ein Buch schreiben.
etter at	nachdem	Etter at jeg hadde lest boka, forstod jeg mye mer. Nachdem ich das Buch gelesen hatte, verstand ich viel mehr.
siden	seitdem	Siden jeg begynte å lære norsk, har jeg møtt mange nordmenn. Seitdem ich angefangen habe, Norwegisch zu lernen, habe ich viele Norweger getroffen.
mens	während	Mens hun leste avisen, snakket han i telefonen. Während sie Zeitung las, telefonierte er.
før	bevor	Før jeg reiser på ferie, må jeg skrive til ham. Bevor ich in Urlaub fahre, muss ich ihm schreiben.
så lenge	solange	Så lenge du ikke har gjort arbeidet, kan du ikke ta ferie. Solange du die Arbeit nicht getan hast, kannst du keinen Urlaub nehmen.

E. Übungen

1. Skriv om setningen med possessivpronomen:

Eks.: Jeg har familie. .... er stor. Familien min er stor.

a. Hun har et hus. .... ligger i sentrum.
b. De har ei veske. .... er blå.
c. Dere har mange bøker. .... tar mye plass.
d. Vi har ei klokke. .... går riktig.
e. Tor og Laila har to barn. .... er små.
f. Vera har en venn. .... snakker fransk.
g. Foreldrene fikk mange gaver. .... er vakre.
h. Nordmannen har skjegg. .... er grått.
i. Petter har en kanarifugl. .... synger pent.
j. Jeg har mange problemer. .... er alvorlige.
k. Jenta har fire katter. .... sover mye.
l. Du og Anna har to ryggsekker. .... ligger her.
m. Du hadde eksamen. .... var vanskelig.
n. Vi har mange ideer. .... er gode.

2. Lag spørsmål:

Eks.: Han har et kosedyr. Hvor er kosedyret hans?

a. Jeg har en bil. ....
b. Dere har et hus. ....
c. Vi har noen malerier. ....
d. Hun har mange jakker. ....
e. De har en katt. ....
f. Jeg har mange gaver. ....
g. Han har ei kone. ....
h. Vi har ei bok. ....

3. Gjør genitivuttrykkene om til preposisjonsuttrykk:
(Machen Sie aus dem Genitiv einen Präpositionalausdruck.)

Eks.: mannens skjerf *skjerfet til mannen*

a. Bjørgs bondegård ....
b. Karls bøker ....
c. kvinnenes firma ....
d. datterens bagasje ....
e. tyskerens avis ....
f. kunstnernes æresbolig ....
g. professorens kaffe ....
h. nordmennenes skip ....

4. Fyll ut med tidskonjunksjonene *da, når, før, mens, etter at*:

.... jeg er på ferie i Norge, snakker jeg alltid norsk. .... jeg kom hit første gang for ti år siden, kunne jeg ikke norsk. Men .... jeg hadde hatt norskundervisning i Tyskland i et år, gikk det lett. I tiden .... jeg reiser på ferie, hører jeg alltid norske kassetter. Dem kan jeg høre på .... jeg gjør husarbeid. .... jeg begynte å lære norsk, har jeg kjøpt norske aviser. .... jeg leser avisen, ser jeg at jeg forstår mer og mer. .... jeg var yngre, lærte jeg enda lettere enn nå. .... jeg studerte fransk, møtte jeg en hyggelig franskmann, og nå, ... jeg lærer norsk, håper jeg at jeg møter en hyggelig nordmann. .... jeg kom tilbake fra ferien i sommer, fikk jeg et hyggelig brev fra Norge.

5. Hvordan assossierer du?

koffert
fly
bilde
begynne
brun

kanarifugl
slutte
nordover
lage mat
universitet

gjøk	skulptur
koke	drikke
sørover	svare
i dag	grønn
kjøpe	troll
jobbe	billedhugger
spørre	selge
jernbanestasjon	ryggsekk
skole	i morgen
dikter	arbeide
spise	båt
nisse	flyplass

6. Sett teksten i preteritum:

Eksempel:

De har en omvisning i Oslo sentrum.	*I går hadde de en omvisning i Oslo sentrum.*
a. Guiden heter Berit, og hun peker og forteller.	Forresten ....
b. Hun viser dem Domkirken.	Først ....
c. De ser på torget.	Og så ....
d. De selger norske poteter.	Der ....
e. De går oppover Karl Johan.	Endelig ....
f. De kommer til Nasjonalteatret.	Snart ....
g. Ibsen og Bjørnson står på to sokler.	Til venstre ....
h. Universitetet ligger på den andre siden.	Dessuten ....
i. De begynner å bli trøtte og tørste.	Dessverre ....
j. De går ned på Aker brygge.	Derfor ....
k. De finner et sted, der de kan drikke noe.	Heldigvis ....
l. Alle drikker et glass øl.	For en gangs skyld ....
m. Matthias og Susanne tar en kopp te.	Deretter ....
n. Pierre sitter ved siden av Anna som skriver et kort.	Som vanlig ....
o. Matthias kjøper ei bok som han gir til Anna.	Senere ....

7. Fyll ut skjemaet:

Vokabeln:	opplysning, en	Auskunft	utstede (-et)	ausstellen
	endring, en/ei	Änderung	formål, et	Zweck
	kjønn, et	Geschlecht	myndighetene	die Behörden

3	**Personopplysninger (i personnavn brukes skrivemåte som i reisedokument):**		
	Familienavn:	Fødselsdato (dag, måned, år):	Kjønn: ☐ Mann ☐ Kvinne
	Mellomnavn:	Eventuelt norsk personnummer:	
	Fornavn:	Fødested:	Land:
	Eventuelt tidligere familienavn:	Statsborgerskap:	
	Yrke:	Språk:	
4	**Sivilstand:**		
	☐ Ugift ☐ Samboer ☐ Forlovet ☐ Gift ☐ Separert ☐ Skilt ☐ Enke (-mann)		
	Siste endring i sivilstand skjedde:	Dato:	Sted:
5	**Reisedokument/Identitetsdokument:**		
	Dokumenttype:	Nummer:	Land:
	Utstedt hvor:	Utstedt når (dag, måned, år):	
	Utstedt av:	Gyldig til (dag, måned, år):	
	Andre som er innført i reisedokumentet:		
6	**Siste adresse utenfor Norge:**		
	Gate/Vei, nummer:	Postnummer:	Poststed:
	Land:	Telefonnummer:	
	Når flyttet du til denne adressen?		
7	**Tidligere opphold i Norge:**		
	Når? Fra - til:	Hva var formålet?	
8	**Fingeravtrykk (til bruk for myndighetene - fylles ut av politiet)**		
	Fingeravtrykk tatt ☐ Ja ☐ Nei	Med hjemmel i utlendingslovens § 37 tredje ledd bokstav ☐ a ☐ b ☐ c ☐ d	
	Sendt KRIPOS ☐ Ja ☐ Nei	☐ Utvidet søk	Hvilke land?

8. Snakk med sidemannen din:

   Hva slags husdyr vil du ha? Hvorfor?
   Hvilke barnebøker likte du? Hva slags bøker liker du nå?

Elgtesten

Forklar hvilken sammenheng følgende uttrykk/interjeksjoner kan forekomme i. Bruk eksempler og fantasien!

Hysj!

Unnskyld!

Midt i blinken!

Snakk om flaks!

Selvsagt.

Gjerne for meg!

To sjeler og en tanke.

Det er i orden!

Æsj!

Lektion 14

A. Text

1. Den nye leiligheten til Matthias i Bergen

Mens Matthias holdt på med å innrede leiligheten, kom Bodil, kollegaen hans, innom. Hun bodde i samme hus og ville gjerne hjelpe ham.

Matthias:	Jeg var kjempeheldig som fikk denne leiligheten, selv om den ikke er helt billig. Beliggenheten er super: sentral, nær sykehuset og likevel et stille og rolig område.
Bodil:	Og jeg synes selvsagt det er hyggelig å ha en kollega som nabo. Husleien er forresten lavere enn min, til tross for at denne leiligheten er nyoppusset. Tak og vegger hos meg trenger et strøk maling. Dersom du har tid, kan du kanskje hjelpe meg med det en gang.
Matthias:	Hm, ja selvfølgelig. Men jeg blir jo ikke her så lenge. Både arbeids- og leiekontrakten min er på ett år.
Bodil:	Hvor vil du ha TV-apparatet? Her inne i stua eller ute på soverommet?
Matthias:	I stua – foran sofaen og salongbordet. Jeg ser ikke på TV mens jeg sover.
Bodil:	Har du tenkt å ha et spisebord i stua også?
Matthias:	Nei, jeg tror det blir for trangt. På kjøkkenet er det god plass, også for gjester. Jeg kan tenke meg å ha det midt på gulvet – under taklampa.
Bodil:	Hvor vil du ha det pornografiske bildet som står bak lenestolen?
Matthias:	Hvilket mener du?
Bodil:	Det med de to nakne kvinnene. Det ser ut som om du vil gjemme det.
Matthias:	For det første er det ikke et pornografisk bilde. Det er kunst. Og for det andre gjemmer jeg det ikke. Det skal henge over senga.

Bodil: For at gjestene dine ikke skal se det?

Matthias: Tull og tøv. Hva synes du om å ha det lille landskapsbildet ved siden av bokhylla?

Bodil: Det passer sikkert fint. Hvordan er det med gardiner?

Matthias: Jeg tror jeg kjøper noen billige, hvite til soverommet og badet, slik at man i det minste ikke kan se inn dit.

Bodil: Hvorfor hvite? Jeg kan gjerne hjelpe deg med å finne noen i friske farger. Tanten og onkelen min har en butikk ...

Matthias: Nei. I Sveits har vi hvite gardiner.

Bodil: Du er sannelig sta! Har du ei lyspære til skrivebordslampa?

Matthias: Lyspærene ligger oppe på det høye skapet på gangen.

Bodil: Heldigvis er kjøkkenet fullt utstyrt: innebygde skap, komfyr, kjøleskap og oppvaskmaskin.

Matthias: Det eneste som mangler, er en bod. Hvor skal jeg gjøre av sykkelen min?

Bodil: Det er en stor bod nede i kjelleren. Alle som bor her, har det. Jeg har fått nøkkelen til din bod av vaktmesteren. Vær så god!

Matthias: Hm – jeg vet faktisk ikke hva jeg skal si.

Bodil: For eksempel takk.

Matthias: Ja selvfølgelig. Takk! Dere kvinner tenker virkelig på alt.

2. Bergen og Vestlandet

Bergen er en av Norges eldste byer, grunnlagt av Kong Olav Kyrre i 1070. Fra 1350 var Bergen hansaby og ble etter hvert Nordens ubestridte handelssentrum. Bergen er også i dag en handels- og sjøfartsby. For turistene er byens praktfulle beliggenhet og kulturelle severdigheter (museer, kirker, hanseatisk arkitektur) sikkert av større betydning. Det heter at bergenserne aldri går ut uten å ta paraply med seg, men under de internasjonale festspillene som hvert år finner sted i slutten av mai, er været som oftest fint. – Vestlandet eller »Fjord-Norge« – som turistene sier – har bratte fjell og trange fjorder. Den lengste fjorden, Sognefjorden, er over 200 km lang.

B. Vokabeln

alt	alles
andre	andere, zweite
for det andre	zweitens
arbeidskontrakt, en [o]	Arbeitsvertrag
arkitektur, en	Architektur
bad, et	Bad
bank, en	Bank (Geldinstitut)
beliggenhet, en/ei	Lage
bergenser, en [æ-e]	Einwohner/-in von Bergen
betydning, en	Bedeutung
bod, en	Abstellraum
bokhylle, en/ei	Bücherregal
bratt	steil
butikk, en	Laden, Geschäft
da	weil
dersom [æ-o]	falls, wenn
eneste	einzig
det eneste	das einzige
etasje, en	Stockwerk
ettersom [o]	weil
festspill, et	Festspiel
finne sted (fant-funnet)	stattfinden
fjell, et	Berg
fjor*d*, en	Fjord
for at	damit
frisk	frisch, gesund
første	(der/die/das) erste
for det første	erstens
gang, en	Flur
gardin, en/ei/et	Vorhang, Gardine
gjemme (-te)	verstecken
gjest, en	Gast
gjøre av (gjorde-gjort)	
Hvor skal jeg gjøre av det?	Wo soll ich es hintun?
grunnlegge (-la, -lagt)	gründen
gulv, et	Fußboden
gå ut (gikk-gått)	hinausgehen
handelsby, en	Handelsstadt
handelssentrum, et (-sentra)	Handelszentrum
hansaby, en	Hansestadt
hanseatisk	hanseatisch
henge (intrans.: hang-hengt)	hängen

hit	hierher
hjem, et	Heim, Zuhause
hol*d*e på med å ... (holdt-holdt) [o]	dabei sein, (etw. zu tun)
husleie, en/ei	Miete
hver [æ]	jede(r)
etter hvert	allmählich
inne	drinnen
innebygd	eingebaut
innrede (-et)	einrichten
internasjonal	international
jo - desto	je - desto
kjeller, en	Keller
kjempeheldig	
være kjempeheldig	Riesenglück haben
kjær	lieb
kjøkken, et	Küche
kjøleskap, et	Kühlschrank
kollega, en	Kollege/-in
komfyr, en [o]	Herd
kontor, et [o-u]	Büro
kontrakt, en [o]	Vertrag
kontrakt på to år	Vertrag für zwei Jahre
lampe, en/ei	Lampe
lan*d*skapsbilde, et	Landschaftsbild
lav	niedrig
leiekontrakt, en [o]	Mietvertrag
leili*g*het, en/ei	Wohnung
lenestol, en	Sessel
lyspære, en/ei	Glühbirne
maling, en/ei	Farbe (zum Streichen)
mangle (-et)	fehlen
midt (på)	mitten (auf)
naken	nackt
nede	unten
nyoppusset	frisch renoviert
nøkkel, en	Schlüssel
om	falls
område, et	Gebiet
onkel, en	Onkel
oppvaskmaskin, en	Spülmaschine
paraply, en	Regenschirm
plass, en	Platz
god plass	viel Platz
pornografisk	pornografisch
praktfull	prachtvoll
rolig	ruhig
salongbor*d*, et [o-u]	Couchtisch

sannelig	wirklich
se ut (som om)	aussehen (als ob)
sel*v*følgelig	selbstverständlich
sel*v* om	obwohl, auch wenn
seng, en/ei	Bett
severdi*g*het, en/ei [e-æ-e]	Sehenswürdigkeit
sjøfartsby, en	Hafenstadt
skap, et	Schrank
skrivebor*d*slampe, en/ei	Schreibtischlampe
slik at	so dass
slik som	so wie
slutt, en	Ende, Schluss
i slutten av mai	Ende Mai
sofa, en	Sofa
som [o]	als
som om [o]	als ob
soverom, et [o-u]	Schlafzimmer
spisebor*d*, et	Esstisch
sta	stur
stille	still
stue, en/ei	Wohnzimmer
strøk, et	Strich, Anstrich
sykkel, en	Fahrrad
så	damit
så at	so dass
tak, et	Decke, Dach
taklampe, en/ei	Deckenlampe
tante, en/ei	Tante
tross [o]	trotz
til tross for at	obwohl, trotz
trang	eng
tull, et	Quatsch, Unsinn
tull og tøv	so ein Unsinn
tur, en	Tour, Spaziergang, Wanderung
gå en tur	spazieren gehen
turist, en	Tourist/-in
TV-apparat, et ['te:və-]	Fernsehgerät
tøv, et	Quatsch, Unsinn
ubestridt	unbestritten
un*d*er (Präp.)	unter, während
ut	hinaus
utstyre (-te)	ausrüsten, *hier*: einrichten
fullt utstyrt	voll eingerichtet
vaktmester, en	Hausmeister/-in
vegg, en	Wand

C. Wörterkiste: Hjem, kjære hjem Trautes Heim

leie et hus/et rom	ein Haus/ein Zimmer mieten
leie ut et hus	ein Haus vermieten
leilighet, en/ei	Wohnung
en møblert leilighet	eine möblierte Wohnung
bofellesskap, et	Wohngemeinschaft
hybel, en	ein gemietetes, möbliertes Zimmer
huseier, en	Hausbesitzer
leieboer, en	Mieter
boligmarked, et	Wohnungsmarkt
boligannonse, en	Wohnungsanzeige
flytte	umziehen
flytte inn/ut	einziehen/ausziehen
pusse opp/renovere	renovieren
innrede	einrichten
Leiekontrakten er på 3 år.	Der Mietvertrag läuft über 3 Jahre.
Husleia er (på) 2000 kr.	Die Miete beträgt 2000 kr.
Rommet ligger i 3. etasje.	Das Zimmer ist im 3. Stock.

D. Grammatik

Konjunktion

Kausalkonjunktionen (Ursache)

fordi	weil, da	Jeg kunne ikke komme fordi jeg måtte arbeide. Ich konnte nicht kommen, weil ich arbeiten musste.
da		Da hun spiste for en halv time siden, er hun ikke sulten nå. Weil sie vor einer halben Stunde gegessen hat, hat sie jetzt keinen Hunger.
siden		Siden hun ikke har snakket om det, kan det ikke være så viktig. Da sie nicht darüber gesprochen hat, kann es nicht so wichtig sein.
ettersom		Ettersom du ikke vil være med, reiser jeg alene. Da du nicht mitkommen willst, reise ich allein.

Konditionalkonjunktionen (Bedingung)

hvis	wenn, falls	Hvis det ikke regner, vil jeg gå en tur. Wenn es nicht regnet, will ich spazieren gehen.
dersom		Dersom du har tid, kan du kanskje kjøpe kinobillettene. Falls du Zeit hast, kannst du vielleicht die Kinokarten kaufen.
om		Vi spiser på restaurant om du heller vil det. Wir essen im Restaurant, wenn du das lieber willst.

Finalkonjunktionen (Absicht)

for at	damit	Jeg skriver brevet for at han skal forstå at jeg tenker på ham. Ich schreibe den Brief, damit er merkt, dass ich an ihn denke.
så		Han gjør alt for henne så hun ikke skal reise fra ham. Er tut alles für sie, damit sie ihn nicht verlässt.

In Sätzen mit einer Finalkonjunktion steht normalerweise *skal*/*skulle* als Hilfsverb.

Konsekutivkonjunktionen (Folge)

så at	so dass	Han drakk så mye at han måtte ta drosje hjem. Er trank so viel, dass er ein Taxi nach Hause nehmen musste.
slik at		Bildet hang på veggen, slik at alle kunne se det. Das Bild hing an der Wand, so dass alle es sehen konnten.

Konzessivkonjunktionen (Einräumung)

selv om	obwohl, auch wenn	Selv om han er veldig ung, kan man ikke unnskylde ham. Auch wenn er sehr jung ist, kann man ihn nicht entschuldigen.
til tross for at		Til tross for at det var kaldt, gikk de ned på kaia. Obwohl es kalt war, gingen sie hinunter zum Kai.

Komparativkonjunktionen (Vergleich)

som om	als ob	De gjorde som om de ikke kjente ham. Sie taten so, als ob sie ihn nicht kennen würden.
slik som	so wie	Skoleåret begynte i august slik som det alltid gjør. Das Schuljahr begann wie immer im August.
jo - desto	je - desto	Jo mer han snakket desto sintere ble hun. Je mehr er redete, desto wütender wurde sie.

Adverb

Bei den **Ortsadverbien** gibt es einige Doppelformen, von denen die eine mit einem Bewegungsverb verbunden ist, die andere mit einem Verb, das eine Ruhelage ausdrückt.

Bewegung		Ruhelage	
hit	hierher	her	hier
dit	dahin	der	dort
inn	hinein	inne	drinnen
ut	hinaus	ute	draußen
opp	hinauf	oppe	oben
ned	hinunter	nede	unten
hjem	nach Hause	hjemme	zu Hause
bort	fort	borte	fort

Präposition

i und ***på*** in lokaler Bedeutung

Die Grundbedeutung von *i* ist »in«, die Grundbedeutung von *på* ist »auf«, aber *på* wird auch in vielen Fällen verwendet, in denen man im Deutschen »in« sagt. Diese beiden Präpositionen werden sowohl bei Bewegung wie auch bei Ruhelage benutzt.

på kino	ins Kino/im Kino
på skolen	in die Schule/in der Schule
på universitetet	in die Universität/in der Universität
på sykehuset	ins Krankenhaus/im Krankenhaus
på kontoret	ins Büro/im Büro
på postkontoret	auf die Post/auf der Post
på hytta	auf die Hütte/auf der Hütte
på landet	aufs Land/auf dem Land
i banken	auf die Bank/auf der Bank
i butikken	in den Laden/im Laden

Bei Raumbezeichnungen sagt man:

i kjelleren	in den Keller/im Keller
i stua	ins Wohnzimmer/im Wohnzimmer
i boden	in den Abstellraum/im Abstellraum
på badet	ins Bad/im Bad
på soverommet	ins Schlafzimmer/im Schlafzimmer
på kjøkkenet	in die Küche/in der Küche
på gangen	in den Flur/im Flur

Bei Städten und kleineren Ortschaften, die an der Küste liegen, steht die Präposition *i*. Die Richtungspräposition ist bei Ortsangaben immer *til.*

Han bor i Stavanger, og hun bor i Kjøllefjord.	Er wohnt in Stavanger und sie wohnt in Kjøllefjord.
Jeg reiser til Stavanger i morgen.	Ich fahre morgen nach Stavanger.

Man verwendet die Präposition *på* bei kleineren Ortschaften im Landesinneren und bei Inselnamen.

Jeg har bodd på Røros i mange år, men familien min bor på Stord.	Ich wohne seit vielen Jahren in Røros, aber meine Familie wohnt auf Stord.

Die Verben *synes, tro, tenke*

synes	Jeg synes (at) gaven er altfor dyr.	Ich finde das Geschenk (ist) viel zu teuer.
	Hva synes du om filmen?	Was hältst du von dem Film?
tro	Jeg tror at han har kjøpt en dyr gave.	Ich glaube, dass er ein teures Geschenk gekauft hat.
	Tror du (på) det han sier?	Glaubst du das, was er sagt?
tenke	Hva tenker du på akkurat nå?	Woran denkst du gerade?
	Jeg har tenkt å ta ferien i august.	Ich habe vor, im August Urlaub zu nehmen.
	Han kan tenke seg å flytte til Norge.	Er kann sich vorstellen, nach Norwegen zu ziehen.

E. Übungen

1. Skriv setningen ferdig:

a. Siden du ikke har spist ennå, ...

b. Dersom det blir fint vær i morgen, ...

c. .... til tross for at huset var lite.

d. Selv om han elsker Anna, ...

e. Det ser ut som om ....

f. .... slik som jeg alltid har sagt.

g. Ettersom jeg har solgt bilen, ...

h. For at du ikke skal tro at jeg har glemt deg, ...

i. .... slik at vi kom for sent.

j. Jo eldre hun ble desto ....

k. .... da jeg allerede har lest avisen.

2. Fyll ut med passende preposisjon og/eller stedsadverb:

Eksempel: Mari sitter .... stua og leser, Per arbeider .... kjelleren.
Mari sitter (inne) i stua og leser, Per arbeider (nede) i kjelleren.

a. Familien er .... Tyskland. De har vært .... i en uke nå.

b. Karin bor .... London. Hun skal bo .... i 3 år til.

c. Kåre må være .... Geilo hele sommeren. Han kan ikke reise .... i ferien.

d. Stopper bussen .... denne holdeplasssen? Ja den stopper akkurat ....

e. Kjell er .... Mallorca. Han reiste .... for en uke siden.

f. Katten er ikke .... kjøkkenet. Den sitter .... taket.

g. Jeg vet at hun er .... landet i ferien, derfor sendte jeg brevet ....

h. Når de er .... hytta, sover foreldrene alltid .... stua og ungene .... soverommet.

i. Syklene står .... kjelleren og ryggsekkene ligger .... boden.
j. Jeg var .... og gikk en tur i morges. Nå er været så dårlig at jeg ikke vil gå ....
k. Genseren er .... soverommet, som ligger i 2. etasje. .... er også buksa di.
l. I 1998 hadde vi ferie .... Kreta, og vi skal reise .... neste sommer også.
m. Når jeg er .... byen, må jeg først gå .... banken, og så .... postkontoret.
n. Bjørg-Unni er .... kontoret hele dagen, og Kirsti er .... skolen.
o. Torleif er .... og lager mat.
p. Kirsti kommer .... kl. 5.

3. Lag en setning av ordene i sirklene. Bruk alle ordene:

a.
går eller
vi kirken
enten i på
kino

b.
måtte på
gå både
banken og jeg
postkontoret i

c.
verken han onkelens
i på arbeide skolen
ville gå eller butikk

d.
ikke katten på
er hvis kjøkkenet er
stua sikkert i den

e.
Matthias stå for
ikke på
vil pinne Anna

f.
i jeg heller ferien
være i landet
byen på enn vil

4. Sett inn *synes, tro, tenke:*

a. Jeg .... ikke leiligheten er for dyr,

b. og jeg .... ikke du finner en som er billigere.

c. Kan du .... deg å hjelpe meg med dette?

d. Hvorfor .... du at det vil snø i morgen?

e. Hva .... du om å reise til Sveits i ferien?

f. Han .... hun er altfor snill mot kollegaene.

g. De .... at Bergen er en by i Østerrike.

h. Jeg .... ofte på sønnen min som nå er i utlandet.

i. Hun .... ølet er for varmt og maten for kald.

j. .... du det fins en bedre restaurant her i nærheten?

k. Jeg .... å slutte i jobben den 1. januar.

l. Jeg .... at han sitter hjemme og .... på Anna.

5. Oversett til norsk:

a. Matthias hat Riesenglück, weil seine Kollegin ihm mit dem Einrichten der Wohnung hilft.

....

b. Wenn du viel Platz in deinem Schlafzimmer hast, kann ja das Fernsehgerät dort stehen.

....

c. Die Küche war voll eingerichtet, so dass er nur einen Tisch kaufen musste. ....

....

d. Obwohl Bodil an alles denkt, ist Matthias nicht zufrieden.

....

e. Er tut so, als ob er nicht versteht, was Bodil meint.

....

f. Je mehr Bodil bestimmen will, desto saurer wird Matthias.

....

g. Sie möchte eine große Wohnung, damit viele Gäste dort Platz haben.

....

6. Hvilke ord står i »motsetning« til hverandre?

ung	få
dårlig	lang
mange	nede
etter	dyr
oppe	stor
nordover	god
hit	gammel
liten	ut
kort	aldri
i dag	sørover
høyre	dit
inn	i går
alltid	før
billig	venstre

7. Snakk med sidemannen din:

Hvordan bor du? Hvordan bodde du som barn?
Hvordan vil du gjerne bo?

Rollespill: Du har lest en annonse og vil leie et rom. (Telefonsamtale)

Elgtesten

Hva hører sammen?

1. Hun spurte	a. vil dere ikke finne veien.
2. Jeg tror ikke	b. lager han nydelig mat til dem.
3. Jeg vil reise til Norge for	c. han ikke reise tilbake til Frankrike.
4. Etter at Pierre hadde møtt Anna, ville	d. å se den fine naturen.
5. Vi sitter alltid ute og spiser	e. fordi vi hadde franske venner.
6. Før du kan reise på ferie, må	f. når været er fint.
7. Kona mi ringte mens	g. tok jeg bilen.
8. Vi gikk på franskkurs	h. lå vi ofte nede i lugaren.
9. Så lenge dere ikke spør,	i. jeg lå og sov.
10. Mens vi var på Hurtigruta,	j. om jeg ville være med til Norge.
11. Selv om de ikke vil spise,	k. du pakke kofferten.
12. For at jeg ikke skulle komme for sent,	l. at været blir fint i morgen.

Lektion 15

A. Text

1. En vanlig hverdag hos familien Nygård

Etter at Anna var blitt kjent med den nye familien sin, snakket hun med Torleif om arbeidet sitt.

Anna: Jeg vil gjerne skrive opp alt som jeg må huske å gjøre når dere har gått på jobb. Det vil gjøre de første dagene lettere for meg.

Torleif: Ja, det er greit. Bjørg-Unni og jeg går som regel hjemmefra en stund før ungene må avgårde. Vi vekker dem før vi går – hvis de ikke har våknet av seg selv – og sørger for at de spiser frokost. Men du må være så snill å lage matpakkene deres. Begge vil ha to brødskiver med brunost. Dessuten har de med et eple hver. Øivind må alltid ha bamsen sin med, men som regel tenker han på det selv.

Anna: Når skal han være i barnehagen?

Torleif: Du følger ham til barnehagen ved halv ni-tiden. Kirsti passer timeplanen sin selv, men for sikkerhets skyld bør du sjekke at det hun sier stemmer. Timeplanen hennes henger over spisebordet.

Anna: Og når er barna hjemme igjen?

Torleif: Kirsti kommer hjem fra skolen kl. 12 på tirsdag og fredag. De andre dagene kommer hun kl. 13. Øivind henter du kl. 15. Han er som regel trøtt og leker for seg selv på rommet sitt til vi kommer. Kirsti tar ofte en av venninnene sine med seg hjem, og av og til går hun til en av dem og leker og gjør lekser. Hun leker sjelden med broren sin.

Anna: Hva gjør ungene når jeg har fri?

Torleif: Ungene besøker besteforeldrene sine minst en ettermiddag i uken. De er der altså hver torsdag når du har fri. Både mormor og morfar elsker å ta seg av barnebarna sine.

Anna: Er det ellers noe husarbeid jeg skal gjøre?

Torleif: Når barna har gått om morgenen, må du i hvert fall rydde på kjøkkenet og gå og handle. Jeg skriver en handlelapp til deg.

	Så kan du kanskje re opp sengene til ungene og rydde litt på rommene deres. Noe annet er det ikke.
Anna:	Må jeg ikke gi kattene deres mat?
Torleif:	Kirsti skal mate begge kattene, men det er fint hvis du ser etter at de har mat og vann. Dessuten må jeg be deg fjerne døde mus og fugler hvis du finner noen inne i huset. Det lukter forferdelig hvis de blir liggende lenge.

2. Et norsk barnerim

Min onkel triller piller

Min onkel triller piller
på byens apotek.
Han er så tynn og trist og blek
og triller hvite piller.

Min tante baker kaker
i byens bakeri.
Hun er så rund og rød og blid
og baker bløte kaker.

Min fetter fanger slanger
til byens brannstasjon.
Han er en underlig person
og fanger lange slanger.

Men min kusine Line
som får gjøre hva hun vil,
hun gjør seg bare til.

Inger Hagerup (1905–1985)

B. Vokabeln

apotek, et	Apotheke
av *og* til	ab und zu, manchmal
avgår*de*	los
måtte av gårde	los müssen
dra av gårde	losfahren
bake (-te)	backen
bakeri, et	Bäckerei
bamse, en	Teddybär
barnebarn, et	Enkelkind
barnehage, en	Kindergarten
barnerim, et	Kinderreim
be (om noe) (bad-bedt)	(um etw.) bitten
begge	beide
begge to	alle beide
begge deler	beides
besteforeldre [o] (Plur.)	Großeltern

besøke (-te)	besuchen
blek	blass, bleich
bli*d*	freundlich, lieb
bløt	weich
brannstasjon, en	Feuerwache
bror, en (brødre)	Bruder
brunost, en	brauner Käse = Ziegenkäse
brø*d*skive, en/ei	Scheibe Brot
burde (bør-burde -burdet)	»sollten« (Konjunktiv)
dø*d*	tot
ettermiddag, en	Nachmittag
fall, et	Fall
i hvert fall	jedenfalls
fange (-et)	fangen
fetter, en	Vetter
fjerne [æ] (-et)	entfernen
forferdelig [æ]	schrecklich
fri	frei
ha fri	frei haben
føl*g*e (ful*g*te-ful*g*t)	begleiten, folgen
gift	verheiratet
være gift med noen	mit jdm. verheiratet sein
gjøre seg til (gjorde-gjort)	Faxen machen
grei/greit	klar, unkompliziert
Det er greit.	Das ist klar, in Ordnung.
handle (-et)	einkaufen
handlelapp, en	Einkaufszettel
hente (-et)	(ab)holen
hjemmefra	von zu Hause
huske (-et)	sich erinnern, an etw. denken (= nicht vergessen)
hverdag, en [æ]	Werktag, Alltag
jobb, en [o]	Arbeit, Job
gå på jobb	zur Arbeit gehen
kusine, en/ei	Kusine
leke (-te)	spielen
lekse, en/ei	Hausaufgabe
gjøre lekser	Hausaufgaben machen
liggen*d*e	liegend
bli liggende	liegen bleiben
lommebok, en/ei (-bøker)	Brieftasche
lukte [u] (-et)	riechen
mate (-et)	füttern
matpakke, en/ei	Lunchpaket
minst	mindestens
morfar, en (-fedre)	Großvater (mütterlicherseits)
mor*g*en, en [o]	Morgen
om morgenen	morgens, am Morgen
mormor, en/ei (-mødre)	Großmutter (mütterlicherseits)
person, en [æ]	Person
pille, en/ei	Pille, Tablette
re opp (sengen) (-dde)	das Bett machen
regel, en	Regel
som regel	in der Regel
run*d*	rund
rydde (-et)	aufräumen
se etter (så-sett)	nachschauen
sel*v*	selbst
for seg selv	für sich
av seg selv	von selber
sikkerhet, en/ei	Sicherheit
for sikkerhets skyl*d*	sicherheitshalber
sin/si/sitt/sine	sein, ihr
sjekke (-et)	kontrollieren
sjelden	selten
skrive opp (skrev -skrevet)	aufschreiben
slange, en	Schlange, Schlauch
stemme (-te)	stimmen
sørge for noe (-et)	für etw. sorgen
ta me*d* (tok-tatt)	mitbringen, mitnehmen
ta seg av noe(n)	sich um etw./jdn. kümmern
timeplan, en	Stundenplan
trille (-et)	drehen, rollen
trist	trist, traurig
tynn	dünn
underlig	merkwürdig
vann, et	Wasser
vekke (-te/-et)	wecken

C. Wörterkiste: Slekt og familie Verwandtschaft und Familie

slekt, en/ei	Verwandtschaft	farfar, en	Großvater (väterlicherseits)
slektning, en	Verwandte(r)	barnebarn, et	Enkelkind
		svigerforeldre	Schwiegereltern
familie, en	Familie	svigermor, en/ei	Schwiegermutter
ektepar, et	Ehepaar	svigerfar, en	Schwiegervater
barn, et	Kind	svigerdatter, en/ei	Schwiegertochter
forelder, en	Elternteil	svigersønn, en	Schwiegersohn
foreldre	Eltern	svigerinne, en/ei	Schwägerin
mor, en/ei (mødre)	Mutter	svoger, en	Schwager
far, en (fedre)	Vater	tante, en/ei	Tante
kone, en/ei	Ehefrau	onkel, en	Onkel
(ekte)mann, en (-menn)	Ehemann	kusine, en/ei	Kusine
		fetter, en	Vetter
datter, en/ei (døtre)	Tochter	samboer, en	Lebensgefährte/ -gefährtin
sønn, en	Sohn		
søsken, et (–)	Geschwister	kjæreste, en	Freundin/Freund (im engeren Sinn)
søster, en/ei (søstre)	Schwester		
bror, en (brødre)	Bruder	være mor/sønn til noen	Mutter/Sohn von jdm. sein
besteforeldre	Großeltern		
bestemor, en/ei	Großmutter	være i slekt med n.	mit jdm. verwandt sein
bestefar, en	Großvater		
mormor, en/ei	Großmutter (mütterlicherseits)	være i familie med noen	zur selben Familie gehören wie jd.
morfar, en	Großvater (mütterlicherseits)	gifte seg med n.	jn. heiraten
		være gift med n.	mit jdm. verheiratet sein
farmor, en/ei	Großmutter (väterlicherseits)		

D. Grammatik

Pronomen

Reflexives Possessivpronomen

In der 3. Person unterscheidet man im Gegensatz zum Deutschen zwischen reflexiven und nicht-reflexiven Formen des Possessivpronomens. Die reflexiven Formen (*sin, si, sitt, sine*) beziehen sich auf das Subjekt desselben Satzes. In den übrigen Fällen werden die nicht-reflexiven Formen (*hans, hennes, dens, dets, deres*) benutzt (vgl. Lekt. 13).

1. Form

Mask.	(vennen) sin	sein/ihr (Freund)
Fem.	(klokka) si	seine/ihre (Uhr)
Neutr.	(huset) sitt	sein/ihr (Haus)
Plural	(husene) sine	seine/ihre (Häuser)

Das Geschlecht des Bezugsworts (der Besitzerin/des Besitzers) spielt hier – anders als bei den nicht-reflexiven Possessivpronomen der 3. Pers. – keine Rolle.

2. Verwendung

Die reflexiven Formen werden benutzt, wenn die Besitzerin/der Besitzer identisch ist mit dem Subjekt des Satzes.

Hun mater katten sin.	Sie füttert ihre (eigene) Katze.
Han mater katten sin.	Er füttert seine (eigene) Katze.
De mater kattene sine.	Sie füttern ihre (eigenen) Katzen.
Hun mater katten hennes.	Sie füttert ihre Katze (die einer anderen).
Han mater katten hans.	Er füttert seine Katze (die eines anderen).
De mater kattene deres.	Sie füttern ihre Katzen (die von anderen).
Anna sier at hun vil besøke foreldrene sine.	Anna sagt, dass sie ihre (eigenen) Eltern besuchen will.
Anna sier at hun vil besøke foreldrene hennes.	Anna sagt, dass sie ihre Eltern (die einer anderen Frau) besuchen will.

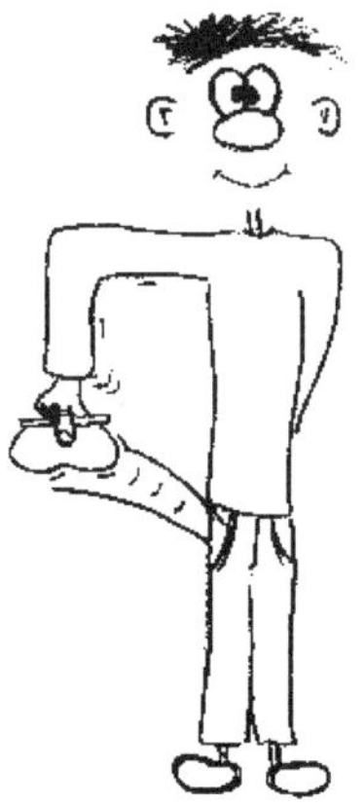

Han tar lommeboka **si**.

Han tar lommeboka **hans**.

Sin/*si*/*sitt*/*sine* kann nie im Subjekt stehen:

Katten hennes liker ikke maten.	Ihre Katze mag das Essen nicht.
Kanarifuglen hans er død.	Sein Kanarienvogel ist tot.

Die unbestimmten Pronomina *all* »all, ganz«, ***hver*** »jeder«, ***begge*** »beide«:

all (all, aller, alles, alle ...)	Maskulinum	all
	Femininum	all
	Neutrum	alt
	Plural	alle

All wird nur adjektivisch verwendet, *alt* und *alle* sowohl substantivisch wie adjektivisch:

Hun drakk all kaffen.	Sie trank den ganzen Kaffee.
Alt kjøttet var i kjøleskapet.	Das ganze Fleisch war im Kühlschrank.
Han vet alt.	Er weiß alles.
Alle kakene var søte.	Alle Kuchen waren süß.
Jeg kjente ikke alle som var der.	Ich kannte nicht alle, die da waren.

(Bei Kollektiva und Stoffnamen wird das norwegische *all*/*alt* normalerweise mit dt. »ganz« übersetzt. In anderen Fällen ist dt. »ganz« = norw. *hel,* vgl. Lektion 17.)

Normalerweise steht das Substantiv nach *all/alt/alle* in der bestimmten Form. Die unbestimmte Form wird jedoch verwendet, wenn man verallgemeinert:

Alle tyskerne ville lære mer grammatikk.	Alle Deutschen (die z.B. im Kurs waren) wollten mehr Grammatik lernen.
Alle tyskere snakker tysk.	Alle Deutschen sprechen Deutsch.

hver (jeder, jede, jedes ...)	Maskulinum	hver
	Femininum	hver
	Neutrum	hvert

Das Substantiv nach *hver* steht immer in der unbestimmten Form Sg.:

Jeg drikker kaffe hver dag.	Ich trinke jeden Tag Kaffee.
Hvert barn må ta med mat.	Jedes Kind muss Essen mitbringen.

Hver steht auch allein, aber dann normalerweise nicht am Satzanfang:

De har med et eple hver.	Jeder hat einen Apfel mit.

In Verbindung mit einem Possessivpronomen:

Barna har med hvert sitt eple.	Jedes Kind hat einen Apfel mit.

begge (beide)	begge	beide
	begge to	alle beide
	begge deler	beides

Begge (guttene) besøker besteforeldrene.	Beide (Jungen) besuchen die Großeltern.
Begge to liker epler.	Alle beide mögen Äpfel.
Kirsti liker epler, men ikke bananer.	Kirsti mag Äpfel, aber nicht Bananen.
Øivind liker begge deler.	Øivind mag beides.

Wenn *begge* mit einem Substantiv verbunden ist, steht dieses normalerweise in der bestimmten Form: *begge kvinnene* (beide Frauen).

Adjektiv

			unbestimmt	bestimmt
annen	(anderer, andere, anderes ...)	Maskulinum	en annen	den andre
		Femininum	en annen	den andre
		Neutrum	et annet	det andre
		Plural	andre	de andre

Kirsti har en annen timeplan enn Øivind.	Kirsti hat einen anderen Stundenplan als Øivind.
Vi har kjøpt et annet hus.	Wir haben ein anderes Haus gekauft.
Den ene katten er Kirstis, den andre er Øivinds.	Die eine Katze gehört Kirsti, die andere Øivind.
Noen liker rømmegrøt, andre ikke.	Einige mögen Sauerrahmbrei, andere nicht.

Beachten Sie, dass *andre* auch »zweite(r)« heißen kann:

Det andre barnet hadde også rødt hår.	Das andere/zweite Kind hatte auch rote Haare.

E. Übungen

1.Sett inn pronomen i stedet for navn:

Eksempel:
Øivind liker ikke katten *til Kirsti*. *Han* liker ikke katten *hennes*.

a. Bamsen *til Øyvind* er brun. ....

b. Huset *til Wenche og Ola* har mange rom. ....

c. *Torleif* lager mat til familien *til Torleif*. ....

d. *Wenche og Ola* spiser is sammen med barnebarna *til Wenche og Ola*. ....

e. *Kirsti* sitter i bilen *til Bjørg-Unni*. ....

f. *Øivind og Kirsti* er hos besteforeldrene *til Kristian.* ....

....

g. *Gudbrand og Jorunn* liker barnebarna *til Gudbrand og Jorunn.* ....

....

h. *Gudbrand og Jorunn* liker ikke barnebarna *til Mette og Karsten.* ......

....

i. Kofferten *til Anna* står inne på rommet *til Anna.* ....

j. Først pusser *Bodil* opp leiligheten *til Bodil,* og så pusser hun opp leiligheten *til Karin.* ....

k. *Øivind* elsker kosedyret *til Øivind.* ....

l. Huset *til Bjørg-Unni og Torleif* trenger et strøk maling. ....

....

m. *Bjørg-Unni og Torleif* vil male huset *til Bjørg-Unni og Torleif.* ....

....

n. Læreren *til Kirsti* har et hus i nærheten av huset *til Bjørg-Unni og Torleif.* ....

2. Fyll ut med riktig form av *all:*

a. .... mat er god.

b. .... barna i klassen liker søte kaker. Noen barn liker .... som er søtt.

c. Jeg spiste ikke opp .... middagsmaten min, men jeg drakk .... vannet.

d. Ikke .... som kom til familien Nygård, likte .... dyrene deres.

3. Fyll ut med riktig form av *hver:*

a. .... år reiser vi til Norge, og .... måned skriver jeg et brev på norsk.

b. Anna og jeg fikk to brev .... fra Norge i dag.

c. Får du et brev .... uke?

4. Fyll ut med riktig form av *annen:*

a. Jeg kommer en .... dag.

b. I dag er det et .... vær enn i går.

c. Jeg har mange .... venner også.

d. Han liker verken det ene eller det ....

e. Vi reiser til Norge et .... år.

f. Kan du gi meg den .... boka?

g. Alle .... har store, fine biler.

h. Det er noe ....

i. To studenter snakker svensk, de .... snakker norsk.

5. Svar med *begge (to)* eller *begge deler*:

a. Liker du rømmegrøt eller fårikål? ....

b. Elsker du Matthias eller Pierre? ....

c. Tar du buss eller tog til byen? ....

d. Drikker du kaffe eller te? ....

e. Vil du ha den røde eller den hvite jakken? ....

f. Mater Kirsti Veslepus eller Tigergutt? ....

g. Studerer du norsk eller svensk? ....

6. Familie

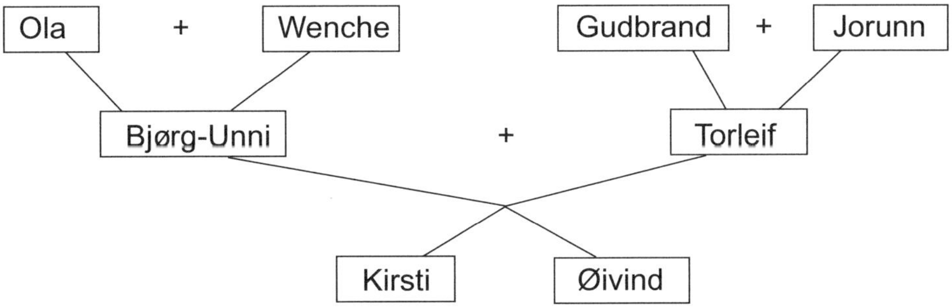

+ betyr »er gift med«

a. Svar på spørsmålene:
Eksempel: Hvem er Bjørg-Unni? Bjørg-Unni er kona til Torleif, moren til ...., datteren til ....

Hvem er Øivind? ....

Hvem er Kirsti? ....

Hvem er Torleif? ....

Hvem er Ola? ....

Hvem er Wenche? ....

Hvem er Gudbrand? ....

Hvem er Jorunn? ....

b. Still så mange spørsmål som mulig etter mønsteret:
Hvem er mormoren til Øivind?

....

....

....

....

7. Snakk med sidemannen din:
Hvor stor familie har du?
Hvor bor de?
Hva gjør de?

Elgtesten

Oversett til norsk:

a. Kirsti hat eine Katze. Ihre Katze heißt Veslepus. Jetzt füttert Kirsti ihre Katze. ....

b. Øivinds Katze ist lieb. Kirsti will seine Katze nicht füttern. ....

....

c. Øivind muss seine Katze selbst füttern. Seine Katze ist dünn. ....

....

d. Die Kinder sind einmal in der Woche bei ihren Großeltern. ....

....

e. Ihre Großeltern haben es gern, dass ihre Enkelkinder bei ihnen sind.

....

f. Fast alle Großeltern mögen ihre Enkelkinder. ....

....

g. Annas Familie wohnt in Italien. Anna möchte ihre Familie gerne besuchen. ....

....

h. Ihre Familie ist groß. Ihre Eltern wohnen mit ihren Töchtern in Siena.

....

i. Anna mag ihre Schwestern. ....

j. Sie hat auch einen Bruder, aber ihr Bruder wohnt nicht zu Hause bei seinen Eltern. ....

....

k. Anna schreibt oft an ihren Bruder. ....

....

Lektion 16

A. Text

1. Susannes første dag på Universitetet i Tromsø

Heldigvis fikk Susanne hjelp da hun prøvde å finne seg til rette på universitetet.

Susanne: Unnskyld, kan du hjelpe meg? Jeg leter etter kantina. Den må være her et sted?

Sverre: Den er rett bak deg. Jeg er på vei dit. Du er ny her?

Susanne: Ja, det er den aller første dagen min på universitetet.

Sverre: Da vet du altså ingenting.

Susanne: Det stemmer, men jeg har fått forelesningskatalogen og vet hvor språkkurset mitt skal være.

Sverre: Men du kjenner ingen studenter ennå.

Susanne: Nei, **så** fort går det vel ikke ...

Sverre: Jeg har ikke noe imot å være den første du blir kjent med. Skal vi gå i kantina?

Susanne: Ja, gjerne. Jeg heter Susanne.

Sverre: Og jeg Sverre. Hvor kommer du fra?

Susanne: Prøv og gjett!

Sverre: Ingen anelse. Du ser nokså skandinavisk ut og den svake aksenten din er ikke til noen hjelp. Kanskje England?

Susanne: Galt.

Sverre: Tyskland da – eller Østerrike?

Susanne: Tyskland er riktig.

Sverre: Jeg har ikke truffet noen fra Tyskland her på universitetet før, men det finnes visst en god del tyskere her. Kjenner du noen?

Susanne: Jeg kom hit først i forgårs og har ikke snakket med noen studenter ennå.

Sverre: Jeg har hørt at det ikke er noe problem for tyskerne å lære norsk.

Susanne: Det er sikkert lettere for oss enn for de fleste andre, men helt av seg selv går det ikke.

Sverre: Hvor bor du?

Susanne: I en av studentboligene på Prestvann. – Men nå er det min tur til å spørre!

Hva gjør du her? Semesteret begynner jo ikke før i midten av august, og du skal vel ikke gå på norskkurs, slik som jeg?

Sverre: Kanskje jeg kunne trenge det? Som nesten alle nordmenn snakker jeg dialekt, men du har visst ingen problemer med det?

Susanne: Nei, det går bra. Hvor er du fra?

Sverre: Herfra byen. Jeg bor hjemme hos foreldrene mine ennå. Det er en fordel når man er en fattig student og heller ikke har rike foreldre. Nå leser jeg ganske mye. Mitt store mål er å ta eksamen i engelsk til jul. At jeg nå må arbeide mye, er min egen feil. Jeg gjorde nesten ingenting i forrige semester fordi jeg da vikarierte som lærer på en ungdomsskole.

Susanne: Hva sier du til å ta en tur på fjellet en dag? Du ser jo ganske sportslig ut, og jeg har veldig lyst til å se på utsikten fra Storsteinen.

Sverre: Selvsagt er jeg sportslig. Kjenner du noen nordmenn som ikke er det? I helgen – hvis været ikke blir helt elendig?

Susanne: Men hvis du har tid, kan vi kanskje sees før det også. Jeg har ennå ikke vært på noen av de berømte utestedene i Tromsø.

Sverre: En bedre guide enn meg kan du ikke få! Kanskje torsdag kveld? Vi kan treffes utenfor kinoen. Den er lett å finne. Skal vi si kl. 20?

Susanne: Ja, men du får telefonnummeret mitt i tilfelle det kommer noe i veien.

2. Bokmål, nynorsk og norske dialekter

Mellom 1380 og 1814 var Norge i union med Danmark, og i denne tiden ble dansk offisielt skriftspråk i Norge. Etter unionsoppløsningen i 1814 ville nordmennene ikke lenger bruke dansk, men ønsket å skape et eget norsk skriftspråk. Det var ikke lett å bli enig om hvordan man best kunne gjøre dette. Noen ville »fornorske« det danske språket, og noen ville lage et nytt skriftspråk på grunnlag av norske dialekter. Slik oppstod det som i dag heter bokmål (med dansk som grunnlag) og nynorsk (med dialektene som grunnlag).

Dialektene har en sterk stilling i Norge. De blir brukt både i uformelle samtaler, i forelesningssalen, på møter, i radio og på TV. Det er altså helt normalt at en nordmann snakker dialekt. Noen modererer seg nok noe når de f.eks. snakker med en utlending, og en nyhetsoppleser skal ikke bruke dialektuttrykk. Men et helt nøytralt talemål finnes ikke. Man hører alltid – f.eks. på intonasjonen og på r-lyden – hvilken del av landet en person kommer fra.

B. Vokabeln

aksent, en [-ˈsaŋ]	Akzent
anelse, en	Ahnung
ingen anelse	keine Ahnung
berømt	berühmt
best	am besten
bokmål, et	»Buchsprache«, *norw. Schriftsprache*
bolig, en	Haus, Wohnung, Unterkunft
del, en	Teil
en god del	ziemlich viel(e)
dialekt, en	Dialekt
eksamen, en	Examen
ta eksamen	Examen ablegen
elendig [-ˈlen-]	miserabel
fattig	arm
feil, en (–)	Fehler
fordel, en	Vorteil
forelesningskatalog, en [o]	Vorlesungsverzeichnis
forelesningssal, en	Hörsaal
fornorske (-et) [o]	norwegisieren
fort [u]	schnell
forvirrende	verwirrend
gjette (-et)	raten
Prøv og gjett!	Rate mal!
grunnlag, et	Grundlage
på grunnlag av	auf der Grundlage von
helg, en/ei	Wochenende
herfra [æ]	von hier
herfra byen	aus dieser Stadt
høre	hören
Man hører det på uttalen.	Man hört es an der Aussprache.
i forgårs	vorgestern
ikke noe	nichts, kein
ikke noen	niemand, kein, keine
imot	dagegen, entgegen
Jeg har ikke noe imot det.	Ich habe nichts dagegen.
ingenting	nichts
intonasjon, en	Intonation
jul, en/ei	Weihnachten
til jul	zu Weihnachten
kantine, en/ei	Kantine
lete etter (-te)	suchen
lyd, en	Laut
midt, en	Mitte
i midten av august	Mitte August
moderere seg (-te)	sich mäßigen
møte, et	Sitzung
mål, et	Ziel
nokså [o]	ziemlich
normal	normal
nyhetsoppleser, en	Nachrichtensprecher /-in
nynorsk, en [o]	»Neunorwegisch«, *norw. Schriftsprache*
nøytral	neutral
offisiell [o]	offiziell
oppstå (-stod-stått)	entstehen
Prestvann	*kleiner See in Tromsø*
rett	direkt, gerade
rik	reich
samtale, en	Gespräch
sees	sich sehen
si (sier-sa-sagt)	sagen
Skal vi si ... ?	Sagen wir ... ?
Hva sier du til å ta en tur?	Was hältst du von einer Wanderung?
skape (-te)	schaffen
skriftspråk, et	Schriftsprache
slik	so, in dieser Weise
speil, et	Spiegel
sportslig [o]	sportlich
sted, et (steder)	Stelle, Ort
her et sted	hier irgendwo
Storsteinen	*der »Große Stein« auf einem Berg bei Tromsø*
studentbolig, en	Studentenwohnung
svak	schwach
talemål, et	gesprochene Sprache
til og med	sogar
til rette	zurecht
finne seg til rette	sich zurechtfinden
tilfelle, et	Fall, Zufall
i tilfelle (at)	für den Fall, (dass)
treffe (traff-truffet)	treffen
treffes	sich treffen
tur, en	
Det er min tur.	Ich bin dran.
TV, en [ˈteːvə]	Fernsehen
se på TV	fernsehen
uformell [o]	informell
union, en	Union

unionsoppløsning, en	Unionsauflösung	Det kom noe i veien.	Es kam etwas dazwischen.
utested, et	Restaurant, Café, Kneipe	vikariere (-te)	vertreten
		viss	gewiss
uttale, en	Aussprache	visst	soviel ich weiß, anscheinend
vei, en	Weg		
å være på vei	unterwegs sein	ønske (-et)	wünschen

C. Wörterkiste: Studier Studien

studium, et (studier)	Studium
studere	studieren
fag, et	Fach
realfag	Mathematik und naturwissenschaftliche Fächer
filologi	Philologie (Sprache und Literatur)
jus	Jura
samfunnsfag	Sozialwissenschaften
medisin	Medizin
tannmedisin	Zahnmedizin
universitet, et	Universität
høyskole, en	Hochschule
forelesning, en	Vorlesung
seminar, et	Seminar
pensum, et	Pensum
pensumliste, en/ei	Leseliste
eksamen, en	Examen
skriftlig/muntlig	schriftlich/mündlich
lese til eksamen	fürs Examen lernen
melde seg opp til eksamen	sich fürs Examen anmelden
ta eksamen/gå opp til eksamen	Examen ablegen
bestå/klare eksamen	Examen bestehen/schaffen
stryke (til eksamen)	durchfallen
karakter, en	Note
professor, en	Professor
amanuensis, en	Dozent
forelesningskatalog, en	Vorlesungsverzeichnis
studentby, en	Studentensiedlung
Studentsamskipnaden	Studentenwerk
studiekort, et	Studierendenausweis

D. Grammatik

Pronomen

Das unbestimmte Pronomen ***noe(n):***

Maskulinum	noen	(irgend)jemand, (irgend)ein
Femininum	noen	(irgend)jemand, (irgend)eine
Neutrum	noe	(irgend)etwas, (irgend)ein
Plural	noen	einige, (irgend)welche, manche

Det kommer noen.	Es kommt jemand.
Finnes det noen radio her i huset?	Gibt es ein Radio hier im Haus?
Det er noe helt annet.	Das ist etwas ganz anderes.
Er det noe smør i kjøleskapet?	Gibt es etwas Butter im Kühlschrank?
Noen barn liker ikke å se på TV.	Manche Kinder sehen nicht gerne fern.

Das unbestimmte Pronomen ***ikke noe(n), ingen, ingenting***

Maskulinum	ikke noen, ingen	niemand, kein
Femininum	ikke noen, ingen	niemand, keine
Neutrum	ikke noe	nichts, kein
	ingenting	nichts
Plural	ikke noen, ingen	keine

1. *Ikke noe(n)* und *ingen* kann man substantivisch und adjektivisch benutzen. *Ingenting* wird nur substantivisch benutzt:

Ingenting/Ikke noe er som før.	Nichts ist wie früher.
Han har ikke noen/ingen barnebarn.	Er hat keine Enkelkinder.

2. *Ingen* und *ingenting* kann man nur benutzen als:

a. Subjekt des Satzes :

Ingen spiser fisk.	Niemand isst Fisch.
Ingen barn liker å gjøre lekser.	Kein Kind macht gern Hausaufgaben.
Hun sier at ingenting er som før.	Sie sagt, dass nichts wie früher ist.

b. Objekt in einem Hauptsatz mit einfachem Verb:

Jeg glemmer ingen.	Ich vergesse niemanden.
Jeg glemmer ingen venner.	Ich vergesse keine Freunde.
Det gjør ingenting.	Das macht nichts.

3. Als Objekt in einem Hauptsatz mit zusammengesetztem Verb und als Objekt in einem Nebensatz muss man *ikke noe(n)* benutzen:

Jeg skal ikke glemme noen.	Ich werde niemanden vergessen.
Jeg har ikke sett noen barn her.	Ich habe hier keine Kinder gesehen.
Hun sier at hun ikke glemte noe.	Sie sagt, dass sie nichts vergessen hat.

Adjektiv nach einem Possessivpronomen

Wie nach einem Substantiv im Genitiv benutzt man auch nach einem Possessivpronomen die bestimmte Form des Adjektivs:

min tyske venn/den tyske vennen min	mein deutscher Freund
hans nye bord/det nye bordet hans	sein neuer Tisch

Das Adjektiv ***egen*** *(eget/egne)*

In Verbindung mit *egen* wird das Possessivpronomen immer vorangestellt. *Egen* steht nach einem Possessivpronomen in der unbestimmten Form:

Alle har sine egne bøker med på skolen.	Alle nehmen ihre eigenen Bücher mit in die Schule.
Rommet til høyre er hennes eget rom.	Das Zimmer rechts ist ihr eigenes Zimmer.

Verb

s*-Verben** mit reziproker (gegenseitiger) Bedeutung: ***sees »sich sehen«, ***møtes*** »sich treffen« ***treffes*** »sich treffen«, ***snakkes*** »sich sprechen« ***høres*** »voneinander hören«

Die Infinitiv- und Präsensformen lauten bei diesen Verben gleich. Von den Vergangenheitsformen ist nur *møttes* gebräuchlich.

Vi skal møtes om en uke./Vi skal møte hverandre om en uke.	Wir werden uns in einer Woche treffen.
De sees hver dag./ De ser hverandre hver dag.	Sie sehen sich jeden Tag.
Dere treffes sikkert i Oslo./ Dere treffer hverandre ...	Ihr trefft euch sicher in Oslo.

Aber nur: De traff hverandre i Oslo. Sie trafen sich in Oslo.

Analog dazu in der Umgangssprache auch:

Vi snakkes./Vi snakker med hverandre.	Wir sprechen uns.
Vi høres./Vi hører fra hverandre.	Wir hören voneinander.

Eine reziproke Bedeutung wird immer durch *hverandre* oder ein *s*-Verb ausgedrückt.

De sees hver dag.	Sie sehen sich jeden Tag.

Seg ist immer ein reflexives Pronomen.

De ser seg (i speilet).	Sie sehen sich (im Spiegel).

E. Übungen

1. Sett inn riktige former av *ingen*, *ingenting*, *ikke noe(n):*

a. Jeg traff .... hyggelige mennesker i ferien.

b. Jeg opplevde heller .... spennende.

c. .... ville være sammen med meg.

d. Jeg har .... fått .... brev.

e. Hvorfor finnes det .... som liker meg?

f. Jeg er .... troll.

g. Jeg er heller .... trist og sur ung mann.

h. Av og til tenker jeg at jeg .... vil finne .... jente som vil gifte seg med meg.

2. Oversett til norsk:

a. Manche Menschen haben keine Bücher. ....

b. Ich kenne niemanden, der keine Bücher hat. ....

c. Das ist kein Problem für mich. ....

d. Hat sie etwas gegessen? ....

e. Sie hat nichts gegessen. ....

f. Niemand ist satt. ....

g. Er sagt, dass für ihn nichts schwierig sei. ....

h. Kennst du jemanden, der keine Freunde hat? ....

i. Ich kenne jemanden, der keine Familie hat. ....

j. Das ist etwas ganz anderes. ....

k. Einige Lehrer sind mit nichts zufrieden. ....

3. Sett inn riktig form av adjektivet og lag uttrykk med etterstilt pronomen der dette er mulig:

Eks.: hans .... (norsk) venninne *hans norske venninne*
den norske venninnen hans

a. hennes .... (god) venner ....
b. deres .... (lang) møte ....
c. min .... (egen) mor ....
d. hans .... (liten) søster ....
e. våre .... (egen) slektninger ....
f. din .... (gammel) farfar ....
g. mitt .... (egen) hus ....
h. deres .... (stor) barn ....
i. hennes .... (ny) kjæreste ....
j. din .... (snill) tante ....

4. Oversett til norsk:

a. Wir sehen uns morgen in der Uni. ....
b. Sie haben sich vor einem Jahr in Italien getroffen. ....
c. Wann habt ihr euch zuletzt gesehen? ....
d. Wir sprechen uns auf jeden Fall vorher. ....

5. Si det på norsk! Sie sind an einer norwegischen Uni. Was sagen Sie, wenn ...

a. Sie das Vorlesungsverzeichnis haben wollen? ....
b. Sie einen Studierendenausweis haben wollen? ....
c. Sie den Hörsaal 314 suchen? ....
d. Sie wissen wollen, wo die Mensa ist? ....
e. Sie ein Zimmer in der Studentensiedlung haben möchten? ....

Sie sprechen mit einer Freundin/einem Freund und sagen, dass ...

f. die Leseliste für das Fach Englisch viel zu lang ist. ....

....

g. Sie sich immer noch nicht fürs Examen angemeldet haben. ....

....

h. Sie eine schlechte Note beim schriftlichen Examen bekommen haben.

....

i. Sie morgen eine mündliche Prüfung in Norwegisch haben. ....

....

j. Sie Angst haben, durchzufallen. ....

6. Snakk med sidemannen din:

Hvilke problemer hadde du da du begynte å studere?
Snakker du dialekt? Synes du det er i orden at andre gjør det?

Rollespill: Du forteller en nordmann om hvordan det er å studere i Tyskland.

Elgtesten

Kryssord

Schrank
Sessel
fehlen
so dass
so wie
suchen
entfernen
Alltag
riechen
Orte
sogar
schaffen
Aussprache
Fall
wünschen
Gespräch

Lektion 17

A. Text

1. Lunefull kjærlighet
Brev fra Pierre til Anna

Hurtigruta, 29.7.

Kjære Anna!

Nå har vi vært på Hurtigruta i fem dager, og turen er slutt når vi kommer til Kirkenes i morgen tidlig. Det har vært spennende å gå i land på anløpsstedene langs kysten. I de større byene, som f.eks. Ålesund, Trondheim og Tromsø har passasjerene et par timer til disposisjon, mens de på de små stedene ofte bare har tid til en liten tur på kaia eller i sentrum. Men det er naturen, som man ser best fra båten, som er mest fantastisk. Bratte fjell og trange fjorder, snøkledte tinder, isbreer ...

Været har vært bra, slik som det skal være om sommeren. Men over Vestfjorden var det nesten storm, og jeg ble kvalm og lå et par timer i lugaren og kastet opp. Steinar gjorde narr av meg og kalte meg en pyset utlending. Men det straffet seg. På lørdag ble han syk. Han fikk influensa. I alle fall ble han veldig forkjølt, antakelig fordi han hadde stått for lenge på dekk i stormen, slik en tøff nordmann åpenbart skal gjøre. Om ettermiddagen fikk han hodepine, vondt i halsen og feber og måtte holde seg i køya. Der var han helt til vi kom til Hammerfest i morges. Du bør absolutt ta denne turen en gang. Kanskje du har tid neste sommer? Jeg tror det er finest å reise om sommeren, helst i mai/juni når det er midnattsol. Vi kom noen dager for sent til den, men det var likevel fint og lyst hele døgnet.

Hadde vi det ikke fint sammen i sommer? For meg var det som en drøm, og jeg har ikke vært så forelsket på minst ett år. Da vi siste gang var sammen i Oslo for to uker siden, var jeg trist fordi jeg skulle reise og ikke se deg igjen på 5 uker, og jeg tenkte at disse ukene ville bli uendelig lange. Men nå synes jeg at tiden egentlig har gått veldig fort. Jeg har hele tiden skjønt at du foretrekker Matthias fremfor meg, og derfor ble jeg ganske glad da jeg ble kjent med ei søt norsk jente på Hurtigruta. Hun er student, men om sommeren arbeider hun som reiseleder. Annette er virkelig alle tiders – pen, livlig, intelligent.

Likevel kan vi kanskje sees når jeg kommer til Oslo igjen om 14 dager? Men hvis det ikke klaffer, gjør det ikke noe. Annette bor i Oslo, så jeg kommer dit igjen til jul for å være sammen med henne i juleferien og for å treffe familien hennes. – Jeg ringer i hvert fall til deg når jeg er i Oslo. Jeg håper du trives i jobben din!

Hjertelig hilsen
Pierre

2. Hurtigruta og Nord-Norge

I flere hundre år har det vært båttrafikk mellom Bergen og Nord-Norge. Hurtigruta har traffikert strekningen Bergen – Kirkenes i over 100 år. Siden 1936 trafikkerer den daglig – nordover og sørover. Skipene har vel 30 anløpssteder underveis, og turen Bergen – Kirkenes og retur tar 12 døgn. Tidligere var den det viktigste transportmiddelet for lokalbefolkningen. I løpet av de senere årene har flyene overtatt en god del av denne transporten, men for frakt og ikke minst for turistene har Hurtigruta ennå en viktig funksjon. Hurtigruteskipene i dag er komfortable turistbåter.
Nord-Norge har en storslagen natur og er for turistene »midnattsolens land«. Tromsø – Nordens Paris – er Nord-Norges største by. Flere arktiske ekspedisjoner hadde sitt utgangspunkt her. I dag er Tromsø en ekspanderende universitetsby.

B. Vokabeln

alle tiders	super, großartig
anløpssted, et (-steder)	Ort, wo das Schiff anlegt
arktisk	arktisch
båt, en	Schiff, Boot
båttrafikk, en	Schiffsverkehr
daglig	täglich
disposisjon, en	Verfügung
ha noe til disposisjon	etw. zur Verfügung haben
drøm, en (-mmer)	Traum
døgn, et	24 Stunden
ekspanderen*de*	expandierend
ekspedisjon, en	Expedition
ettermiddag, en	Nachmittag
om ettermiddagen	am Nachmittag
feber, en	Fieber
flere	mehrere, mehr
forelsket	verliebt
foretrekke noen fremfor en annen (-trakk-trukket)	jdn. einem anderen vorziehen

forkjølt	erkältet
frakt, en/ei	Fracht
fremfor	vor
funksjon, en	Funktion
hals, en	Hals
hodepine, en/ei	Kopfweh, -schmerzen
hol*d*e (seg) [o] (holdt-holdt)	(sich) halten
influensa, en	Grippe
intelligent	intelligent
isbre, en	Gletscher
juleferie, en	Weihnachtsferien
kai, en/ei	Kai
kalle (-te)	nennen
kaste opp (-et)	sich übergeben
klaffe (-et)	klappen, gelingen
komfortabel [o-o]	komfortabel
kvalm	übel, schlecht
Jeg blir kvalm.	Mir wird übel.
kyst, en	Küste
køye, en/ei	Bett (auf dem Schiff), Koje
lan*d*, et	Land
gå i/på land	an Land gehen
langs	entlang
lignen*d*e	ähnlich
og lignende/o.l.	und ähnliches/u.ä.
livlig	lebhaft
lokalbefolkning, en/ei [u-o]	Lokalbevölkerung
lugar, en [-ˈgaːr]	Kabine
lunefull	launisch
løp, et	Lauf
i løpet av	im Laufe von
midnattssol, en/ei	Mitternachtssonne
mor*g*en, en [o]	Morgen
i morgen ti*d*lig	morgen früh
narr, en	Narr
gjøre narr av noen	jdn. auf den Arm nehmen

overta (-tok-tatt)	übernehmen
passasjer, en	Passagier, Fahrgast
pen	hübsch
pyset	wehleidig, schwächlich
reiseleder, en	Reiseleiter/-in
retur	retour, zurück
siden	seit
skjønne (-te)	verstehen
slutt, en	Schluss, Ende
Reisa er slutt.	Die Reise ist zu Ende.
snøkledt	schneebedeckt
sommer, en [o]	Sommer
om sommeren	im Sommer
stadig	ständig, immer
storm, en [o]	Sturm
storslagen	großartig, grandios
straffe (seg) (-et)	(sich) strafen, *hier*: sich rächen
strekning, en	Strecke
syk	krank
tin*d*e, en	hoher, spitzer Berg
trafikk, en	Verkehr
traffikere (-te)	verkehren
transport, en [o]	Transport
transportmiddel, et	Verkehrsmittel
trives (-des)	sich wohl fühlen
tøff	hartgesotten, toll
uendelig	unendlich
un*d*erveis	unterwegs
utgangspunkt, et [ʉ-u]	Ausgangspunkt
vel	gut, wohl
Vestfjor*d*en	*Fjord im Verwaltungsbezirk Nordland*
von*d*	schmerzhaft
ha/få vondt	Schmerzen haben/bekommen
åpenbar/åpenbart	offenkundig

C. Wörterkiste: Jeg er så syk! Ich bin so krank!

bli/være syk	krank werden/sein
sykdom, en	Krankheit
lege, en	Arzt
Legen må undersøke deg.	Der Arzt muss dich untersuchen.
tannlege, en	Zahnarzt
ringe etter legen/sykebilen	den Arzt/den Krankenwagen rufen
Hva feiler det deg?	Was fehlt Ihnen?
Er det noe alvorlig?	Ist es etwas Ernstes?
Jeg er forkjølt.	Ich bin erkältet.
Jeg hoster og har snue.	Ich habe Husten und Schnupfen.
Jeg har smerter.	Ich habe Schmerzen.
Jeg har vondt i hodet/halsen/magen.	Ich habe Kopfweh/Halsweh/Bauchweh.
Jeg har vondt i ryggen/i ørene.	Ich habe Rückenschmerzen/Ohrenschmerzen.
Jeg har vondt i ei tann/Jeg har tannpine.	Ich habe Zahnschmerzen.
Jeg har høy feber og diaré.	Ich habe hohes Fieber und Durchfall.
Jeg er kvalm og jeg kaster ofte opp.	Mir ist übel und ich muss mich oft übergeben.
Jeg er allergisk mot ...	Ich bin allergisch gegen ...
Jeg har høysnue og astma.	Ich habe Heuschnupfen und Asthma.
Du har influensa/lungebetennelse.	Sie haben eine Grippe/Lungenentzündung.
medisin, en/tablett, en/sprøyte, en/ei	Arzneimittel/Tablette/Spritze
skrive ut en resept	etw. verschreiben
operasjon, en	Operation
Du må legges inn på sykehus og opereres.	Sie müssen ins Krankenhaus überwiesen und operiert werden.

D. Grammatik

Zeitausdrücke mit Präposition

Die Präposition *i*

Einmaliger Zeitpunkt (normalerweise ohne Artikel):

i dag	heute	(i) neste uke	nächste Woche
i morges	heute Morgen	i helga/-en	am Wochenende
i formiddag	heute Vormittag	i weekenden	
i ettermiddag	heute Nachmittag	(i) neste måned	nächsten Monat
i kveld	heute Abend	i år	dieses Jahr
i natt	heute Nacht	i fjor	letztes Jahr
		i fjor sommer	letztes Jahr im Sommer
i går	gestern		
i går morges	gestern Morgen	i forfjor	vorletztes Jahr
i går kveld	gestern Abend	i vår	in diesem Frühling
i forgårs	vorgestern	i sommer	in diesem Sommer
i morgen	morgen	i høst	in diesem Herbst
i morgen tidlig	morgen früh	i vinter	in diesem Winter
i morgen kveld	morgen Abend	i januar	im Januar
i overmorgen	übermorgen	i 1999	1999
(i) denne uka/-en	diese Woche		
(i) forrige uke	letzte Woche		

Zeitraum:

i tre år	drei Jahre lang; seit drei Jahren
Jeg skal være her i tre år.	Ich werde drei Jahre lang hier bleiben.
Jeg har bodd i Freiburg i tre år.	Ich wohne seit drei Jahren in Freiburg.

Die Präposition *til*

Zukünftiger Zeitpunkt:

til neste år	nächstes Jahr
til sommeren	nächsten Sommer
til jul	zu Weihnachten

Die Präposition *om*

Wiederholter Zeitpunkt (Substantiv in der bestimmten Form):

om morgenen	morgens/am Morgen
om dagen	tagsüber/am Tag
om vinteren	im Winter
om våren	im Frühling

Zeitpunkt in der Zukunft:

om en time	in einer Stunde
Jeg reiser om en time.	Ich fahre in einer Stunde ab.

Die Präposition *på*

Einmaliger Zeitpunkt (bei Wochentagen):

på mandag	am Montag

Zeitraum:

på 4 timer	innerhalb eines Zeitraums von 4 Stunden
Jeg reiser dit på fire timer.	Ich bin dahin vier Stunden unterwegs.

Mit Negation:

ikke på to år	nicht seit zwei Jahren
Jeg har ikke sett ham på to år.	Ich habe ihn seit zwei Jahren nicht gesehen.

Die Präposition *siden*

siden + Zeitpunkt in der Vergangenheit:

siden i går	seit gestern
Jeg har ikke sett ham siden torsdag.	Ich habe ihn seit Donnerstag nicht gesehen.

Die Präposition *for ... siden*

Zeitpunkt in der Vergangenheit:

for fem år siden	vor fünf Jahren
Vi var i Frankrike for fem år siden.	Vor fünf Jahren waren wir in Frankreich.

Verb

Die Zukunft von der Vergangenheit aus gesehen bildet man mit Hilfe von *skulle*/*ville* + Infinitiv:

Pierre tenkte at tiden ville bli lang.	Pierre dachte, dass die Zeit lang werden würde.

Die Modalverben

Flexion

Infinitiv	Präsens	Präteritum	Perfekt
skulle	skal	skulle	skullet
ville	vil	ville	villet
måtte	må	måtte	måttet
kunne	kan	kunne	kunnet
burde	bør	burde	burdet

Gebrauch

skulle »werden, sollen« (Futurbildung, vgl. Lekt. 10)

Du skal sove nå.	Du sollst jetzt schlafen.
Skal jeg hjelpe deg?	Soll ich dir helfen?
Skal vi gå på kino?	Sollen/Wollen wir ins Kino gehen?
Han skal være rik.	Er soll reich sein.

ville »werden, wollen, möchten« (Futurbildung, vgl. Lekt. 10)

Jeg vil ikke snakke med ham.	Ich will nicht mit ihm reden.
Han vil gjerne gå ut og spise med deg.	Er möchte gern mit dir essen gehen.

måtte »müssen«
»dürfen« (in negativen Sätzen)

Du må spise opp potetene!	Du musst die Kartoffeln aufessen!
De måtte flytte til en annen by.	Sie mussten in eine andere Stadt ziehen.
Du må ikke gjøre alt han sier.	1. Du musst nicht alles machen, was er sagt. 2. Du darfst nicht alles machen, was er sagt.

kunne »können«

Selvsagt kan jeg snakke engelsk.	Selbstverständlich kann ich Englisch sprechen.
Det kan bli dyrt for ham.	Das kann ihm teuer zu stehen kommen.

burde »sollten« (Konjunktiv)

Du bør spise mer frukt.	Du solltest mehr Obst essen.
Hun burde tenke mer på de andre.	Sie sollte mehr an die anderen denken.

Die Präteritumformen der Modalverben drücken Wünsche, Aufforderungen, Bitten und Fragen höflicher/vorsichtiger aus als die Präsensformen. Im Deutschen macht man diesen Unterschied mit Hilfe von Indikativ- und Konjunktivformen:

Kan du gjøre det for meg?	Kannst du das für mich tun?
Kunne du gjøre det for meg?	Könntest du das für mich tun?

Adjektiv

Beim Adjektiv ***hel*** wird der Adjektivartikel normalerweise weggelassen:

hele dagen	den ganzen Tag
hele brødet	das ganze Brot

Achten Sie auf den Unterschied:

hele brødet	das ganze Brot (ungeteilt!)
alt brødet	alles an Brot

E. Übungen

1. Lag fullstendige setninger:

a. Om tre uker ....

b. I morges ....

c. Til sommeren ....

d. I januar ....

e. I går ....

f. Om kvelden ....

g. I fjor ....

h. I morgen ....

i. I vinter ....

j. .... i fem år.

k. .... siden jul.

l. .... på bare én dag.

2. Oversett til norsk:

a. Ich lerne seit fünf Monaten Norwegisch.

....

b. Im vorletzten Jahr arbeitete sie als Fremdenführerin.

....

c. Gestern Abend wurde mir übel, und heute Morgen hatte ich Fieber.

....

d. In zwei Stunden musst du die Tiere füttern.

....

e. Vor vier Monaten habe ich ihre beiden Enkelkinder getroffen.

....

f. Im Sommer ist er immer verliebt.

....

g. Ich habe ihn seit Wochen nicht gesehen.

....

h. Sie musste das Buch in zwei Tagen lesen.

....

i. Nächste Woche will ich meine Großeltern besuchen.

....

j. Abends sitzt er immer am Schreibtisch.

....

3. Sett inn et passende verb i infinitiv eller *være* + adjektiv:

a. Studenter kan ofte ....
b. Gutter vil alltid ....
c. Kunstnere kan aldri ....
d. Lærere bør alltid ....
e. Menn må av og til ....
f. Forfattere må ofte ....
g. Jenter vil aldri ....
h. Kvinner bør av og til ....
i. Barn vil ikke alltid ....
j. Leger bør alltid ....

4. Oversett til norsk:

a. Wolltest du eigentlich in diese Stadt ziehen?

....

b. Er musste sich übergeben und konnte nicht zur Arbeit gehen.

....

c. Du solltest dafür sorgen, dass die Kinder ihre Hausaufgaben machen.

....

d. Alle Norweger müssen wissen, wer Henrik Ibsen ist.

....

e. Ich könnte dich natürlich um halb sieben wecken.

....

f. Soll meine alte Großmutter die hohe Miete allein bezahlen?

....

g. Du solltest täglich die Tabletten nehmen.

....

5. Sett inn preteritumsformer av verbene:

a. ta seg av	Hvem	de gamle damene?
b. dø	Dikteren	for en uke siden.
c. lete etter	Jeg	bamsen overalt.
d. håpe	Hun	at han skulle komme tilbake.
e. fortelle	Han	at moren hans nettopp var død.
f. skrive	Per	brevet på en halv time.
g. hende	Hva	etterpå?
h. planlegge	Når	dere alt dette?
i. følge	Matthias	Anna helt hjem.
j. vinne	Den tyske deltakeren	konkurransen.
k. be	Han	meg om å glemme hele historien.
l. lage	Mannen min	veldig god mat.
m. slappe av	Jeg	hele ettermiddagen.

6. Du er hos legen. Her er det som legen sier. Hva sier du?

a. Vær så god, neste!

....

b. Hva kan jeg gjøre for deg?

....

c. Har du hatt det lenge?

....

d. Har du vondt noe sted også?

....

e. Nei, det er sikkert ikke så alvorlig, men jeg må i alle fall undersøke deg.

....

f. Nei, **så** syk er du ikke.

....

g. Nei, jeg skal ikke gi deg noen sprøyte, men jeg skriver ut en resept.

....

h. To tabletter tre ganger daglig helt til du føler deg bedre.

....

i. Nei, bare hvis du ikke blir bedre. – Vær så god, neste!

....

7. Snakk med sidemannen din:

Fortell om sist du var syk!
Hvorfor vil du gjerne/ikke reise med Hurtigruta?

Elgtesten

Les teksten. Deretter leser eller skriver du teksten en gang til, men bruk *hun* i stedet for *jeg* og *de* i stedet for *vi,* og gjør ellers de forandringer som da er nødvendige:

I år skal jeg reise på ferie til Norge med familien min. Familien min – det er moren min, faren min og de tre brødrene mine. Vi bestemte oss for å reise til Norge fordi fetteren vår bor der. Jeg har aldri truffet fetteren min, men broren min snakker ofte med ham i telefonen. Vi har sagt at han gjerne kan komme og besøke oss, men det vil han ikke. Derfor reiser vi nå og besøker ham. Vi håper at han vil bli glad. Jeg synes i hvert fall det er hyggelig å få besøk av familien min når jeg er i utlandet. I Norge vil jeg kjøpe meg ei ny kofte. Den gamle kofta mi er for lita. Dessuten vil broren min ha den. Han er tynnere enn meg.
For to år siden var jeg sammen med faren min på ferie i Norge. Faren min ville at vi skulle gå lange turer hver dag. Det gjør vi aldri hjemme hos oss selv, og derfor var det for anstrengende for oss. Vi ble syke begge to. Jeg måtte holde meg i senga i tre dager. Det syntes jeg var ille fordi ferien vår ikke varte lenger enn 10 dager.

Lektion 18

A. Text

1. Mørketid og julefeiring

Susanne hadde ingen problemer med mørketiden. Og hun kunne godt tenke seg å tilbringe julen i Tromsø. Noen uker før jul besøkte hun Sverres foreldre.

Kåre: Sverre har fortalt at du ikke reiser hjem til jul, Susanne. Vi synes det er hyggelig hvis du vil feire julen sammen med oss. Du er hjertelig velkommen!

Susanne: Tusen takk for innbydelsen! Jeg sier med glede ja takk!

Solveig: Det blir en tradisjonell og enkel norsk julefeiring. Julaften og 1. juledag er hele familien samlet. Den norske julematen kjenner du vel ganske godt nå etter de to julebordene som du og Sverre har vært på. Det spises og drikkes altfor mye før jul, synes jeg. I forhold til det er maten på juledagene nesten beskjeden.

Susanne: Ja, det var nesten for mye av det gode på julebordene. Jeg visste ikke at dere i Norge begynner julefeiringen allerede i november. Men det var i alle fall veldig hyggelige fester – i motsetning til studentfesten vi var på i forrige uke. Der merket jeg at noen nordmenns forhold til alkohol mildt sagt er noe problematisk ...

Sverre: Susanne blir alltid sur hvis jeg drikker mer enn et glass øl når vi er på fest. Hun kan ikke godta at det fins visse kulturelle forskjeller mellom Tyskland og Norge.

Susanne: Sur blir jeg bare når noen drikker mer enn de tåler. Det gjør du jo heldigvis sjelden, men noen av vennene dine ...

Sverre: Jeg får jo ikke lov. Men du vet, julen er midt i mørketiden. Da må Ola Nordmann kvikke seg opp på en eller annen måte for å ha det litt moro. Og for noen er da alkoholen til stor hjelp.

Susanne: Hjelp? Det kan du da ikke mene! En slik oppfatning er helt forkastelig, synes jeg. Alle vet at overdreven bruk av alkohol fører rett ut i elendigheten. Og jeg har absolutt ikke merket

	noe større behov for alkohol når det er mørkt. Det er så mange positive sider ved mørketiden: snøen, nordlyset og belysningen på de klare dagene – helt eventyrlig. Dessuten kan man jo hygge seg inne med litt god mat og ei god bok ...
Sverre:	Min oppfatning av nordmennene som typiske puritanere gjøres med dette til skamme. Her, som på så mange andre områder, blir vi slått av tyskerne.
Susanne:	Det har likevel en fordel å være sammen med fulle folk.
Sverre:	Du mener fordi man av barn og fulle folk får høre sannheten?
Susanne:	Om det var sannheten jeg fikk høre, vet jeg ikke, men jeg lærte i hvert fall noen flotte uttrykk som f.eks. »hvor i faen har du gjort av glasset mitt, din drittsekk« eller »dra til helvete, din idiot« eller ...
Sverre:	Det klarer seg, Susanne.
Susanne:	OK, men jeg ville jo bare vise hva jeg har lært. Hvordan er det med julegaver? Blir det kjøpt like mye unødvendig skrot her som i Tyskland? Hos oss sløses det enormt i juletiden.
Kåre:	Slik er det nok her også, men i vår familie får bare ungene gaver. Tidligere ble det bakt veldig mye før jul, minst sju sorter julekaker. Jeg baker nå tre-fire sorter, og Solveig er verdensmester i å skrive julekort. Slik forberedes julen hos oss.

2. God jul!

»Julebord« er firmafester eller fester som foreninger arrangerer for sine medlemmer før jul. »Juletrefester« for barn arrangeres derimot etter jul – ofte i romjulen (tiden mellom jul og nyttår). Julen er ellers familiens og tradisjonenes fest, der maten, julepynten og julegavene står sentralt. Det kristne budskapet har for mange ingen eller bare liten betydning. Men julen er likevel nestekjærlighetens tid. Man gir ikke bare gaver til sine nærmeste, man er også spesielt snill mot andre som ikke har det så bra, og gamle og ensomme blir ofte bedt til julefeiring hos familie og kjente. I forhold til den tyske »Besinnlichkeit« er den norske julestemningen kanskje litt mindre alvorlig med (også) muntre sanger, gang rundt juletreet og julenissen som den sentrale figuren. I familier med barn er det han som kommer med gavene på julaften. Typisk norsk julemat er f.eks. ribbe, pinnekjøtt, torsk og lutefisk.

B. Vokabeln

alkohol, en	Alkohol
arrangere [-ˈʃeːrə] (-te)	veranstalten
behov, et (–)	Bedürfnis, Bedarf
belysning, en	Beleuchtung
blomst, en [o]	Blume
budskap, et	Botschaft
da	doch
derimot [æ]	dagegen
drittsekk, en	Drecksack
egg, et	Ei
elendi*g*het, en/ei [-ˊlen-]	Elend
enkel	einfach
enorm/enormt [o]	enorm
ensom/ensomt [o]	einsam
eventyrlig	märchenhaft
faen/fanden	der Teufel
hvor i faen ...	wo zum Teufel ...
feire (-et)	feiern
feiring, en/ei	Feier
fest, en	Fest, Feier
figur, en	Figur
folk, et [o]	Leute, Volk
forberede (-te)	vorbereiten
forening, en/ei	Verein
forhol*d*, et [o]	Verhältnis, Beziehung
i forhold til	im Verhältnis zu
forkastelig	verwerflich
forskjell, en	Unterschied
full	besoffen, voll
få lov (til) [o]	dürfen
gang, en	Gang
glede, en/ei	Freude
gode, et	
for mye av det gode	zu viel des Guten
go*d*ta (-tok-tatt)	akzeptieren
helvete, et	Hölle
Dra til helvete!	Scher dich zum Teufel!
høre	hören
få høre	erfahren, zu hören bekommen
høres (ut)	klingen, sich anhören
idiot, en	Idiot
innbydelse, en	Einladung
julaften	Heiligabend
julebor*d*, et	*vorweihnachtliches Festessen*
gå/være på julebord	am »julebord« teilnehmen

1. (første) juledag	1. Weihnachtstag
julegave, en	Weihnachtsgeschenk
julekake, en/ei	Weihnachtsplätzchen
julekort, et [o]	Weihnachtskarte
julemat, en	Weihnachtsessen
julepynt, en	Weihnachtsschmuck
julestemning, en/ei	Weihnachtsstimmung
juletid, en/ei	Weihnachtszeit
juletre, et (-trær)	Weihnachtsbaum
kjent, en (Plur. kjente)	Bekannte(r)
klare seg	reichen, genug sein
Det klarer seg.	Es reicht.
kristen	christlich
kulturell	kulturell
kvikke seg opp (-et)	sich aufmuntern
lutefisk, en	*in Lauge eingelegter Fisch*
lov, en [o]	Gesetz, Erlaubnis
få lov til	dürfen
medlem, et	Mitglied
merke [æ] (-et)	merken, wahrnehmen
mildt sagt	gelinde gesagt
moro, en/ei	Spaß
ha det moro	Spaß haben
Det er moro.	Es macht Spaß.
motsetning, en	Gegensatz
i motsetning til	im Gegensatz zu
munter	munter
mørketid, en/ei	dunkle Zeit, Polarnacht
måte, en	Art, Weise
på en eller annen måte	in irgendeiner Weise, irgendwie
nestekjærli*g*het, en/ei	Nächstenliebe
nor*d*lys, et	Nordlicht, Polarlicht
nyttår, et	Neujahr, Silvester

nærmeste	nächste
Ola Nor*d*mann	*der typische Norweger*
omtrent	ungefähr
oppfatning, en	Auffassung
oppleve (-de)	erleben
overdreven	übertrieben
overfor	gegenüber
pinnekjøtt, et	Rippchen vom Lamm
positiv	positiv
problematisk	problematisch
puritaner, en	Puritaner/-in
ribbe, en/ei	Rippenstück vom Schwein
romjul, en/ei	die Zeit zwischen Weihnachten und Neujahr, zwischen den Jahren
sannhet, en/ei	Wahrheit
skam, en	Schande
gjøre til skamme	zu Schanden machen
skilles (-tes)	sich scheiden (lassen)
skrot, et	Ramsch
skyl*d*es (-tes)	auf etw. zurückzuführen sein
sløse (-te)	verschwenden
slå (slo-slått)	schlagen
slåss (sloss-slåss)	sich schlagen/prügeln
sort, en [o]	Sorte
spørs	
det spørs	es fragt sich
spesielt	besonders
torsk, en [o]	Dorsch
tradisjonell	traditionell
tåle (-te)	vertragen
unødvendig	unnötig
verdensmester, en [æ-e]	Weltmeister/-in

C. Wörterkiste: Din tosk! Du Dummkopf!

Die folgenden Ausdrücke sind für den aktiven Gebrauch natürlich nicht zu empfehlen, aber es kann nicht schaden, sie zu verstehen. Die schlimmsten Schimpfwörter entnehmen die Norweger der Hölle, wobei die Höllen-Wörter als deutlich gröber empfunden werden als ihre direkte Übersetzung im Deutschen.

din tosk	du Dummkopf
din idiot	du Blödmann, Idiot
din drittsekk	du Arsch ... (wörtlich: Drecksack)
jævla drittsekk	(noch gröber)
sludder, et tull, et tøv, et	Quatsch, Unsinn
drittprat, en	Scheißgerede
søren	verflixt
faen (i helvete)	verflucht, Scheiße (wörtlich:Teufel in der Hölle)
hvor i faen er ...	gröber als: Wo zum Teufel ist ...
dra til helvete	Scher dich ...
fy faen	gröber als: Pfui Teufel!

jævla/jævlig (eigentlich »teuflisch«) wird als verstärkendes Adverb benutzt: *jævla fin* = »unheimlich schön«. Aber auch dieses Wort gehört nicht zur gepflegten norwegischen Standardsprache.

D. Grammatik

Verb

Es gibt zwei verschiedene Arten, das **Passiv** zu bilden:

1. Das *bli*-Passiv entspricht der deutschen Bildungsweise mit dem Hilfsverb *bli* + Partizip Perfekt des Hauptverbs:

Turen blir planlagt av alle deltakerne.	Die Reise wird von allen Teilnehmern geplant.

2. Das *s*-Passiv wird mit Hilfe der Endung *-s* gebildet:

Turen planlegges av alle deltakerne.	Die Reise wird von allen Teilnehmern geplant.

Wenn das Subjekt des Aktivsatzes genannt werden soll, benutzt man die Präposition *av*.

	bli-Passiv	*s*-Passiv	
Infinitiv	bli spist	spises	gegessen werden
Präsens	blir spist	spises	wird gegessen
Präteritum	ble spist	(spistes)	wurde gegessen
Perfekt	er/har blitt spist		ist gegessen worden
Plusq.perf.	var/hadde blitt spist		war gegessen worden
Futur	skal bli spist	skal spises	wird gegessen werden

Gebrauch

1. Das *bli*-Passiv kann fast immer verwendet werden und dominiert völlig bei den Vergangenheitsformen, da die starken Verben und viele schwache Verben nur im Infinitiv und Präsens eine *s*-Form aufweisen.

Susanne ble bedt til Sverres familie.	Susanne wurde zu Sverres Familie eingeladen.
Bagasjen var allerede blitt sjekket.	Das Gepäck war schon kontrolliert worden.

2. Das *s*-Passiv wird oft nach modalen Hilfsverben verwendet:

Kattene må mates to ganger om dagen.	Die Katzen müssen zweimal am Tag gefüttert werden.
Eggene skulle brukes til kaken.	Die Eier sollten für den Kuchen verwendet werden.

Das *s*-Passiv wird auch häufig in Anweisungen, Rezepten u.ä. benutzt:

Kjøttet kokes i to timer.	Das Fleisch wird zwei Stunden gekocht.
Tablettene tas etter maten.	Die Tabletten werden nach dem Essen genommen.

s-Verben mit aktiver Bedeutung.

Zusätzlich zu den in Lektion 16 behandelten *s*-Verben sind die folgenden sehr gebräuchlich:

finnes/fins (fantes)	Det finnes mange måter å feire julen på.	Es gibt viele Arten, Weihnachten zu feiern.
synes (syntes)	Jeg synes han er hyggelig. Det syntes som om han ikke ville ha noe med saken å gjøre.	Ich finde ihn nett. Es schien so, als ob er mit der Sache nichts zu tun haben wollte.
høres (ut) (hørtes)	Det høres merkelig (ut).	Es klingt merkwürdig.
skilles (skiltes)	De vil skilles.	Sie wollen sich scheiden lassen.
trives (trivdes)	Jeg trivdes veldig godt i Bergen.	Ich habe mich in Bergen sehr wohl gefühlt.
spørs	Det spørs om hun sier sannheten.	Es fragt sich, ob sie die Wahrheit sagt.
slåss (sloss-slåss)	Ungene sloss fra morgen til kveld.	Die Kinder prügelten sich von morgens bis abends.
skyldes (skyldtes)	Det skyldes helt sikkert en misforståelse.	Es ist bestimmt auf ein Missverständnis zurückzuführen.

Pronomen – Das Demonstrativpronomen *slik/sånn*

Maskulinum	slik/sånn	solch(er)
Femininum	slik/sånn	solch(e)
Neutrum	slikt/sånt	solch(es)
Plural	slike/sånne	solch(e)

En slik/sånn skole er ikke noe for mine barn.	Eine solche Schule ist nichts für meine Kinder.
Hvorfor måtte du skrive et slikt/sånt brev?	Warum musstest du einen solchen Brief schreiben?
Slike/sånne bilder liker verken kona mi eller jeg.	Solche Bilder mögen weder meine Frau noch ich.

Auch wenn *slik/sånn* vor dem unbestimmten Artikel steht, wird es flektiert:

Slikt/sånt et vær!	Was für ein Wetter!

E. Übungen

1. Sett følgende setninger i *bli*-passiv:

a. De kjøpte mange bøker. ....

b. Hun innreder leiligheten hans. ....

c. De åpnet butikkene kl. 10. ....

d. Hun leide leiligheten for ett år. ....

e. Han har solgt bilen til vennen sin. ....

f. Alle forstod teksten. ....

g. Matthias har sitert et dikt. ....

2. Hva passer best: *bli*-passiv eller *s*-passiv?

a. Man bør koke kjøttet lenge. ....

b. De skal synge sangen på festen. ....

c. Foreldrene elsker barna sine. ....

d. Jeg skrev brevet for lenge siden. ....

e. Jeg måtte sende brevet i går. ....

f. Man må oppleve den norske naturen. ....

g. De drakk tre flasker øl på festen. ....

h. Han har sitert Ibsen mange ganger før. ....

i. Man kan bruke disse bøkene til gaver. ....

j. Han foretrakk den gule genseren. ....

3. Erstatt uttrykkene som står i kursiv med s-verb, slik at du får en ny setning med (omtrent) samme betydning:

Eksempel:
Vi *ser hverandre* i Oslo til sommeren. Vi sees i Oslo til sommeren.

a. De *møtte hverandre* på ei hytte i Jotunheimen. ....

b. Det *er* mange forskjellige dialekter i Norge. ....

c. *Grunnen til* at hun kom for sent, *var* de dårlige veiene. ....

d. Jeg *mener* at hun bør studere i Norge. ....

e. Vi *snakker med hverandre* om en uke igjen. ....

f. *Jeg vet ikke* om jeg får tid til det. ....

g. Hun *liker godt å bo* i Bergen. ....

h. De vil *ikke være gift lenger*. ....

i. De både kranglet og *slo hverandre*. ....

4. Fyll ut med riktig form av *sånn* eller *slik*:

a. Jeg har aldri sett en .... blomst før.

b. .... blomster ser man ofte i utlandet.

c. Var det ikke et .... bilde du ville ha?

d. Nei, jeg liker ikke .... bilder.

e. .... en fin bamse du har!

f. .... et julebord!

g. Jeg har aldri spist .... mat før.

5. Prøv å forklare ordene:

drøm	....
midnattssol	....
kantine	....
tante	....
lommebok	....
fetter	....
foreldre	....
studentbolig	....

bokmål ....
jul ....
lugar ....
hodepine ....

6. Lag spørsmål til følgende svar:

a. .... For tre år siden.

b. .... Om en uke.

c. .... I morges.

d. .... Fra januar til april.

e. .... Om to måneder.

f. .... I tre dager.

g. .... Om kvelden.

h. .... Til vinteren.

i. .... I fjor.

7. Snakk med sidemannen din:

Hvordan feirer du jul?
Kunne du tenke deg å bo i Nord-Norge?

Elgtesten

Fyll ut med preposisjoner eller partikler som passer:

a. Snakk .... flaks! Jeg har vunnet 10 000 kroner.

b. Han var i Norge .... fem år ....

c. .... tillegg .... kofferten hadde hun tre vesker.

d. Banken ligger .... høyre .... postkontoret.

e. Du må .... hvert fall skrive et hyggelig brev.

f. Jeg kommer .... det samme.

g. Har du lyst .... å være med?

h. Man skal være snill .... alle dyr.

i. Denne gaven er virkelig .... blinken!

j. .... en gangs .... kan du vel hjelpe broren din.

k. Tusen takk .... i kveld! Takk .... måte!

l. Alle har rett .... nok mat og klær. Ja, det har du rett ....

m. Susanne bor .... nærheten .... Sverre. Man kan gå dit .... 3 minutter.

n. Vi har bilen hans .... disposisjon hele dagen.

o. Det var litt .... et hell!

p. Jeg foretrekker fisk .... kjøtt.

q. Jeg tror Pierre er begeistret .... Anna.

r. .... være ærlig tror jeg ikke at de passer sammen.

Lektion 19

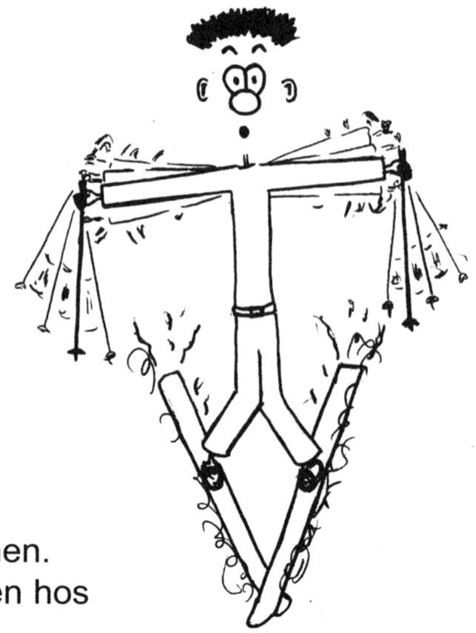

A. Text

1. Telefonsamtale og påskeplaner

Matthias snakket ofte med Anna i telefonen. Noen uker før påske ringte telefonen igjen hos familien Nygård.

Bjørg-Unni:	Det er Bjørg-Unni.
Matthias:	Hei! Det er Matthias. Kan jeg få snakke med Anna?
Bjørg-Unni:	Hei Matthias! Et øyeblikk, så skal jeg prøve å få tak i Anna. Jeg tror hun er i garasjen og vasker bilen.

Anna:	Hallo, Matthias. Hvordan går det?
Matthias:	Bra! Og med deg?
Anna:	Jeg kan ikke klage. Bare synd at vi ikke kan sees litt oftere.
Matthias:	Det er nettopp derfor jeg ringer. Jeg snakket med Susanne i går. Hun spurte om vi ville være med henne og Sverre på hyttetur i påskeferien. Det er Sverres søster og svoger som eier hytta, men de er i utlandet.
Anna:	En skikkelig norsk hyttetur altså? Det høres alle tiders ut. Hva svarte du?
Matthias:	Jeg sa selvsagt at jeg måtte spørre deg først, men at jeg for min del hadde lyst til å bli med. Her i Bergen kommer det sikkert til å regne som vanlig, også i påsken. Hytta ligger i et relativt snøsikkert område i Trøndelag.
Anna:	Du mener at vi skal gå på ski?
Matthias:	Selvsagt. Det er jo det som er det fine med invitasjonen.
Anna:	Og så er det en typisk norsk påskefeiring! Jeg har aldri gått på ski før.
Matthias:	En gang må være den første. Verken Susanne eller jeg har gått på ski mer enn tre-fire ganger, så vi er nesten i samme båt.
Anna:	Hva mener du? Hvilken båt?

Matthias:	Det er et idiomatisk uttrykk og betyr »i samme situasjon«.
Anna:	Men hvor skal jeg få tak i ski? Må jeg ha turski eller slalåmski?
Matthias:	Vanlige turski. Vi skal bare gå hyggelige turer i et helt ufarlig terreng. Men Sverre sier at det er flere par gamle ski som vi kan få låne på hytta. Vi må bare ha med oss sko.
Anna:	Jeg skal snakke med Bjørg-Unni. Vi har samme skonummer. Hva må vi ellers ha med? Varme klær og mat?
Matthias:	Susanne mente vi kunne handle all maten i Trondheim. Der møtes vi først alle fire. Vi kan bo i huset til Sverres søster i to dager, og da har vi tid nok selv om – hm – noen av oss gjerne vil se Nidarosdomen.
Anna:	Du får selvsagt lov til å se på så mange kirker du vil. Hva sa Susanne ellers?
Matthias:	Hun spurte om du hadde hørt noe fra Pierre. Og jeg sa at det kunne jeg ikke tenke meg. Har du fått forlenget oppholdstillatelsen?
Anna:	Ja, det gikk greit. Og har du fått vite om kontrakten din blir forlenget?
Matthias:	Ja, det går i orden. Jeg har sagt til overlegen at jeg trenger operasjonspraksis.
Anna:	Da håper jeg virkelig at ingen av oss får blindtarmbetennelse mens vi er på hytta. Du kunne jo betrakte det som en sjanse til å praktisere hvis noen plutselig skulle få vondt i magen.
Matthias:	Jeg vet i hvert fall allerede nå hvordan man behandler beinbrudd, hekseskudd, lungebetennelse, malaria og ...
Anna:	Det er beroligende å vite. Helt siden jeg kom til Norge, har jeg vært redd for å få malaria.

2. Trondheim og Nidarosdomen

Trondheim, som tidligere het Nidaros, ligger ved Nidelvas munning i Trondheimsfjorden. Byen ble grunnlagt i 997 og var den første hovedstaden i Norge. Oppføringen av Nidarosdomen – Nordens største byggverk fra middelalderen – begynte i første halvdel av 1100-tallet. Byggingen strakte seg over flere århundrer, og katedralen ble fullført i romansk-gotisk stil. Den er bygd over graven til martyrkongen Olav den hellige og var lenge et mål for pilgrimer fra hele Norden, ja fra hele Europa. Norges tre konger etter unionsoppløsningen (Haakon VII, Olav V og Harald V) har alle blitt kronet eller signet i Nidarosdomen. – I Trondheim ligger Norges teknisk-naturvitenskapelige universitet.

B. Vokabeln

behandle (-et)	behandeln
beinbrudd, et	Beinbruch
beroli*g*en*d*e	beruhigend
betrakte (-et)	betrachten
bli me*d* (ble-blitt)	mitkommen
blin*d*tarm-betennelse, en	Blinddarmentzündung
bygging, en/ei	Bauen
byggverk, et [æ]	Bauwerk
del, en	Teil
jeg for min del	ich meinerseits
eie (-de)	besitzen
eksamensresultat, et	Examensergebnis
elv, en/ei	Fluß
forlenge (-et)	verlängern
fullføre (-te)	vollenden
garasje, en	Garage
gotisk	gotisch
grav, en/ei	Grab
grei/greit	klar, in Ordnung
Det gikk greit.	Es ging glatt/in Ordnung.
hal*v*del, en	Hälfte
hekseskudd, et	Hexenschuss
hellig	heilig
hytte, en/ei	Hütte
hyttetur, en	Ausflug auf eine Hütte
å dra på hyttetur	auf die Hütte fahren
invitasjon, en	Einladung
katedral, en	Kathedrale
klær (Plur.)	Kleidung
konge, en [o]	König
krone (-et/-te)	krönen
lungebetennelse, en [u]	Lungenentzündung
låne (-te)	leihen, ausleihen
få låne	leihen (dürfen)
mage, en	Magen
malaria, en	Malaria
martyrkonge, en [o]	Märtyrerkönig
middelalder, en	Mittelalter
munning, en	Mündung
nettopp	gerade

Nidarosdomen [u-o]	der Nidarosdom
Nidelva	*Fluss in Trondheim*
operasjonspraksis, en [o-u]	Operationspraxis
oppføring, en/ei	Aufführung, Erbauung
overlege, en	Oberarzt/Oberärztin
pilgrim, en	Pilger/-in
plutselig	plötzlich
praksis, en	Praxis
praktisere (-te)	praktizieren
påske, en/ei	Ostern
redd	ängstlich
være redd for noe	vor etw. Angst haben
ringe (-te)	klingeln
romansk	romanisch
signe (-et)	segnen
sjanse, en [ʃaŋsə]	Chance
ski, en/ei (–)	Ski
gå på ski	Ski laufen, Ski fahren
skikkelig	richtig, ordentlich
sko, en (–)	Schuh
slalåmski, en/ei (–)	Slalomski
snøsikker	schneesicher
stil, en	Stil
strekke seg (strakte-strakt)	sich (er)strecken
syn*d*, en/ei	Sünde, schade
så synd!	wie schade!
bare synd at ...	nur schade, dass ...
tak, et	Griff
få tak i noe(n)	jdn./etw. erwischen, erreichen, bekommen
tall, et	Zahl
på 1100-tallet	im 12. Jahrhundert
teknisk-naturvitenskapelig	technisch-naturwissenschaftlich
telefonsamtale, en	Telefongespräch
terreng, et	Terrain, Gelände
Trøndelag	*Region in Mittelnorwegen*
turski, en/ei	Tourenski
ufarlig	ungefährlich
vaske (-et)	waschen
øyeblikk, et	Augenblick

C. Wörterkiste: Sport, idrett Sport

drive sport	Sport treiben	idrettsmann, en/ -kvinne, en/ei	Sportler/-in
gå på tur	wandern	idrettsanlegg, et	Sportanlage
gå på ski	Ski laufen	langrenn, et	Langlauf
		løype, en/ei	Loipe
kjøre/stå slalåm	Slalom fahren		
hoppe (på ski)	(Ski) springen	hoppbakke, en	Sprungschanze
gå på skøyter	Schlittschuh laufen		
drive friidrett	Leichtathletik machen		
spille fotball / sparke fotball	Fußball spielen	fotballkamp, en	Fußballspiel
jogge	joggen	jogging, en/ei	Joggen
svømme	schwimmen	svømming, en/ei	Schwimmen
sykle	Rad fahren	sykling, en/ei	Fahrradfahren
spille tennis	Tennis spielen	en tennismatch	Tennisspiel
delta i en konkurranse		an einem Wettbewerb teilnehmen	
vinne et mesterskap		eine Meisterschaft gewinnen	
slå en rekord		einen Rekord brechen	

D. Grammatik

Verb

Indirekte Rede

Wenn das Aussageverb im Präsens steht, wird die Zeitform des Verbs der direkten Rede in der indirekten Rede beibehalten:

Han sier: »Jeg elsker Anna.«	Han sier at han elsker Anna.	Er sagt, daß er Anna liebe.

Wenn das Aussageverb in einer Vergangenheitsform steht, tritt normalerweise eine Zeitverschiebung ein, die folgendermaßen aussieht:

Direkte Rede		Indirekte Rede
Präsens	→	Präteritum
Präteritum	→	Plusquamperfekt
Perfekt	→	Plusquamperfekt
Futur	→	Präteritum des Hilfverbs

»Jeg elsker Anna.«	Han sa at han elsket Anna.	Er sagte, dass er Anna liebe.
»Jeg elsket Anna.«	Han sa at han hadde elsket Anna.	Er sagte, dass er Anna geliebt habe.
»Jeg har elsket Anna.«	Han sa at han hadde elsket Anna.	Er sagte, dass er Anna geliebt habe.
»Jeg vil alltid elske Anna.«	Han sa at han alltid ville elske Anna.	Er sagte, dass er Anna immer lieben werde.

Få als Hilfsverb

1. *få* (+ Infinitiv) in der Bedeutung »müssen« (manchmal etwas »abgeschwächt«):

Han fikk vente lenge.	Er musste lange warten.
Jeg får skrive ferdig brevet idag.	Ich muss wohl heute den Brief fertig schreiben.

2. *få* (+Infinitiv) in der Bedeutung »dürfen« (= få lov til) oder »können«:

Pierre får ikke være med på hytta.	Pierre darf nicht mit auf die Hütte.
Får jeg låne boka?	Darf/Kann ich das Buch leihen?

3. Die Ausdrücke *få høre, få se, få vite* drücken meist etwas Ungeplantes oder Plötzliches aus:

Anna fikk høre at ungene var hos besteforeldrene.	Anna erfuhr, dass die Kinder bei den Großeltern waren.
Plutselig fikk hun se en svart katt på veien.	Plötzlich sah sie eine schwarze Katze auf dem Weg.
Har du fått vite eksamensresultatet?	Hast du das Examensergebnis erfahren?

4. *få* (+ Partizip Perfekt) in der Bedeutung »etwas fertig bringen, schaffen«:

Jeg får ikke lest boka til i morgen.	Ich schaffe es nicht, das Buch bis morgen zu lesen.

5. *få* (+ Partizip Perfekt) in der Bedeutung »bekommen«:

Matthias har fått forlenget arbeidstillatelsen sin.	Matthias hat seine Arbeitserlaubnis verlängert bekommen.

6. *få* wird auch mit *kunne* zusammen als Hilfsverb benutzt:

Kan jeg få snakke med Anna?	Kann ich mit Anna sprechen?
Du kan godt få låne denne boka.	Du kannst dieses Buch gern leihen.
Hun spurte om hun kunne få sitte her.	Sie fragte, ob sie hier sitzen könnte.

»Präsentationssätze« mit *det*

Im Norwegischen ist es normal, einen Präsentationssatz (Satz, der etwas Neues/noch nicht Erwähntes präsentiert) mit *det* anzufangen, wenn das eigentliche Subjekt in der unbestimmten Form steht. *Det* hat hier die Funktion eines vorläufigen Subjekts. Anders als im Deutschen wird *det* beibehalten, auch wenn der Satz mit einer adverbialen Bestimmung anfängt:

Det står en bil i garasjen.	Es steht ein Auto in der Garage. In der Garage steht ein Auto.
I går stod det en bil i garasjen.	Gestern stand ein Auto in der Garage.
Det ble funnet ei lommebok utenfor huset.	Eine Brieftasche wurde vor dem Haus gefunden.
Utenfor huset ble det funnet ei lommebok.	Vor dem Haus wurde eine Brieftasche gefunden.

Aber:

Bilen står i garasjen.	Das Auto steht in der Garage.
I går stod bilen i garagen.	Gestern stand das Auto in der Garage.
Susanne sitter i bilen.	Susanne sitzt im Auto.
I går satt Susanne i bilen.	Gestern saß Susanne im Auto.

»Satzspaltung«

Um ein Satzglied hervorzuheben, ist es üblich, das entsprechende Satzglied aus dem ursprünglichen Satz herauszunehmen und in einen neuen Satz mit *det* als Subjekt und einer finiten Form von *være* als Prädikat einzufügen. Der ursprüngliche Satz folgt als Nebensatz (*som*- oder *at*-Satz). Im Deutschen kommt diese Konstruktion seltener vor.

Det er jo det som er det fine med invitasjonen.	Das ist ja das Schöne an der Einladung.
Det er jo derfor (at) jeg ringer.	Deswegen rufe ich ja an.
Hvem var det som ringte?	Wer hat angerufen?
Hva var det du sa?	Was hast du gesagt?

E. Übungen

1. Sett teksten om til indirekte tale. Husk å forandre ordstilling og pronomen der det er nødvendig:

   Sverre fortalte:

a. Jeg kommer fra Tromsø og har bodd her hele mitt liv.

....

b. Foreldrene mine er også fra Nord-Norge.

....

c. Nå studerer jeg engelsk i Tromsø.

....

d. Jeg bor ennå hjemme hos foreldrene mine.

....

e. For noen dager siden ble jeg kjent med ei tysk jente.

....

f. Hun heter Susanne og skal studere norsk i Tromsø.

....

g. I går var vi sammen på fjellet.

....

h. Været ble veldig dårlig.

....

i. Det var kaldt og det regnet.

....

j. Susanne ville gå langt, og jeg ble ganske trøtt.

....

k. Susanne er nok veldig sportslig, for hun ble ikke trøtt i det hele tatt.

....

l. Jeg tror ikke at jeg vil gå på fjelltur med Susanne en annen gang.

....

2. Oversett til norsk. Bruk uttrykk med *få*:

a. Darfst du allein auf die Hütte fahren?

....

b. Ich habe es noch nicht geschafft, das Auto zu waschen.

....

c. Gestern habe ich erfahren, dass der Nidarosdom in Trondheim steht.

....

d. In den Osterferien muss ich wohl zu meinen Eltern fahren.

....

e. Wer hat Lungenentzündung bekommen?

....

f. Kann ich deine Schuhe leihen, Bjørg-Unni?

....

g. Plötzlich hörte ich, dass er Dialekt sprach.

....

h. Es ist wichtig für mich, ein Paar alte Skier zu ergattern.

....

3. Se på eksemplet og lag setninger med *det* der dette er mulig. Bruk preteritum av verbet:

Eks.: På bordet	*ligge*		*ei bok*
	På bordet lå det ei bok.		
a. I går	komme	....	en student til henne.
b. På museet	være	....	mange turister.
c. I dag	være	....	ingen studenter på kurset.
d. For en uke siden	komme	....	studentene tilbake.
e. Hvorfor	være	....	ikke noen her i dag?
f. Ute i hagen	ligge	....	en svart katt.
g. Over senga	henge	....	et pornografisk bilde.
h. I sofaen	sitte	....	Matthias.
i. Nede på gata	stå	....	en ung mann.

4. Hvordan kan man fremheve de setningsleddene som er understreket i teksten? (Wie kann man die Satzglieder hervorheben, die im Text unterstrichen sind?)

a. Jeg har ikke hengt det bildet over senga.

....

b. Naturen i Norge er mest fantastisk.

....

c. Han fikk influensa i går.

....

d. Derfor kunne han ikke være med på festen.

....

e. Først om fem dager kommer jeg tilbake til Oslo.

....

f. Julen er den beste tiden for familiefester.

....

g. Til jul skal vi samle hele familien hos oss.

....

h. Pierre har forelsket seg i Annette.

....

5. Hvem liker å gjøre hva?

-	liker ikke
+	liker ganske godt
++	liker bedre
+++	liker best

	gå på ski	gå på skøyter	svømme	spille tennis	sykle	sparke fotball
Kjetil	+	-	-	++	+	+++
Tove	+++	+	++	+	+	-
Halvard	-	-	+++	-	++	+
Nina	+	+++	+	-	+	++

Og du? Hva slags sport liker du?

6. Fyll ut med preposisjoner som passer:

Jeg er født i Tromsø .... 1969. Der bodde jeg .... 15 år. Jeg har bodd i Oslo .... 1984. Nå har jeg ikke vært i Tromsø .... 5 år, men .... fjor sommer var jeg i Nord-Norge, og .... sommeren skal jeg endelig reise til Tromsø igjen. Jeg liker å være i Nord-Norge .... sommeren. Da er det lyst .... natten. .... 3 år .... var jeg i Italia .... august. Jeg hadde ikke vært i Italia .... 1992 og hadde glemt hvor varmt det er der .... sommeren. .... neste år kommer foreldrene mine tilbake fra USA. Der har de vært .... 4 år. Jeg har ikke sett dem .... 2 år, altså ikke .... 1997. Da reiste jeg til USA .... jul og var der .... 4 uker. .... noen dager har jeg ferie. .... år tar jeg ferien .... april. Det er fint å ha ferie .... våren.

7. Kryssord

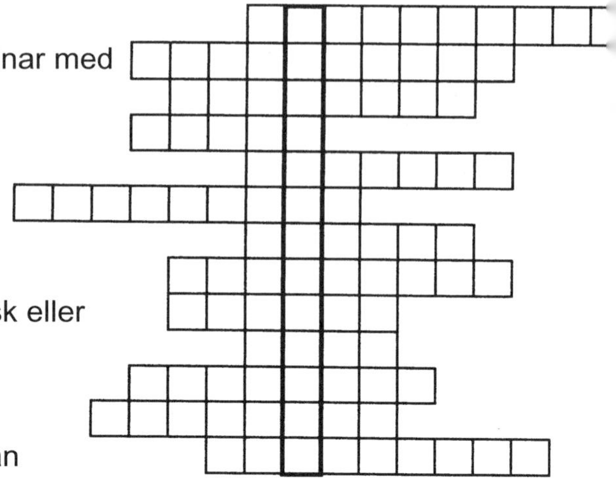

Belysningen i mørketida er
Langs kysten reiser Pierre og Steinar med
Til jul spiser noen nordmenn
På båten sover man i en
Nesten alle nordmenn snakker
På Hurtigruta fikk Steinar
Familien Nygård har to
Man har penger i
Normennene skriver enten nynorsk eller
Alle barn liker å
Firmafester før jul kalles
Dagen før i går heter
På jobben og på skolen spiser man

8. Snakk med sidemannen din:

Hva slags sport driver du? Hva slags sport drev du som barn?
Hva kan man gjøre om våren/sommeren/høsten/vinteren?

Elgtesten

Lag en liten historie. Prøv å bruke alle ordene som står nedenfor.

telefon – ski – lørdag – alle tiders – prøve – påske – bestemor – oppholdstillatelse – redd – håpe – fortelle – begynne – moro – mørk – absolutt – skikkelig – skrot – fem – egentlig – student – isbre – kanskje – intelligent

....

....

....

Lektion 20

A. Text

1. Biltur og krangel på Sørlandskysten

I begynnelsen av mars måtte Torleif, som var ansatt i Olje- og energidepartementet, til Stavanger. Vanligvis fløy han når han reiste i forbindelse med jobben, men fordi han og Bjørg-Unni hadde lovet å vise Anna Sørlandet, brukte de bilen denne gangen. Begge hadde tatt seg et par dager fri, og barna var hos besteforeldrene.

Torleif:	Du kjører som vanlig altfor fort, Bjørg-Unni. Hvis det er fartskontroll underveis, blir det dyrt for oss. Er du klar over at du kan miste førerkortet slik som du kjører nå?
Bjørg-Unni:	Tull og tøv. Politiet er sikkert ikke så tidlig på beina. Veien er bred og oversiktlig, og det er jo nesten ikke trafikk her i det hele tatt. Dessuten – hvorfor har vi egentlig en BMW hvis vi ikke vil utnytte den sterke motoren?
Torleif:	Du kan jo utfolde deg på de tyske motorveiene til sommeren. Der er denne farten i hvert fall lovlig – om ikke forsvarlig. Hvis det hadde vært jeg som hadde kjørt slik, hadde du blitt rasende.
Anna:	Der fremme er det en bensinstasjon. Hva synes dere om en kaffepause?
Torleif:	Gjerne for meg.
Anna:	Kanskje jeg finner en morsom liten suvenir i butikken – noe typisk sørlandsk.
Bjørg-Unni:	Hvis jeg var deg, ville jeg heller kjøpe noe siden – i Kristiansand eller Stavanger. Bensinstasjonene har høye priser og ikke noe særlig godt utvalg.
Torleif:	Tror du at vi finner en parkeringsplass i Kristiansand sentrum?
Bjørg-Unni:	Det må i hvert fall finnes parkeringshus der, men de er selvsagt ikke gratis. Jeg fyller bensin nå siden vi allikevel har en pause.
Torleif:	Men det er helt unødvendig. Bensintanken er jo nesten full.

Bjørg-Unni: Jeg er lei av å høre på kjeftingen din. Er det du eller jeg som kjører i dag?

Anna: Jeg går på toalettet.

Bjørg-Unni: Jeg vil vite om du nå endelig er ferdig med å kjefte?

Torleif: Vi kan jo gå inn i kafeteriaen og krangle videre – hvis du ikke heller vil bli sittende i bilen?

Bjørg-Unni: **Jeg** krangler ikke. Det er du som hele tiden er misfornøyd med hvordan jeg kjører. Hvis du hadde kjørt fra begynnelsen av, hadde du sikkert vært i strålende humør nå. Helt typisk at menn mobber kvinnelige sjåfører.

Torleif: Sukk! Bare vi var fremme! Hvordan kan du være så urettferdig? Jeg har ikke sagt annet enn at du kjører for fort og at bensintanken nesten er full, og begge deler er fakta. Hvorfor hisser du deg opp?

Bjørg-Unni: **Jeg** hisser meg ikke opp. Det var da virkelig du som begynte. Der kommer Anna tilbake. Skal vi kjøre videre?

Anna: Kanskje jeg skal overta kjøringen. Jeg vil fylle bensin nå, men jeg holder meg under fartsgrensen. Det er et kompromiss, ikke sant?

Bjørg-Unni: Nei, Anna. Du er jo med for å få et inntrykk av Sørlandskysten og ikke bare av trafikken på veien. Jeg overlater rattet til Torleif og lover å ikke kritisere ham med et ord før vi er fremme i Stavanger.

2. Sørlandet og Stavanger

Kysten langs Skagerrak er Norges sommerparadis med idylliske havnebyer, hvitmalte trehus, måkeskrik og seilbåter. Disse havnebyenes storhetstid var seilskutetiden, og mange steder finner man gamle patrisierhus og museer som vitner om tidligere tider. Kristiansand er Sørlandets »hovedstad«, og Mandal er Norges sørligste by. Stavanger, som ligger på Sørvestlandet, er også en gammel sjøfartsby. Tidligere hadde byen en blomstrende fiskeindustri. I dag er Stavanger kjent som »oljebyen«, sentrum for offshore-aktivitetene i Nordsjøen. Stavanger domkirke er en middelalderkatedral i romansk og gotisk stil med en del inventar fra barokken. Best kjent er den praktfulle prekestolen fra siste halvdel av 1600-tallet.

B. Vokabeln

allikevel	sowieso
ansette (-satte-satt)	anstellen, einstellen
barokk, en [o]	Barock
begynnelse, en	Anfang
fra begynnelsen av	von Anfang an
i begynnelsen av	anfangs, am Anfang von
bein, et (best.Pl.: beina)	Bein
på beina	auf den Beinen
bensin, en	Benzin
bensinstasjon, en	Tankstelle
bensintank, en	Benzintank
biltur, en	Autofahrt
blomstren*d*e [o]	blühend
energi, en [æ]	Energie
faktum, et (fakta)	Tatsache
fart, en/ei	Geschwindigkeit
fartskontroll, en [o]	Geschwindigkeits-kontrolle
fartsgrense, en/ei	zulässige Höchst-geschwindigkeit
ferdig [æ]	fertig
fiskeindustri, en	Fischindustrie
forbin*d*else,en	Verbindung
i forbindelse med	in Vebindung mit
forsvarlig	verantwortlich
fra - av	von - an
fremme	vorne
være fremme	angekommen sein
Bare vi var fremme!	Wenn wir bloß schon da wären!
fylle bensin (-te)	tanken
gratis	umsonst
havneby, en	Hafenstadt
hisse seg opp (-et)	sich aufregen
hvitmalt	weiß gestrichen

høre på noe(n) (-te)	sich etw. anhören/ jdm. zuhören
idyllisk	idyllisch
inntrykk, et	Eindruck
få et inntrykk av noe	einen Eindruck von etw. bekommen
inventar, et	Inventar
kaffepause, en	Kaffeepause
kjefte på noen (-et)	jn. beschimpfen
kjefting, en/ei	Schimpfen
kjøring, en/ei	Fahren
klar	klar
være klar over noe	sich über etw. im Klaren sein
kompromiss, et [o-u]	Kompromiss
krangel, en	(verbaler) Streit
kritisere (-te)	kritisieren
kvinnelig	weiblich
lei	
være lei av noe	etwas satt haben
love [o] (-de/-et)	versprechen
lovlig [o]	gesetzlich, legal
misfornøyd	unzufrieden
miste (-et)	verlieren
mobbe [o] (-et)	beschimpfen, ärgern, mobben
motor, en	Motor
motorvei, en	Autobahn
Nor*d*sjøen	die Nordsee
måkeskrik, et	Möwengeschrei
offshore-aktivitet, en [o-o]	Aktivitäten vor der Küste
olje, en/ei [o]	Öl
oljeby, en [o]	»Ölstadt«
Olje- og energi-departementet [-maŋə]	das Öl- und Energieministerium

om ikke	wenn auch nicht	strålen*de*	strahlend
overlate noe til noen (-lot-latt)	jdm. etw. überlassen	sukke [u] (-et)	seufzen
		særlig	besonders
oversiktlig	übersichtlich	Sørlan*det*	*der südlichste Teil Norwegens*
parkeringshus, et [parˈkeːriŋs-]	Parkhaus	sørlan*d*sk	zu »Sørlandet« gehörend
parkeringsplass, en	Parkplatz		
patrisierhus, et	Patrizierhaus	Sørlan*d*skysten	Norwegens Südküste
politi, et	Polizei	sørlig	südlich
prekestol, en	Kanzel	Sørvestlan*det*	Südwestnorwegen
rasen*de*	wütend	tatt	genommen
ratt, et	Steuer(rad)	i det hele tatt	überhaupt
seilbåt, en	Segelschiff	toalett, et	Toilette
seilskutetid, en/ei	Segelschiffzeit	trapp, en/ei	Treppe
siden	später	urettferdig [e-æ]	ungerecht
siden	weil	utfol*d*e seg [o] (-et)	sich entfalten
sommerparadis, et [o]	Sommerparadies	utvalg, et	Auswahl
		videre	weiter
storhetstid, en/ei	Blütezeit, Glanzzeit	vitne om noe (-et)	von etw. zeugen

C. Wörterkiste: Bil og trafikk Auto und Verkehr

parkere	parken	trafikk, en	Verkehr
kjøre for fort	zu schnell fahren	trafikkregel, en	Verkehrsregel
rygge	rückwärts fahren	parkeringsplass, en	Parkplatz
fylle bensin	tanken	parkeringshus, et	Parkhaus
Kjør sakte!	Langsam fahren!	parkeringsavgift, en	Parkgebühr
Forbikjøring forbudt!	Überholen verboten!	parkometer, et	Parkuhr
Husk kjørelys!	Licht an!	parkeringsforbud, et	Parkverbot
Full tank, takk!	Volltanken, bitte!	bompenger	Maut
selvbetjent, selvbetjening	Selbstbedienung	omkjøring, en/ei	Umleitung

(bil)verksted, et	(Auto)werkstatt
førerkort, et	Führerschein
fartskontroll, en	Geschwindigkeitskontrolle
fartsgrense, en/ei	zulässige Höchstgeschwindigkeit
Hvor er næmeste bensinstasjon?	Wo ist die nächste Tankstelle?

D. Grammatik

Irreale/hypothetische Aussagen

Um einen irrealen oder hypothetischen Sachverhalt in der Gegenwart auszudrücken, benutzt man Präteritum **oder** Plusquamperfekt des Verbs, oft auch *ville* + Infinitiv im Folgesatz. Für Aussagen in der Vergangenheit kann man nur das Plusquamperfekt (und ggf. *ville* + ha + Part. Perf.) verwenden. Sätze im Plusquamperfekt sind also zweideutig. (Im Deutschen benutzt man den Konjunktiv oder einen *würde*-Satz, um einen irrealen Sachverhalt auszudrücken.)

Hvis jeg hadde penger, kjøpte jeg en BMW. Hvis jeg hadde penger, ville jeg kjøpe en BMW.	Wenn ich Geld hätte, würde ich einen BMW kaufen.
Hvis jeg hadde hatt penger, hadde jeg kjøpt en BMW. Hvis jeg hadde hatt penger, ville jeg (ha) kjøpt en BMW.	1. Wenn ich Geld hätte, hätte ich einen BMW gekauft. Oder: 2. Wenn ich Geld gehabt hätte, hätte ich einen BMW gekauft.

Präposition

Präposition + Nebensatz/Infinitiv

Jede Präposition kann unmittelbar mit einem Infinitiv oder einem Nebensatz verbunden sein:

Torleif er endelig ferdig med å kjefte.	Torleif hat endlich aufgehört zu schimpfen.
Er du klar over at du kan miste førerkortet?	Bist du dir darüber im Klaren, dass du den Führerschein verlieren kannst?

Verb

Das **Partizip Präsens** ist unflektierbar. Es kann die Funktion eines Adjektivs haben:

et spennende drama	ein spannendes Drama
den blomstrende industrien	die blühende Industrie

Es wird auch benutzt in Fügungen wie: *bli sittende, bli liggende, bli stående, komme gående:*

Hun ble sittende i bilen.	Sie blieb im Auto sitzen.
Jeg ble liggende hele dagen.	Ich blieb den ganzen Tag liegen.
Han kom løpende opp trappa.	Er kam die Treppe heraufgelaufen.

Substantiv

Verbalsubstantiv

Ein substantivierter Infinitiv im Deutschen entspricht im Norwegischen oft einem Substantiv auf *-ing (kjøring, feiring, bygging ...).* Allerdings wird im Norwegischen oft ein Verb benutzt, wo man im Deutschen eine Substantivierung vorzieht.

Bilkjøring er anstrengende. Det er anstrengende å kjøre bil.	Autofahren ist anstrengend.
Hun er lei av å kjøre bil.	Sie hat das Autofahren satt.

Zusammengesetzte Substantive

Wie im Deutschen gibt es im Norwegischen Zusammensetzungen mit und ohne Bindelaut:

Direkte Zusammensetzung:	*husdyr, stavkirke, bensinstasjon, motorvei ...*
Mit -s als Bindekonsonant:	*fartskontroll, parkeringsplass, oppholdstillatelse, landskapsbilde ...*
Mit -e als Bindevokal:	*havneby, barnehage, julebord, folkehøyskole ...*

E. Übungen

1. Gjør setningene om til irreale/hypotetiske setninger:

   Eksempel:
   Hvis du hjelper ham, får du fem hundre kroner.
   Hvis du hjalp ham, ville du få 500 kr.

a. Hvis han er syk, vil jeg besøke ham.

....

b. Hvis du er snill, hjelper du meg.

....

c. Hvis jeg kjøper huset, kan du bo der.

....

d. Hvis du har gjettet riktig, har du vunnet mange penger.

....

e. Hvis hun har vært i Norge, har hun også lært norsk.

....

Eksempel:
Jeg vil gjerne ha en katt. *Bare jeg hadde en katt!*

f. Jeg vil gjerne ha en BMW. ....
g. Jeg vil at været blir fint. ....
h. Jeg vil gjerne ha ei snill kone. ....
i. Jeg vil klare eksamen. ....
j. Jeg vil at han skal komme. ....
k. Jeg vil kunne snakke norsk. ....

2. Sett inn riktig preposisjon/partikkel:

a. Jeg har ikke noe .... at du reiser med oss til Lillehammer.
b. Har du også lyst .... å besøke foreldrene dine?
c. Vi snakket .... at vi ville gå på kino en dag.
d. Man venner seg .... at snøen blir liggende til i mai.
e. Jeg foretrekker å reise med Hurtigruta .... å ta fly.
f. Han er lei .... å spise poteter hver dag.
g. Hva synes du .... å feire julen i Norge?
h. Hvem kan hjelpe meg .... å oversette denne novellen?
i. Jeg er veldig fornøyd .... at det gikk som det gikk.
j. Foreldrene bør sørge .... at barna får leke .... andre barn.

3. Oversett til norsk:

a. Jetzt sind sie endlich fertig mit dem Streiten.

....

b. Ich konnte nicht lange auf dem Stuhl sitzen bleiben.

....

c. Man kann sich daran gewöhnen, nachts zu arbeiten.

....

d. Sie denkt oft daran, nach Norwegen umzuziehen.

....

e. Alle Menschen haben ein Recht darauf, ins Ausland zu reisen.

....

f. Was sagst du dazu, den Urlaub schon jetzt zu planen?

....

g. Ich bin noch nicht damit fertig, dieses Märchen zu lesen.

....

h. Er wartet nur darauf, dass sie sich entschuldigt.

....

i. Ich habe keine Lust, dir beim Einrichten der Wohnung zu helfen.

....

4. Du krangler med noen. Det blir en ganske lang krangel. Ta utgangspunkt i følgende minidialoger og bruk fantasien:

a. Det er kaldt. Vil du ikke gå inn?	Nei, jeg synes det er fint ute nå.
b. Det er sent. Vi må gå nå.	Men jeg er ikke ferdig ennå.
c. Du vil alltid bare gå i museer.	Og du har ingen kulturelle interesser.
d. Det er alltid det samme. Du er for sen igjen.	Men jeg kan forklare ...
e. Du vil alltid kjøre selv.	Men du vet at vi har dårlig tid nå.
f. Hver gang vi er på fest drikker du for mye.	Får jeg aldri lov til å ha det litt moro?
g. Må vi gå på ski denne søndagen også?	Du vil altså sitte og se på TV hele dagen?

5. Lag sammensatte substantiv med et ord fra hver gruppe. Føy til *-e* eller *-s,* der det er nødvendig. Bestem ordets kjønn:

post	smørbrød
ære	høyskole
salong	deltaker
skinke	hjem
jul	seng
mor	kontor
vandrer	far
kurs	aften
folk	tre
dobbel	bord
arbeid	museum
barn	endelse
bøyning	tillatelse
friluft	bolig
parkering	kontroll
fart	forbud
jul	barn

6. Snakk med sidemannen din:

Hva ville du gjøre hvis du vant en million?
Fortell om en gang du var på ferie med bilen.

Rollespill: Du har kjørt for fort og blir stoppet av politiet. Du har ikke lyst til å betale.

Elgtesten

I morges, i morgen eller *om morgenen*?

I dag er det tirsdag og jeg har mye å gjøre. Derfor stod jeg opp kl. 6 .... Jeg står ikke alltid tidlig opp .... I går for eksempel hadde jeg ikke mye å gjøre, og .... hadde jeg god tid til å lese avisen. .... leser jeg alltid avisen, men jeg har ikke alltid god tid. Nå i juni er det jo fint og lyst ...., men .... regnet det og var grått og trist. .... skal jeg ha fri. Da kan jeg sove lenge .... Hva gjorde du..................................? Og hva skal du gjøre ....?

Lektion 21

A. Text

1. Hyttetur og påskekos – eller omvendt

På hytta i Trøndelag blåste og snødde det de første dagene.

Matthias: Nå snør det igjen, og vinden er minst like sterk som i går. Har noen av dere hørt værmeldingen for i morgen?

Sverre: Ja, det skal faktisk bli oppholdsvær, og vinden skal avta.

Anna: Mulighet for enkelte snøbyger, sa de.

Sverre: Ja, men bare i natt. Og langtidsvarslet er veldig bra, det skal bli sol på mandag.

Susanne: Hva skal vi gjøre så lenge stormen uler?

Sverre: Hva vi skal gjøre? Vi skal kose oss selvfølgelig – med fårikål og rødvin og varme på peisen.

Susanne: Norsk peiskos altså.

Matthias: Eller hyttekos eller hjemmekos eller påskekos. Hyttekos på påsketur, påskekos på hyttetur ... Men jeg kan faktisk tenke meg å gjøre andre ting også ...

Anna: Ja, Matthias har jo med gitaren. Du har sikkert lyst til å synge for oss, ikke sant?

Matthias: Jeg spiller gitar, og alle synger. Jeg tok faktisk med noen tekster. Jeg tenkte at man kan jo aldri vite ... Men en liten tur i frisk luft er sikkert bra for sangstemmen – tross stormen.

Anna: Akkurat så kaldt som i dag var det på Holmenkolldagen i vinter. Jeg dro med Bjørg-Unni og Torleif opp i Kollen og holdt på å fryse i hjel. Hendene, føttene og knærne mine var helt følelsesløse. Jeg var overbevist om at jeg ville måtte amputere flere tær. Bare flaks at det gikk bra. Og du mener at vi skal gå på ski i denne kulden – enda til i snøstorm!!

Matthias: Jeg trenger i hvert fall frisk luft. Vi kan jo gå til fots på landeveien, og de stuegrisene som ikke vil være med, koser seg inne med Monopol eller noe sånt.

Anna: Jeg vil gjerne lese videre i påskekrimmen min. Karin Fossum skriver virkelig spennende.

Sverre: Jeg er glad for at vi ikke dro til fjells. På grunn av det dårlige været i høyfjellet har redningsmannskapene hendene fulle – selv om folk er blitt advart mot å dra ut.

Susanne: Det er vel særlig utlendingene som er så ufornuftige?

Sverre: Jeg vet ikke. Påskefjellet er veldig populært for nordmenn også. Der får man lettest den attraktive brunfargen – i hvert fall hvis sola viser seg.

Susanne: Jeg blir med deg ut, Matthias. Og etterpå synger vi.

Neste morgen:

Susanne: Opp med dere! Man kan ikke stole på meteorologene. Sola skinner og skiføret er sikkert supert. Morgenstund har gull i munn!

Sverre: (grynter) Morgenstund er tull i grunnen. Jeg står bare opp hvis det er silkeføre og ei ferdig preparert løype.

Susanne: Lathans! Etter at jeg ble kjent med deg, har jeg forstått at det bare er et rykte at norske menn er sportslige. Gni søvnen ut av øynene og pell deg opp! Man kan ikke ligge og sove i dette været.

Matthias: Fins det noen nordmenn som er klar over at påsken er en religiøs fest?

Sverre: Ikke som jeg vet. Jo forresten, det fins nok noen som er hjemme og går i kirken. Alle vi andre går i kirken på julaften. Dessuten blir vi døpt og konfirmert der, og noen gifter seg til og med i kirken.

Anna: Et folk av hedninger altså.

Matthias: Og det sier du som ikke kan utstå å gå i kirker.

2. Kos, krim og norsk litteratur

Ordet »kos« er vanskelig å oversette. Det tyske »Gemütlichkeit« er ikke helt det samme. Nordmennene elsker å ha det koselig eller å kose seg. De koser seg hjemme, på hytta, foran peisen, med gode venner, med ei god bok, med god mat og et glass rødvin ...
Til den norske påskeferien, som ofte tilbringes på hytta, hører tradisjonelt en kriminalroman, som altså har fått navnet »påskekrimmen«.
Nordmennene er et lesende folk. Statistikken sier at de – sammen med islendingene – er det folket som leser mest i verden. Og nordmennene ikke bare leser, de skriver også. For tiden oversettes mer skjønnlitteratur fra norsk til tysk enn omvendt. Navn som Erik Fosnes Hansen, Herbjørg Wassmo og ikke minst Jostein Gaarder er kjent i Tyskland. I de senere

årene har særlig kvinnelige norske kriminalforfattere gjort seg gjeldende både på det norske og det utenlandske bokmarkedet. Også noveller og lyrikk har en sterk stilling i Norge.

B. Vokabeln

advare mot noe (-te)	vor etw. warnen
amputere (-te)	amputieren
attraktiv [´at-]	attraktiv
avta (-tok-tatt)	abnehmen
bokmarked, et	Büchermarkt
bunn, en	Boden
døpe (-te)	taufen
enda til	noch dazu
enkelt	einzeln
fjell, et	Berg
til fjells	ins Gebirge
fot, en (føtter)	Fuß
til fots	zu Fuß
fryse (frøs-frosset)	frieren
fryse i hjel	sich zu Tode frieren
følelsesløs	gefühllos
fårikål, en	Lamm in Kohl (Gericht)
gifte seg (-et)	heiraten
gitar, en [gi-]	Gitarre
gjelden*d*e	geltend
gjøre seg gjeldende	sich geltend machen
gla*d*	froh
være glad for noe	über etw. froh sein
gni (gne*d*/ gnidde-gnidd)	reiben
grunn, en	Grund
i grunnen	im Grunde
på grunn av/pga.	wegen
grynte (-et)	grunzen
gull, et	Gold
hedning, en	Heide
hjemmekos, en	»kos« zu Hause
hol*d*e på å ... (holdt-holdt) [o]	nahe daran sein ...
Holmenkolldagen [o]	der Holmenkolltag: *2. Sonntag im März*
høyfjelle*t*	das Hochgebirge
hyttekos, en	»kos« auf der Hütte
hån*d*, en/ei (hen*d*er)	Hand
ha hen*d*ene fulle	alle Hände voll zu tun haben
islen*d*ing, en	Isländer/-in
kasserolle, en [o]	Kochtopf, Kasserolle
kne, et (knær)	Knie
konfirmere (-te) [o]	konfirmieren
kos, en	Gemütlichkeit
kose seg (-te)	es sich gemütlich machen
krim, en	Kriminalroman/-film
kriminalroman, en	Kriminalroman
kulde, en/ei	Kälte
lan*d*evei, en	Landstraße
langtidsvarsel, et	Langzeitwetterbericht
lathans, en	Faulpelz
luft, en/ei	Luft
lyrikk, en [-´rik]	Lyrik
løype, en/ei	Loipe
meteorolog, en [u-u-o]	Meteorologe/-in
Monopol	Monopoly (ein Spiel)
mor*g*enstun*d*, en/ei [o]	Morgenstunde
muli*g*het, en/ei	Möglichkeit
munn, en	Mund
nok [o]	vermutlich
novelle, en/ei	Kurzgeschichte
omvendt	umgekehrt
opphol*d*svær, et [o]	niederschlagsfreies Wetter
oppskrift, en/ei	Kochrezept
overbevise noen om noe (-te)	jdn. von etw. überzeugen
oversette (-satte-satt)	übersetzen
påskekos, en	»kos« zu Ostern
peis, en	offener Kamin
peiskos, en	»kos« am offenen Kamin
pelle seg opp (-et) (Umgangsspr.)	aufstehen, aus den Federn kommen
pepper, en	Pfeffer

preparere (-te)	präparieren
redningsmannskap, et	Rettungsmannschaft
religiøs	religiös
rykte, et	Gerücht
rø*d*vin,en	Rotwein
salt, et	Salz
silkeføre, et	»Seidenschnee«
skiføre, et	Schneeverhältnisse fürs Skilaufen
skjønnlitteratur, en	Belletristik
slå på (slo-slått)	aufgießen
smør, et	Butter
snøbyge, en/ei	Schneeschauer
statistikk, en [-´tik]	Statistik
stemme, en	Stimme
stole på noe(n) (-te)	sich auf etw./jdn. verlassen
stuegris, en	Stubenhocker/-in
søvn, en	Schlaf
sånn/sånt	so, solch
noe sånt	so etwas
tid, en/ei	Zeit
for tiden	zurzeit
til og med	sogar
tå, en/ei (tær)	Zeh
ufornuftig [o]	unvernünftig
ule (-te)	heulen
utenlan*d*sk	ausländisch
utstå (-stod-stått)	ausstehen
vin*d*, en	Wind
vite (visste-visst)	wissen
ikke som jeg vet	nicht, dass ich wüsste
værmel*d*ing, en/ei	Wetterbericht
øye, et (øyne)	Auge

C. Wörterkiste: Skiftende skydekke Wechselnd bewölkt

Sola skinner.	Die Sonne scheint.	solskinn, et	Sonnenschein
		nedbør, en	Niederschlag
Det snør.	Es schneit.	snø, en	Schnee
Det regner.	Es regnet.	regn, et	Regen
Det lyner og tordner.	Es blitzt und donnert.	torden, en	Donner
værvarsel, et	Wetterbericht	lyn, et	Blitz
		vind, en	Wind

Det blåser.	Es ist windig.
Det blir fint vær/dårlig vær.	Das Wetter wird schön/schlecht.
Det blir tordenvær.	Es gibt Gewitter.
Det blir lettere vær.	Das Wetter wird etwas besser/Aufheiterung.
Det blir oppholdsvær.	Es wird niederschlagsfrei.
Det blir sludd.	Es gibt Schneeregen.
Temperaturen stiger/synker.	Die Temperatur steigt/sinkt.
Det blir varmere/kaldere.	Es wird wärmer/kälter.
overskyet	bewölkt
lettskyet	leicht bewölkt
skiftende skydekke i indre strøk	wechselnd bewölkt im Landesinneren
tett tåke	dichter Nebel
enkelte regnbyger i kyststrøkene	einzelne Regenschauer in den Küstengebieten
utrygt for regn østafjells	in Südostnorwegen unbeständig
storm i fjellstrøkene	Sturm im Gebirge

Oppskrift på fårikål:

1 1/4 kg fårekjøtt
1 1/4 kg kål
3 ts salt
2 ts hel pepper
3 ss mel
ca. 4 dl vann
Smør

Skjær kjøttet og kålen i stykker. Legg litt smør i bunnen av kasserollen.
Kjøtt og kål legges lagvis med mel, salt og pepper. Slå på vann, kok opp. Skal koke ca. 1 1/2 time ved svak varme.

D. Grammatik

Verb

Zusammengesetzte Verben

Es gibt untrennbare Zusammensetzungen (z.B. *undervise, ombestemme seg, oversette* ...) und trennbare (z. B. *se etter, skrive opp, finne sted* ...). Die trennbaren norwegischen Verben sind in allen Tempusformen getrennt:

Hun står opp.	Sie steht auf.
Hun har stått opp.	Sie ist aufgestanden.
Han sa at hun stod opp kl. 6.	Er sagte, dass sie um 6 Uhr aufgestanden ist.

Partizip Perfekt als Adjektiv

Das Partizip Perfekt als Attribut wird wie ein Adjektiv flektiert. In prädikativer Stellung sind die Partizipien meist unflektiert:

Den kjente forfatteren leste i Freiburg.	Der/Die bekannte Schriftsteller/in las in Freiburg.
Mange norske forfattere er kjent i Tyskland.	Viele norwegische Schriftsteller sind in Deutschland bekannt.

Ligge, stå, sitte + Verb

Diese Konstruktion ist im Norwegischen sehr üblich, im Deutschen dagegen eher selten.

Han satt og leste hele kvelden	Er (saß und) las den ganzen Abend.
Hun ligger og sover.	Sie (liegt und) schläft.
Vi stod og så på landskapet.	Wir (standen und) betrachteten die Landschaft.

Substantiv

Til + Genitiv

Es gibt einige feste Ausdrücke, in denen *til* den Genitiv regiert. Einige Beispiele:

(dra) til fjells	ins Gebirge (ziehen)
(gå) til fots	zu Fuß (gehen)
(gå) til sengs	zu Bett (gehen)
(gå) til køys	zu Bett (gehen)
(være) til salgs	zum Verkauf (sein)
(stige) til værs	in die Luft (steigen)
(gå) til sjøs	zur See fahren

Unregelmäßige Substantive

1. Substantive auf *-el, -er*

-el					
Mask.	en sykkel	sykkelen	sykler	syklene	Fahrrad
Neutr.	et eksempel	eksempelet/ eksemplet	eksempler/ eksempel	eksemplene	Beispiel

-er					
Mask.					
Personenbezeichn.:	en lærer	læreren	lærere	lærerne	Lehrer
Andere:	en sommer	sommeren	somrer	somrene	Sommer
Neutr.	et teater	teateret/ teatret	teater/ teatre	teatrene	Theater

Die Feminina auf *-el, -er,* werden in der bestimmten Form Sing. wenn sie die Endung *-a* haben, meistens zusammengezogen: *ei seter* (Alm) – *setra – setrer - setrene*, aber: *dattera, søstera.*

2. Vokalveränderungen im Plural

a/å - e	en far	fedre	fedrene	Vater
	en mann	menn	mennene	Mann
	en/ei natt	netter	nettene	Nacht
	en/ei hand/hånd	hender	hendene	Hand
	en/ei strand	strender	strendene	Strand
	en/ei tann	tenner	tennene	Zahn
a - ø	en/ei datter	døtre	døtrene	Tochter
e - æ	et tre	trær	trærne	Baum
	et kne	knær	knærne	Knie
	et håndkle	håndklær	håndklærne	Handtuch
å - æ	en/ei tå	tær	tærne	Zeh
o- ø	en/ei bok	bøker	bøkene	Buch
	en bonde	bønder	bøndene	Bauer
	en bror	brødre	brødrene	Bruder
	en fot	føtter	føttene	Fuß
	en/ei mor	mødre	mødrene	Mutter
	en/ei rot	røtter	røttene	Wurzel
u - y	en/ei ku	kyr (kuer)	kyrne (kuene)	Kuh

3. Maskulina und Feminina ohne Endung in der unbestimmten Form Plural:

Maskulinum: *feil* »Fehler«, *sko* »Schuh«, *kjeks* »Keks«, *tvil* »Zweifel«, *liter* »Liter«, *takk* »Dank«, *meter* »Meter«, *ting* »Ding«, *øre* »Öre«

Femininum: *mus* »Maus«, *mil* »norwegische Meile«, *lus* »Laus«, *ski* »Ski«

4. Mehrsilbige Neutra ohne Endung in der unbestimmten Form Plural:

Zusammengesetzte Neutra, deren letztes Glied ein einsilbiges Neutrum ist, haben grundsätzlich keine Endung in der unbest. Form Plur., z. B. *soverom* »Schlafzimmer«, *spisebord* »Esstisch«, *øyeblikk* »Augenblick«, *spørsmål* »Frage« ...

Einige mehrsilbige Neutra haben wahlweise *-er*/keine Endung: *ansikt/ansikter* »Gesicht«, *apparat/apparater* »Apparat«, *kontor/kontorer* »Büro« ...

5. Einsilbiges Neutrum mit *-er* in der unbest. Form Plural: *et sted - steder* »Ort«.

6. *et øye - øyet - øyne - øynene* »Auge«.

E. Übungen

1. Lag setninger med følgende verb i perfektum:

a. føre til ....
b. slappe av ....
c. se ut ....
d. kvikke seg opp ....
e. få lov til ....
f. bli kjent med ....
g. holde på med ....
h. ha noe imot ....
i. skrive opp ....

2. Gjør om til plural:	ubest. plural	best. plural
a. en sulten forfatter	....	....
b. en liten bror	....	....
c. en flott sykkel	....	....

d. et blått øye ....
e. en kald vinter ....
f. et nytt parkeringshus ....
g. en lang fot ....
h. en flink datter ....
i. et viktig mål ....
j. en populær verdensmester ....
k. en gammel nøkkel ....
l. ei lita mus ....
m. ei vond tå ....

3. Gjør om til ubestemt entall:

a. små hender ....
b. viktige kunstverk ....
c. vanskelige ord ....
d. korte ski ....
e. tyske kunstnere ....
f. vakre bilder ....
g. snille barn ....
h. svarte trær ....
i. varme somrer ....
j. høye sokler ....
k. grå sko ....
l. spennende bøker ....

4. Fyll ut med riktig konjunksjon/preposisjonsuttrykk i teksten nedenfor: *i nærheten av, i stedet for, for at, på grunn av, i løpet av, til tross for at, for - siden, for - skyld, slik som*:

a. Du trenger ikke å gjøre det .... min ....

b. .... all snøen fikk vi ikke gjort noe hagearbeid i vår.

c. Vi må få hagen i orden .... sommeren.

d. Hva vil du ha .... fisk?

e. Vi gikk en lang skitur i går .... det snødde og blåste.

f. Anna bor .... Matthias.

g. Været var .... det alltid er i Norge om vinteren.

h. Legene gjorde alt .... hun skulle bli frisk.

i. .... 3 år .... var jeg i Østerrike.

5. Her gjemmer det seg mange norske ord. Hvilke?

mbratttrjaveioljerekebosrfsærligfirebvitnepåssflyårduwubraåpvfar tsnøbygemeievblikom

6. Se på dette værkartet. Hvordan blir været i de forskjellige delene av landet?

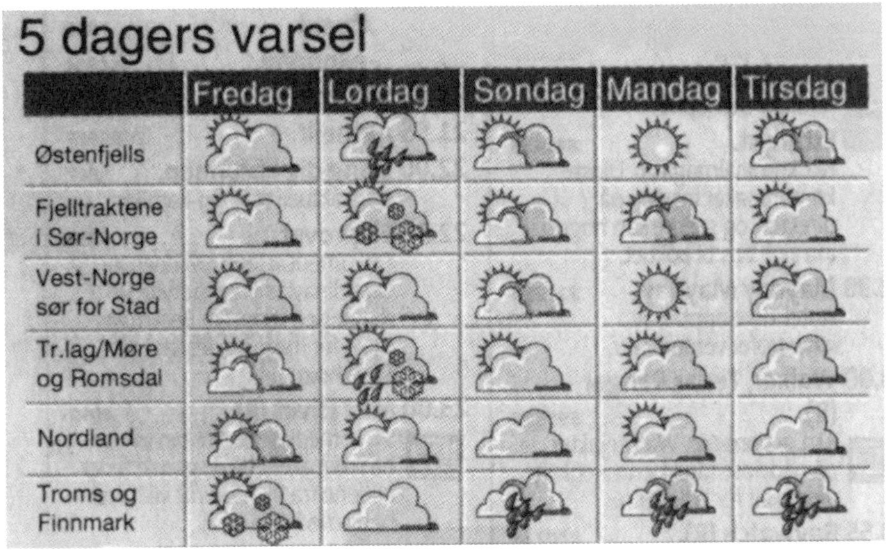

7. Snakk med sidemannen din:

   Er været viktig for deg?
   Hva slags vær liker du?

   Rollespill: Dere planlegger en hyttetur i Norge. Når? Hvor? Hva må dere ha med?

Elgtesten

Lag dialoger:

a. Du har flyttet inn i en ny leilighet. Nå skal du hilse på naboen din. Du ringer på.
b. Du har sett en annonse i avisen. En dame leier ut ei hytte i påskeferien. Du er interessert og ringer.
c. Du har et sykt barn og ringer til legen.
d. Du har fått innbydelse til å feire julen hos en venn. Du har ikke lyst og ringer.

Lektion 22

A. Text

1. Hurra for 17. mai!

16. mai om kvelden

Anna: Du gleder deg visst veldig til å gå i tog i morgen, Kirsti?
Kirsti: Ja, i år skal jo skolen vår gå fremst i toget, og jeg har fått ny bunad. Og så skal jeg spise masse is og besøke bestemor og bestefar. På skolen skal vi også ha mange leker etter toget. I fjor lekte og sang vi i to timer etterpå.
Anna: Kan du alle sangene som du skal synge?
Kirsti: Ja, jeg har lært utenat »Ja vi elsker« og »Kongesangen« og »Norge i rødt, hvitt og blått«.
Torleif: Anna, du har fått besøk.
Anna: Jeg? Nå?
Torleif: Ja, kom og se selv.
Anna: Matthias!! Hvor kommer du fra?
Matthias: Prøv og gjett! Fra Bergen selvsagt. Jeg har tatt fri et par dager.
Anna: Det var sannelig overraskende – og kjempehyggelig! Jeg må ringe til Annette og si at du er her.
Matthias: Det trenger du ikke. Jeg ringte nemlig til henne i går og sa at jeg kom.
Bjørg-Unni: Hvilke planer har dere for i morgen?
Anna: Jeg – vi skal se på barnetoget sammen med Annette og Pierre og noen av deres utenlandske venner, og om kvelden er vi bedt hjem til Annette.

17. mai øverst i Slottsbakken

Annette: Der kommer toget!
Pierre: Det var på tide. Denne ventingen gjør en innmari sliten.
Annette: Er du ikke glad for at vi fikk denne plassen helt fremst ved Slottet. Hvis vi hadde kommet senere, hadde vi nå stått bakerst og ikke sett noe.
Matthias: Hvor lenge må den stakkars kongefamilien stå der og vinke?

Pierre: Og hvor lenge skal vi bli stående her?

Annette: Neste gang tar vi med en campingstol til deg, Pierre. – Barnetoget tar omtrent 3 timer, og så lenge må de kongelige stå der. Men de gjør det nok med glede. Dere ser hvor begeistret ungene er. Dette er årets høydepunkt for barna og kanskje også for kongefamilien.

Anna: Hva er det egentlig dere feirer?

Annette: Grunnloven fra 17. mai 1814, men også frigjøringen fra tyskerne i 1945. Og så våren da. 17. mai er en vårfest. Vi synger jo ikke bare nasjonalsanger, men også vårsanger. Mange gode grunner til å feire altså.

Wolfgang: Men så mange flagg! Er det ikke litt for nasjonalistisk?

Annette: Hva mener du? Er det noe galt med flagg?

Wolfgang: Vel, jeg vet ikke. Noe sånt ville være utenkelig i Tyskland. Hvem er det forresten som står i midten?

Matthias: Det er dronningen. – Feiringen av den norske nasjonaldagen er helt spesiell, og nordmennene er kanskje helt spesielt patriotiske, men det er i hvert fall fint at det ikke er militærparader.

Annette: 17. mai er først og fremst barnas dag. De gleder seg lang tid i forveien. Mange av dem er med i musikkorps og har øvd hele vinteren for å kunne spille denne dagen. Der kommer russen!

Wolfgang: Russen?

Pierre: De rødkledte der som bråker så forferdelig. Det er avgangsklassene fra den videregående skolen.

Annette: 17. mai er også høydepunktet for russefeiringen. Den starter midt på natta med vekking av lærerne, og så går det slag i slag. Det er en kjempefin dag, men man er dødssliten etterpå.

2. Kongen og kongefamilien

Kongen og kongefamilien nyter stor popularitet, og et solid flertall av befolkningen ønsker å beholde monarkiet. Etter at unionen med Danmark ble oppløst i 1814, fikk Norge en egen grunnlov, men gikk inn i en såkalt personalunion med Sverige, dvs. at de to landene hadde en felles konge. Norge fikk sin første konge i nyere tid (Haakon VII) etter oppløsningen av unionen med Sverige i 1905.
Under siste krig spilte kongefamilien en avgjørende rolle som nasjonalt symbol og de fleste synes i dag at de kongelige gjør en god jobb som ambassadører for landet. Avstanden mellom folket og de kongelige er ikke så stor som i mange andre land.

B. Vokabeln

ambassadør, en	Botschafter/-in
avgangsklasse, en/ei	Abschlussklasse
avgjøren*de*	entscheidend
avstan*d*, en	Abstand, Entfernung
bakerst	am weitesten hinten
barnetog, et [o]	Kinderumzug
be (ba*d*-bedt)	einladen
befolkning, en [o]	Bevölkerung
behol*d*e [o] (-holdt-holdt)	behalten
besøk, et	Besuch
bråke (-te)	Krach machen
bunad, en	norw. Nationaltracht
campingstol, en [kæ-]	Campingstuhl
dronning, en/ei [o]	Königin
dvs. = de*t* vil si	d.h., das heißt
døds- (Jugendsprache)	(verstärk. Vorsilbe)
dødssliten	ungeheuer erschöpft, todmüde
en	eine(r)
felles	gemeinsam
flagg, et	Fahne
flertall, et	Mehrheit, Mehrzahl
fremst	zuvorderst, ganz vorne
frigjøring, en/ei	Befreiung
galt	falsch, vekehrt
Er det noe galt med ...?	Was ist verkehrt an ...?
glede seg til noe (-et)	sich auf etw. freuen
grunnlov, en [o]	Grundgesetz
hurra	Hurra
høydepunkt, et [u]	Höhepunkt
i forveien	im voraus
innmari (Umg.spr.) [ˈinm-]	sehr, total
kjempehyggelig	sehr nett
kjempefin	sehr schön
kongefamilien [o]	die königliche Familie
kongelig [o]	königlich
krig, en	Krieg
kvel*d*, en	Abend
om kvelden	abends, am Abend
lære utenat (-te)	auswendig lernen
lek, en	Spiel
masse	sehr viel

midt, en	Mitte
i midten	in der Mitte
militærparade, en	Militärparade
monarki, et	Monarchie
musikkorps, et [o]	Blaskapelle
nasjonalistisk	nationalistisch
nasjonaldag, en	Nationalfeiertag
nasjonalsang, en	Nationalhymne
nemlig	nämlich
nyte (nøt-nydt)	genießen
oppløse (-te)	auflösen
oppløsning, en	Auflösung
overrasken*de* en	überraschend
patriotisk	patriotisch
personalunion, en [æ]	Personalunion
popularitet, en	Beliebtheit
russ, en (nur Sing.)	Abiturient(en)/-in(nen)
rø*d*kledt	rotgekleidet
slag i slag	Schlag auf Schlag
sliten	erschöpft
Slottsbakken [o]	*Die Steigung vor dem Schloss*
solid	solide
stakkars	arm (bemitleidens-wert)
ståen*de*	stehend
bli ståen*de*	stehen bleiben
såkalt	so genannt
symbol, et	Symbol
ta (tok-tatt)	nehmen, dauern
tid, en/ei	Zeit
på tide	an der Zeit
tog, et [o]	Umzug (Prozession), Zug
å gå i tog	einen Umzug machen
Toget tar 3 timer.	Der Umzug dauert 3 Stunden.
utenat	auswendig
lære utenat	auswendig lernen
utenkelig	undenkbar
vekking, en/ei	Wecken
vel	nun
venting, en/ei	Warten
vinke (-et)	winken
øve (-de)	üben
øverst	ganz oben
år	Jahr
i år	dieses Jahr

C. Wörterkiste: Norsk nasjonalfølelse

Norwegische Nationalgefühle

Den norske nasjonalsangen

Ja vi elsker dette landet
som det stiger frem,
furet, værbitt, over vannet,
med de tusen hjem,
elsker, elsker det, og tenker
på vår far og mor
og den saganatt som senker
drømme på vår jord,
og den saganatt som senker,
senker drømme på vår jord.

D. Grammatik

Präpositionalverbindung als Ersatz für den Genitiv

Der Genitiv wird viel seltener verwendet als im Deutschen. Stattdessen wird mit einer Präposition umschrieben. Je nach Art des Genitivs lassen sich einige Regeln aufstellen:

til benutzt man, um einen Besitz (im weiteren Sinne) auszudrücken (possessiver Genitiv, vgl. Lektion 13):

bunaden til Kirsti	Kirstis bunad	Kirstis Nationaltracht
problemene til mannen	mannens problemer	die Probleme des Mannes

av benutzt man

1. um einen Teil vom Ganzen auszudrücken (partitiver Genitiv). Hier ist eine Genitivkonstruktion im Norwegischen nicht möglich:

noen av vennene mine	einige meiner Freunde
flertallet av befolkningen	die Mehrheit der Bevölkerung

2. statt eines objektiven oder subjektiven Genitivs:

feiringen av nasjonaldagen (Vi feirer nasjonaldagen.)	nasjonaldagens feiring	das Feiern des Nationalfeiertages
betydningen av ordet (Ordet betyr ...)	ordets betydning	die Bedeutung des Wortes

Aber auch andere Präpositionen werden da benutzt, wo man im Deutschen einen Genitiv hat.

i benutzt man zum Beispiel oft, wenn es um eine örtliche Bestimmung geht, aber auch sonst:

Festspillene i Bergen	Bergens festspill	die Bergener Festspiele
trærne i skogen	skogens trær	die Bäume des Waldes
høydepunktet i året	årets høydepunkt	der Höhepunkt des Jahres

for

lederen for foreningen	foreningens leder	der Vorstand des Vereins
sjefen for firmaet	firmaets sjef	der Chef der Firma

på

prisen på bordet	bordets pris	der Preis des Tisches
fargen på buksa	buksas farge	die Farbe der Hose
navnet på gata	gatas navn	der Name der Straße
hodet på katten	kattens hode	der Kopf der Katze

Adjektiv/Adverb

Steigerung einiger Ortsadverbien/-adjektive

Positiv Adverb	Komparativ Adjektiv	Superlativ Adverb/Adjektiv	
bak	bakre	bakerst	hinten
borte	bortre	bortest	fort, drüben
fremme/foran	fremre	fremst/forrest	vorne
inne	indre	innerst	innen
midt	midtre	midterst	mitten
nede	nedre	nederst	unten
over (oppe)	øvre	øverst	oben
ute	ytre	ytterst	außen

Han satt bak/bakerst i bussen.	Er saß hinten/ganz hinten im Bus.
På den bakerste plassen satt jeg.	Auf dem hintersten Platz saß ich.
Vi satt helt fremme/fremst i teateret.	Wir saßen ganz vorne im Theater.
Vi hadde de fremste plassene.	Wir hatten die vordersten Plätze.
Den øvre delen av huset var malt gul.	Der obere Teil des Hauses war gelb angestrichen.

Auslassung des Artikels

Sowohl der bestimmte als auch der unbestimmte Artikel werden in vielen Fällen ausgelassen, in denen man sie im Deutschen benutzt:

1. Bei vielen Ausdrücken, die eine Einteilung oder bestimmte Reihenfolge angeben. Oft in der Form:
   (Präposition) + Ordnungszahl/Superlativ + Substantiv (vgl. Lekt. 10)

De bor i tredje etasje.	Sie wohnen im 2. Obergeschoss/3. Stock.
Hun er i høyeste grad klar over saken.	Sie ist sich ganz und gar über die Angelegenheit im Klaren.
Siste gang jeg så ham, var han syk.	Das letzte Mal, als ich ihn sah, war er krank.

2. Bei Abkürzungen:

USA er også medlem av NATO	Die USA sind auch Mitglied der NATO.

3. Bei vielen Namen – auch bei Monatsnamen und Wochentagen:

Tromsø museum	das Tromsöer Museum
Sveits	die Schweiz
Jeg er født i januar.	Ich bin im Januar geboren.
På mandag reiser jeg til Bonn.	Am Montag reise ich nach Bonn.

4. Bei einigen lateinischen Fremdwörtern:

Preteritum er vanlig i slike setninger.	Das Präteritum ist in solchen Sätzen üblich.
Publikum var begeistret.	Das Publikum war begeistert.

5. Bei vielen festen Ausdrücken bestehend aus Verb + Substantiv. Verb und Objekt gehören hier eng zusammen, z. B.:

skrive brev	Jeg holder på med å skrive brev.	Ich bin dabei, einen Brief zu schreiben.
bygge hus	De har nettopp bygd hus.	Sie haben gerade ein Haus gebaut.
ha bil	Har du bil?	Hast du ein Auto?
vente barn	Mari venter barn i november.	Mari erwartet im November ein Kind.
ha pass	Har du (norsk) pass?	Hast du einen (norw.) Pass?
lage mat	Jeg liker å lage mat.	Ich koche gern.
holde selskap	De holder selskap hver uke.	Sie geben jede Woche eine Party.
søke jobb	Jeg vil søke jobb i Oslo.	Ich will in Oslo einen Job suchen.

6. Bei vielen festen Ausdrücken, die aus Verb + Präposition + Substantiv bestehen, und bei anderen Präpositionalverbindungen, z.B.:

bo på hotell	I ferien bor vi alltid på hotell.	In den Ferien wohnen wir immer im Hotel.
reise med tog /båt/fly.	Reiser du med båt til Oslo?	Reist du mit dem Schiff nach Oslo?
arbeide på kontor	Tidligere arbeidet han på kontor.	Früher hat er in einem Büro gearbeitet.
gå på ski	Jeg elsker å gå på ski.	Ich laufe gern Ski.
være på vei	Vi er nå på vei til Bodø.	Wir sind jetzt auf dem Weg nach Bodø.
være i stand til	Jeg er ikke i stand til å gjøre det.	Ich bin nicht imstande, das zu tun.
være i tvil om	Er du i tvil om han snakker sant?	Hast du Zweifel, dass er die Wahrheit sagt?
få anledning til	Når får du anledning til å komme?	Wann hast du die Gelegenheit zu kommen?
ha kapasitet til	Ja, det har firmaet kapasitet til.	Ja, dazu hat die Firma die Kapazität.
på bakgrunn av	På bakgrunn av denne erfaringen ...	Vor dem Hintergrund dieser Erfahrung ...

E. Übungen

1. Prøv å finne den riktige preposisjonen som erstatning for genitiven:

a. Oslos hoppbakke ....

b. lærerens bøker ....

c. leilighetens gardiner ....

d. byens innbyggere ....

e. besteforeldrenes bil ....

f. husets selger ....

g. bokas lesere ....

h. landets president ....

i. koffertens pakking ....

j. reisens planlegging ....

k. landets severdigheter ....

l. rødvinens pris ....

m. middelalderens konger ....

n. foreningens medlemmer ....

o. firmaets sjef ....

p. husets inventar ....

q. nordmennenes nasjonaldag ....

r. Wolfgangs knær ....

s. buksas farge ....

2. Hvor i bussen sitter Per, Tore og Mari?

Hvor i trappa står Per, Tore og Mari?

3. Oversett til norsk:

a. In den Ferien reisen wir immer mit dem Zug und wohnen im Hotel.

....

b. Im Grunde ist sie nicht imstande, sich über so etwas aufzuregen.

....

c. Er nimmt immer das Flugzeug, wenn er in Verbindung mit seiner Arbeit reisen muss.

....

d. Anfang März hat sie sich erkältet, und danach bekam sie die Grippe.

....

e. Gehen wir morgen zusammen ins Kino?

....

f. Kåre hat ein neues Auto gekauft.

....

g. Im Mai feiern die Norweger ihren Nationalfeiertag.

....

h. Es ist nicht überraschend, dass die EU für Norwegen wichtig ist.

....

i. Wer baut gerade ein Haus?

....

j. Am 17. Mai machen alle norwegischen Kinder einen Umzug.

....

k. Tatsache ist, dass sie sich über die Verhältnisse nicht im Klaren sind.

....

l. Im letzten Monat war sie nahe daran, ihrem Bruder das Geschäft zu überlassen.

....

m. Das erste Mal verlief die Operation nicht besonders gut.

....

4. Assosiasjonslek
   Eksempel:
   litteratur - bok - skjønnlitteratur - forfatter - skrive....

   vær
   mat
   bolig
   studium
   barn
   jul
   påskekos

5. Forklar hvilken sammenheng følgende uttrykk kan forekomme i. Bruk eksempler og fantasien!

a. Enig!
b. Ikke som jeg vet!
c. Morgenstund har gull i munn.
d. Nå er det min tur!
e. Uff!
f. Det er greit.
g. Det er noe i det.
h. Ingen årsak!
i. Så synd!
j. Ta det med ro!
k. Ærlig talt...

6. Snakk med sidemannen din:

   Rollespill: Du snakker med en nordmann om feiringen av nasjonaldagene i Norge og i Tyskland.

Elgtesten

Sett inn ord som passer:

a. I Norge .... man nasjonaldagen den 17. ....
b. Da går alle barn i .... og .... mange sanger.
c. Barnetoget .... omtrent tre timer.
d. På slottsbalkongen står .... og ....
e. Overalt ser man fargene ...., hvitt og ...., for alle har .... i hendene.
f. Alle skolene har et eget .... som spiller .... og andre sanger.
g. Barna .... seg lang tid i .... til denne dagen.
h. De fleste har på seg .... som er den norske nasjonaldrakten.
i. De som akkurat er ferdige med den videregående skolen, kaller man ....
j. Den 17. mai i 1814 ble .... underskrevet.
k. Men man feirer også .... fra tyskerne i 1945.
l. Noen synes nok at nordmennene er veldig ...., men slik tenker ikke nordmennene ....
m. For dem er 17. mai årets største ....
n. Man feirer freden og ...., og det er i hvert fall ikke noen .... på denne dagen, ... det er i mange andre land.

Lektion 23

A. Text

1. Sankthans i Tromsø

Den 23. juni møttes vennene hjemme hos Sverres foreldre.

Kåre: Når kommer gjestene i kveld?
Sverre: Ikke før klokka 8 – bortsett fra Susanne og Matthias og Anna. De dukker sikkert opp snart.
Solveig: Er Matthias og Anna kommet til byen?
Sverre: Ja de kom med Hurtigruta i går kveld og har overnattet i et ledig rom i Susannes leilighet. Nå ringer det på, det er kanskje de tre som kommer.

Sverre: Hei og velkommen! Når man snakker om sola, så skinner den!
Matthias: Jeg ser ikke noen sol, men jeg skjønner hva du mener.
Sverre: Den andre sola skal dukke opp i løpet av dagen. Kanskje vi til og med kan tilbringe en del av kvelden utendørs. Hvordan var turen med Hurtigruta?
Anna: Kjempefin – bortsett fra litt storm da. Vi hadde for det meste sol.
Kåre: Og i overmorgen reiser dere videre til Svalbard?
Matthias: Ja, men med fly. Jeg har bare to uker ferie.
Solveig: Hva får dere til å reise helt til Svalbard? Jeg har bodd i Tromsø i over 30 år, men aldri vært lenger nord enn til Hammerfest.
Matthias: Anna vil gjerne oppleve noe eksotisk. Hun er blitt lei av kjedelige storbyer. Dessuten har jeg en venn som studerer på Svalbard. Og etter alt det som han har fortalt, er vi veldig nysgjerrige etter å se stedet. Så tenkte vi at det kunne være en passende avslutning ...
Susanne: Avslutning? Men dere blir vel begge i Bergen fra høsten av, som planlagt?
Matthias: Ja, selvsagt. Anna har jo forelsket seg så i Norge at hun ikke kan tenke seg å reise herfra med det første ...

Anna: Det er noe i det, ja. Jeg gleder meg veldig til å begynne å studere norsk – selv om studentlivet her sikkert ikke er noen dans på roser. Jeg har hørt at man må jobbe mye.

Susanne: Det stemmer. Jeg har heller ikke ligget på latsiden siden jeg kom hit.

Matthias: Hvor mange er det som kommer i kveld?

Sverre: Vi blir fjorten til sammen. Inga og Ole kommer også. Så nå har du sjansen til å snakke med noen ekte samer, Matthias. Du ville jo gjerne høre deres mening om den norske samepolitikken. Og de vil sikkert gjøre sitt beste for å korrigere det bildet mange utlendinger har av dem som fargeglade, suvenirselgende nomader.

Solveig: Nordmennenes innstilling til samene har forandret seg totalt de siste årene. Det har også skjedd en betydelig utvikling i den offisielle holdningen til dem. Deres rettigheter er mye bedre sikret enn de var tidligere. Dessuten har den samiske kulturen fått en ny og sterkere stilling.

Susanne: Jeg hørte Mari Boine i Lörrach for et par år siden. Hun har virkelig bidratt til å gjøre samisk kultur kjent også i utlandet. Jeg har flere av CD'ene hennes.

Kåre: Så får vi bare håpe at været ikke setter en strek i regningen for festen deres. Nå ser det jo bra ut. Bank i bordet!

Susanne: Det skader ikke å være litt overtroisk, men grillen står jo under tak på terrassen, og hvis det blir for kaldt, kan vi sitte inne og spise. Nok plass til å danse er det også inne, så det skal bli en super fest i alle fall.

Sverre: Og dere to bør ikke komme hjem før i morgen tidlig, i hvert fall ikke hvis dere har tenkt å sove. Vi kan ikke love dere nattero ...

Solveig: Det forstår vi godt, og det er mulig vi overnatter på hytta til Ingun og Einar. Vi får se.

2. Samene i Norge

Samene er en urbefolkning og en etnisk minoritet i Norge, Sverige, Finland og på Kolahalvøya i Russland. Man regner med at det fins 60.000 - 100.000 samer til sammen, derav 30.000 - 40.000 i Norge, de fleste av dem i Finnmark. Tallene er usikre fordi begrepet »same« ikke lar seg definere nøyaktig. Det samiske språket er av avgjørende betydning i så henseende. De som har samisk som morsmål eller har foreldre eller besteforeldre med samisk som morsmål betraktes som samer og har stem-

merett til Sametinget som er samenes offisielle organ. Det behandler alle saker som angår den samiske befolkningsgruppen, f.eks. reindrift og språkspørsmål. Bare en liten del av samene lever av reindrift. Det finnes i dag samer i de fleste yrkesgrupper i samfunnet.
I motsetning til den tidligere fornorskningspolitikken verner man i dag om samisk språk og kultur. Samiske barn har rett til å få undervisning i og på samisk. Det har vært undervist i samisk ved Universitetet i Oslo helt siden 1848. Nå kan man studere samisk også ved Universitetet i Tromsø og ved den Samiske høyskolen i Kautokeino.

B. Vokabeln

angå (-gikk-gått)	betreffen
avslutning, en	Abschluss
banke (-et)	klopfen
Bank i bordet!	Klopf auf Holz!
befolkningsgruppe, en/ei [o]	Bevölkerungsgruppe
begrep, et	Begriff
best	am besten
gjøre sitt beste	sein/ihr Bestes tun
betydelig	bedeutend
bidra til noe (drog-dradd/dratt)	zu etw. beitragen
bortreist	verreist
bortsett fra	abgesehen von
CD, en ['seːdə]	CD
dans, en	Tanz
danse (-et)	tanzen
definere (-te)	definieren
derav [æ]	davon
dukke opp [u] (-et)	auftauchen
eksotisk	exotisch
etnisk	ethnisch
fargegla*d*	farbenfroh
forandre (seg) (-et)	(sich) ändern
forelske seg i noen (-et)	sich in jdn. verlieben
fornorskning, en [o]	Norwegisierung
først	erst
med det første	fürs Erste
få en til å gjøre noe (fikk-fått)	jdn. dazu bringen, etw. zu tun
grill, en	Grill
henseen*de*, et	Hinsicht
i så henseende	in der Hinsicht
holdning, en [o]	Haltung, Einstellung
holdning til	Haltung gegenüber
innstilling, en/ei	Einstellung
kjedelig	langweilig
Kolahal*vøya*	die Kolahalbinsel
korrigere (-te)	korrigieren
latside	»faule Haut«
ligge på latsiden	auf der faulen Haut liegen
leve av noe (-de)	von etw. leben
mening, en/ei	Meinung
mest	am meisten
for det meste	meistens
minoritet, en	Minorität, Minderheit
morsmål, et	Muttersprache
nattero, en/ei	Nachtruhe
noe	etwas
det er noe i det	es ist etwas daran
nomade, en	Nomade/-in
nøyaktig	genau
nysgjerrig etter [nyˈʃæri]	neugierig auf
organ, et [o]	*hier*: Sprachrohr
overnatte (-et)	übernachten
overskrift, en/ei	Schlagzeile, Überschrift
overtroisk	abergläubisch
politikk, en	Politik

regne med noe (-et)	mit etw. rechnen
regning, en/ei	Rechnung
en strek i regningen	ein Strich durch die Rechnung
reindrift, en/ei	Rentierhaltung
retti*g*het, en/ei	Recht
rose, en/ei	Rose
sak, en/ei	Sache, Angelegenheit
same, en	Same
Sametinge*t*	*»Parlament« der Samen*
samisk	samisch
sammen	zusammen
til sammen	insgesamt
samfunn, et	Gesellschaft
sankthans	Mittsommer (23. Juni)
sikre (-et)	sichern
skade (-et)	schaden
skje (-dde)	geschehen
stamme, en	Stamm
stemmerett, en	Stimmrecht
storby, en	Großstadt
strek, en	Strich
Svalbar*d*	Spitzbergen *(Inselgruppe nördlich des norw. Festlands)*
terrasse, en	Terrasse
total	total
un*d*ervise (-te)	unterrichten
urbefolkning, en/ei [o]	Urbevölkerung
usikker	unsicher
utendørs	draußen, im Freien
verne om (-et) [æ]	schützen
yrkesgruppe, en/ei	Berufsgruppe

C. Wörterkiste: Han kjøpte katta i sekken og ble sittende med skjegget i postkassen. Idiome

Her er noen avisoverskrifter:

Ikke bare dans på roser

Flyktninger på vidvanke

Tysk storfusjon på trappene

Bileierne gir blaffen i miljøet

Flyr i tottene på hverandre

Regjeringen på bar bakke

Norske selskaper kan få baksmell

Kall en spade for en spade!

USA og Kina på talefot i Manila

Hørt på maken!

Toet sine hender

Toppskattegrense er helt i det blå

fly i tottene på hverandre	sich in die Haare geraten
få baksmell	unangenehme Überraschung/nachteilige Folgen erfahren
gi blaffen i noe	auf etwas pfeifen
kalle en spade for en spade	einen Spaten einen Spaten nennen (etw. beim richtigen Namen nennen)
kjøpe katta i sekken	die Katze im Sack kaufen
toe sine hender	seine Hände in Unschuld waschen
sitte med skjegget i postkassen	am Ende der Dumme sein
være i det blå	ganz im Ungewissen sein
være på trappene	unmittelbar bevorstehen
være på talefot med	sich mit jemandem verständigen können
være på bar bakke	mittellos sein
være i samme båt	in derselben Situation sein, im selben Boot sitzen
komme/være på vidvanke	auf Irrwege geraten/Irrwegen sein
ingen dans på roser	kein reines Vergnügen
en strek i regningen	ein Strich durch die Rechnung
Bank i bordet!	Klopf auf Holz!
(Har du) hørt på maken!	(Hast du) so was (schon gehört)!

Og så et par ordtak (Dazu noch ein paar Sprichwörter):

Når du snakker om sola, så skinner den.	Wenn man vom Teufel spricht, kommt er.
Morgenstund har gull i munn.	Morgenstund hat Gold im Mund.
Når det regner på presten, så drypper det på klokkeren.	Wenn es auf den Pfarrer regnet, tröpfelt es auf den Küster. (Auch der Untergeordnete bekommt etwas, wenn der Vorgesetzte belohnt wird.)
Når enden er god, er allting godt.	Ende gut, alles gut.
Kjærlighet gjør blind.	Liebe macht blind.
Av skade blir man klok.	Aus Schaden wird man klug.
Brent barn skyr ilden.	Ein gebranntes Kind scheut das Feuer.
Når katten er borte, danser musene på bordet.	Wenn die Katze aus dem Haus ist, tanzen die Mäuse auf den Tischen.

D. Grammatik

Kleine Wörter mit vielschichtiger Bedeutung

da

Konjunktion: »als«	
Da han hadde pakket kofferten, begynte han å lage mat.	Als er den Koffer gepackt hatte, fing er an zu kochen.
»da, weil«	
Da han ikke har skrevet, regner jeg med at han har glemt meg.	Da er nicht geschrieben hat, gehe ich davon aus, dass er mich vergessen hat.
Adverb: »dann, da«	
Da besøker jeg heller min mor.	Dann besuche ich lieber meine Mutter.
Adverbiales Füllwort: »doch«	
Gjør det da!	Mach es doch!
Det kan du da ikke mene.	Das meinst du doch nicht ernst.

før

Konjunktion: »bevor, ehe«	
Jeg våknet lenge før han viste seg.	Ich wachte auf, lange bevor er erschien.
Adverb: »früher, davor«	
Før reiste han mye.	Früher ist er viel gereist.
Dagen før var han i London.	Am Tag davor war er in London.
Präposition: »vor«	
Før krigen hadde de mange penger.	Vor dem Krieg hatten sie viel Geld.

om

Konjunktion: »ob«	
De spør om barna er i barnehagen.	Sie fragen, ob die Kinder im Kindergarten sind.
»wenn, falls«	
Om du vil, hjelper jeg deg.	Wenn du willst, helfe ich dir.
Adverb: »noch einmal/aufs Neue«	
Du må skrive om teksten.	Du musst den Text neu schreiben/ändern.
om og om igjen	wieder und wieder
Präposition: u.a.	
»um«	
Jeg bad ham om hjelp, for han bor like om hjørnet.	Ich bat ihn um Hilfe, denn er wohnt gleich um die Ecke.
»an«	
Om morgenen er han alltid trøtt og sur.	Am Morgen ist er immer müde und schlecht gelaunt.
»von«	
snakke om, fortelle om, mene om, synes om ...	
Vi har snakket mye om deg.	Wir haben viel von dir gesprochen.
»über«	
Her er ei fin bok om Norge.	Hier ist ein schönes Buch über Norwegen.
»in«	
Om sommeren er det alltid lyst om natten.	Im Sommer ist es nachts immer hell.
Jeg drar om åtte dager.	Ich fahre in acht Tagen.

siden

Konjunktion: »seitdem« Siden han kom tilbake, har jeg ikke sett ham.	Seitdem er zurückgekommen ist, habe ich ihn nicht gesehen.
»da, weil« Siden du er så umulig, vil jeg ikke snakke mer med deg.	Da du so unmöglich bist, will ich nicht mehr mit dir reden.
Adverb: »später, darauf« Siden reiste han rundt i verden.	Später reiste er in der Welt herum.
Präposition: »seit« Vi har vært i Norge siden påske.	Wir sind seit Ostern in Norwegen.

så

Konjunktion: »so dass« Han snakket høyt så man kunne forstå han.	Er sprach laut, so dass man ihn verstehen konnte.
»damit« Jeg vanner blomstene så de ikke skal dø.	Ich gieße die Blumen, damit sie nicht eingehen.
»also« Så nå har du sjansen til å snakke med dem.	Also hast du jetzt die Gelegenheit mit ihnen zu reden.
»so« Blomstene mine er like så fine som dine.	Meine Blumen sind genauso schön wie deine.
Adverb: »dann« Hvis jeg vanner blomstene, så dør de ikke.	Wenn ich die Blumen gieße, dann gehen sie nicht ein.
Først spiser vi, og så går vi en tur.	Erst essen wir, und dann gehen wir spazieren.

Unregelmäßige Verben

be	ber	bad	bedt	bitten
binde	binder	bandt	bundet	binden
bite	biter	be(i)t	bitt	beißen
bli	blir	ble	blitt	werden, bleiben
bringe	bringer	brakte	brakt	bringen
burde	bør	burde	burdet	»sollten«
dra	drar	drog	dratt/dradd	ziehen
drikke	drikker	drakk	drukket	trinken
drive	driver	drev	drevet	treiben
dø	dør	døde	dødd	sterben
falle	faller	falt	falt	fallen
finne	finner	fant	funnet	finden
fly	flyr	fløy	fløyet	fliegen
fortelle	forteller	fortalte	fortalt	erzählen
fryse	fryser	frøs	frosset	frieren
følge	følger	fulgte	fulgt	folgen
få	får	fikk	fått	bekommen
gi	gir	gav	gitt	geben
gjelde	gjelder	gjaldt	gjeldt	gelten
gjøre	gjør	gjorde	gjort	machen, tun
gni	gnir	gned/gnidde	gnidd	reiben
gråte	gråter	gråt	grått	weinen
gå	går	gikk	gått	gehen
ha	har	hadde	hatt	haben
henge (intrans.)	henger	hang	hengt	hängen
hete	heter	het	hett	heißen
hjelpe	hjelper	hjalp	hjulpet	helfen
holde	holder	holdt	holdt	halten
komme	kommer	kom	kommet	kommen
kunne	kan	kunne	kunnet	können
la	lar	lot	latt	lassen
le	ler	lo	ledd	lachen
legge	legger	la	lagt	legen
lide	lider	led	lidd/lidt	leiden
ligge	ligger	lå	ligget	liegen
løpe	løper	løp	løpt	laufen
måtte	må	måtte	måttet	müssen
nyte	nyter	nøt	nytt	genießen
overlate	overlater	overlot	overlatt	überlassen

rekke	rekker	rakk	rukket	erreichen, schaffen (zeitl.)
se	ser	så	sett	sehen
selge	selger	solgte	solgt	verkaufen
sette	setter	satte	satt	setzen, stellen
si	sier	sa	sagt	sagen
sitte	sitter	satt	sittet	sitzen
skjære	skjærer	skar	skåret	schneiden
skrive	skriver	skrev	skrevet	schreiben
skulle	skal	skulle	skullet	sollen
slå	slår	slo	slått	schlagen
sove	sover	sov	sovet	schlafen
springe	springer	sprang	sprunget	laufen
spørre	spør	spurte	spurt	fragen
stige	stiger	steg	steget	steigen
strekke seg	strekker	strakte/strekte	strakt/strekt	sich strecken
stå	står	stod	stått	stehen
synge	synger	sang	sunget	singen
ta	tar	tok	tatt	nehmen
treffe	treffer	traff	truffet	treffen
trekke	trekker	trakk	trukket	ziehen
ville	vil	ville	villet	wollen
vinne	vinner	vant	vunnet	gewinnen
vite	vet	visste	visst	wissen
være	er	var	vært	sein

E. Übungen

1. Sett inn preteritumsformer av verbet:

a. møte	Jeg .... ham sist i USA.
b. lage	Han .... veldig god mat til oss.
c. følge	Hun .... ham til flyplassen.
d. foreslå	Jeg .... at vi skulle spise eplekake på Frognerseteren.
e. avsky	Petter .... de lange turene i fjellet.

f.	gjemme	Hvor .... du alle lyspærene?
g.	fryse	Det var så kaldt at vi nesten .... i hjel.
h.	re opp	Hun .... alle sengene hver morgen.
i.	gjette/feire	Du .... riktig, jeg .... fødselsdagen min i går.
j.	innrede	Mens vi .... leiligheten, var naboen heldigvis bortreist.
k.	leve/dø	Hun .... lenge og .... plutselig da hun var 82 år.
l.	vite/være	Jeg .... ingenting om at hun .... i byen.
m.	synge	Vi .... hele nasjonalsangen.
n.	skjønne/si	Jeg .... ikke et ord av det læreren ....
o.	finne/leie	Vi .... en leilighet som vi .... for 3000 kr. måneden.
p.	slutte/skinne	Sankthansaften .... det å regne, og sola .... hele kvelden.
q.	nevne/skulle	Hun .... ikke noe om at de .... reise.
r.	slappe av/gå	Jeg .... hele ettermiddagen før jeg .... ut.
s.	godta/flytte	Han .... ikke at hun .... fra ham.
t.	lete etter/ gjøre av	Jeg .... julekortene overalt. Hvor .... jeg .... dem?
u.	trives/bli	Anna .... så godt i Norge at hun .... der i to år til.
v.	planlegge	Når .... du å se alle de norske stavkirkene?
w.	komme/holde på med	Da de ...., ... jeg .... å skrive et brev til Toril.
x.	ombestemme seg/ tilbringe	Etter påske .... hun .... og .... ferien i Sveits.
y.	fryse/lide	Med de tynne, fine skoene .... hun på beina og .... for skjønnheten.
z.	synes	Anna .... ikke at Oslo var en kjedelig by.

2. Sett inn preposisjoner/partikler som passer:

a. I dag stod jeg .... allerede .... seks-tiden.

b. Klokka sju måtte jeg dra .... gårde.

c. Jeg står ikke alltid .... så tidlig .... morgenen.

d. Men vanligvis våkner jeg .... meg selv kl. halv sju.

e. I dag var jeg .... eksamen.

f. Læreren spurte .... mange vanskelige ting.

g. Jeg har alltid vært redd .... å ta eksamen, men denne gangen var læreren snill .... meg.

h. .... eksamen vil jeg nå slappe .... noen dager.

i. .... slutten .... mai .... midten .... juni er jeg .... ferie .... Norge.

j. .... og fremst skal jeg være ....Vestlandet.

k. Da jeg var der .... et år .... ble jeg kjent .... et hyggelig ektepar.

l. Dem kan jeg bo .... helt gratis .... tre uker.

m. Jeg skal hjelpe dem litt .... å pusse .... huset.

n. Jeg synes det er helt .... orden å hjelpe dem.

o. ....det første er jeg ung og sterk og .... det andre synes jeg at man .... alle fall bør arbeide .... maten.

p. Er du ikke enig .... det?

3. Hva kan man si om disse begrepene? Lag en eller flere setninger:

a. Påskekrimmen ....

b. Troll og nisser ....

c. Peiskos ....

d. Bløtkake ....

e. Den norske kongefamilien ....

f. Aftenposten ....

g. Rømmegrøt ....

h. Hurtigruta ....

i. Julebord ....

j. Svenskevitser ....

k. Sognefjorden ....

l. Festspillene i Bergen ....

m. 17. mai ....

4. Snakk med sidemannen din:

Rollespill: Dere planlegger en fest.
Når?
Hvor?
Hvor mange gjester?
Hva slags mat?
Dans?
...

Elgtesten

Forklar følgende ordtak eller prøv å finne en situasjon, der de passer:

a. Eplet faller ikke langt fra stammen. ....

b. Har man sagt A, må man si B. ....

c. Ingen kjenner dagen før sola går ned. ....

d. Aldri så galt at det ikke er godt for noe. ....

e. Bak skyene er himmelen alltid blå. ....

f. Ingen blir profet i sitt eget land. ....

Alphabetisches Wörterverzeichnis

absolutt (12)	unbedingt
adresse, en/ei (4)	Adresse, Anschrift
adjø (2)	adieu, auf Wiedersehen
advare mot noe (-te) (21)	vor etwas warnen
Aker brygge (6)	*Einkaufs- und Restaurantzentrum in Oslo*
akkurat (11)	genau, gerade
ikke akkurat (11)	nicht gerade
aksent, en (16)	Akzent
aktuell (7)	aktuell
aldri (6)	nie
alene (7)	allein
alkohol, en (18)	Alkohol
all (3)	all
all slags (3)	jede Art (von)
alle (1)	alle
alle sammen (1)	alle zusammen
alle tiders (17)	super, großartig
aller (11)	aller-
allerede (7)	schon
allergisk (17)	allergisch
allikevel (20)	sowieso
allti*d* (4)	immer
allting (23)	alles
alt (14)	alles
altfor (7)	viel zu
altså (8)	also
alvorlig (7)	ernst
amanuensis, en (16)	Dozent
ambassadør, en (22)	Botschafter/in
amputere (-te) (21)	amputieren
andre (4)	andere(r), zweiter
den/det andre (12)	der/die/das andere
for det andre (14)	zweitens
ane (-te) (11)	ahnen
anelse, en (16)	Ahnung
ingen anelse (16)	keine Ahnung
angå (-gikk-gått) (23)	betreffen
angst, en (12)	Angst
ankomst, en (10)	Ankunft
anledning, en (22)	Gelegenheit
anløpssted, et (-steder) (17)	Ort, wo ein Schiff anläuft
annen (4)	anderer
annet (12)	anderes
ansette (-satte-satt) (20)	anstellen
ansikt, et (21)	Gesicht
anstrengen*d*e (10)	anstrengend
antakelig (11)	wahrscheinlich
apotek, et (15)	Apotheke
apparat, et (21)	Apparat
april (10)	April
arbeid, et (13)	Arbeit
arbeide (-et) (1)	arbeiten
arbeidskontrakt, en (14)	Arbeitsvertrag
arbeidstillatelse, en (13)	Arbeitserlaubnis
arkitekt, en (13)	Architekt/-in
arkitektur, en (14)	Architektur
arktisk (17)	arktisch
arrangere (-te) (18)	veranstalten
artig (13)	lustig
astma, en (17)	Asthma
at (6)	dass
atten (3)	achtzehn
attraktiv (21)	attraktiv
atmosfære, en (18)	Atmosphäre
august (10)	August
au pair, en (1)	Au-pair
av (3)	von, aus
av og til (15)	ab und zu, manchmal
avgang, en (10)	Abfahrt
avgangsklasse, en/ei (22)	letzte Klasse, Abschlussklasse
avgår*d*e (15)	los
måtte av går*d*e (15)	los müssen
dra av går*d*e (15)	losfahren
avgjøren*d*e (22)	entscheidend
avis, en/ei (8)	Zeitung
avsides (12)	abseits
avsky (-dde) (12)	verabscheuen
avsky, en (12)	Abscheu
avslutning, en (23)	Abschluss
avstan*d*, en (22)	Abstand
avta (-tok-tatt) (21)	abnehmen
bad, et (14)	Bad
bade (-et) (12)	baden
bagasje, en (11)	Gepäck
bak (9)	hinter
bak (22)	hinten
bake (-te) (15)	backen
bakeri, et (15)	Bäckerei
bakerst (22)	am weitesten hinten

bakgrunn, en (22)	Hintergrund
på bakgrunn av (22)	auf dem Hintergrund von
bakke, en (23)	Hügel, Erdboden
være på bar bakke (23)	mittellos sein
baksmell, en (23)	Rückschlag, unangenehme Folge
balkong, en (11)	Balkon
bamse, en (15)	Teddybär
bank, en (14)	Bank (Geldinstitut)
banke (-et) (23)	klopfen
Bank i bor*d*et! (23)	Klopf auf Holz!
bar (23)	nackt
bare (1)	nur
barn, et (best. Pl. barna) (8)	Kind
barndom, en (13)	Kindheit
barnebarn, et (15)	Enkelkind
barnehage, en (15)	Kindergarten
barnelitteratur, en (13)	Kinderliteratur
barnesang, en (6)	Kinderlied
barneskole, en (9)	»Kinderschule«, *die ersten 7 Schuljahre*
barnetog, et (22)	Kinderumzug
barnslig (7)	kindisch
barokk, en (20)	Barock
be (ba*d*-bedt) (15)	bitten
be (ba*d*-bedt) (22)	einladen
bebodd (12)	bewohnt
bedre (12)	besser
befolkning, en (22)	Bevölkerung
befolkningsgruppe, en/ei (23)	Bevölkerungsgruppe
begeistret (12)	begeistert
begeistret for noe (13)	von etw. begeistert
begeistring, en/ei (12)	Begeisterung
begge (15)	beide
begge to (15)	alle beide
begge deler (15)	beides
begrep, et (23)	Begriff
begynne (-te) (7)	beginnen, anfangen
begynnelse, en (20)	Anfang
fra begynnelsen av (20)	von Anfang an
i begynnelsen av (20)	anfangs, am Anfang von
behandle (-et) (19)	behandeln
behol*d*e (-holdt -holdt) (22)	behalten

behov, et (–) (18)	Bedürfnis, Bedarf
bein, et (best. Pl. beina) (20)	Bein
på beina (20)	auf den Beinen
beinbrudd, et (19)	Beinbruch
beliggenhet, en/ei (14)	Lage
belysning, en (18)	Beleuchtung
bensin, en (20)	Benzin
bensinstasjon, en (20)	Tankstelle
bensintank, en (20)	Benzintank
bergenser, en (14)	Einwohner/-in von Bergen
beroligen*d*e (19)	beruhigend
berømt (16)	berühmt
beskjeden (11)	bescheiden
beskrive (-skrev -skrevet) (12)	beschreiben
bestandig (13)	immer
best (16)	am besten
gjøre sitt beste (23)	sein/ihr Bestes tun
bestefar, en (-fedre) (15)	Großvater
besteforeldre (Plur.) (15)	Großeltern
bestemor, en/ei (-mødre) (15)	Großmutter
bestemme (seg) (-te) (5)	(sich) entscheiden, beschließen
bestille (-te) (10)	bestellen
bestå (-sto*d*-stått) (16)	bestehen
besøk, et (–) (22)	Besuch
besøke (-te) (15)	besuchen
betale (-te) (5)	zahlen
betennelse, en (19)	Entzündung
betrakte (-et) (19)	betrachten
bety (-dde) (2)	bedeuten
betydelig (23)	bedeutend
betydning, en (14)	Bedeutung
beundre (-et) (12)	bewundern
beundring, en (12)	Bewunderung
bidra til noe (-drog -dradd/dratt) (23)	zu etw. beitragen
bil, en (10)	Auto
bilde, et (6)	Bild
billedhugger, en (12)	Bildhauer/-in
billett, en (10)	Fahrkarte
billettluke, en/ei (10)	Fahrkartenschalter

billig (4)	billig, preiswert
biltur, en (20)	Autofahrt
bin*d*e (bandt -bun*d*et) (7)	binden
bite (be(i)t-bitt) (13)	beißen
bjørn, en (13)	Bär
bla (-dde) (12)	blättern
blaffen	
gi blaffen i noe (23)	auf etw. pfeifen
blek (15)	bleich
bli (ble-blitt) (5)	werden, bleiben
Det blir 20 kr. (5)	Das macht 20 Kronen.
bli med (19)	mitkommen
bli*d* (15)	freundlich, gutmütig
blind (23)	blind
blin*d*tarmbetennelse, en (19)	Blinddarmentzündung
blink, en (6)	»Schwarze«
midt i blinken (6)	mitten ins Schwarze, gerade richtig
blomst, en (23)	Blume
blomstren*d*e (20)	blühend
blond (9)	blond
bløt (15)	weich
bløtkake, en/ei (2)	Sahnetorte
blå (5)	blau
være i det blå (23)	ganz im Ungewissen sein
blåse (-te) (21)	blasen
bo (-dde) (3)	wohnen
bod, en (14)	Abstellraum
bofellesskap, et (14)	Wohngemeinschaft
bok, en/ei (bøker) (6)	Buch
bokhylle, en/ei (14)	Bücherregal
bokmarked, et (21)	Büchermarkt
bokmål, et (16)	»Buchsprache«, *norw. Schriftsprache*
bolig, en (16)	Haus, Wohnung
boli*g*annonse, en (14)	Wohnungsanzeige
boli*g*marked, et (14)	Wohnungsmarkt
bompenger (Plur.) (20)	Maut
bon*d*e, en (bøn*d*er) (10)	Bauer/Bäuerin
bon*d*egår*d*, en (10)	Bauernhof
bor*d*, et (2)	Tisch
bank i bordet (23)	Klopf auf Holz
borte (9)	fort, weg
der borte (9)	da drüben
bortreist (23)	verreist
bortsett fra (23)	abgesehen von
bra (2)	gut
ha det bra (2)	mach's/macht's gut
brannstasjon, en (15)	Feuerwache
bratt (14)	steil
bre*d* (9)	breit
brenne (-te) (23)	brennen
brev, et (3)	Brief
bror, en (brødre) (15)	Bruder
brosjyre, en (11)	Prospekt
bruk, en (2)	Gebrauch
bruke (-te) (2)	gebrauchen, benutzen
brun (5)	braun
brunost, en (15)	brauner Käse = Ziegenkäse
brus, en (2)	Limonade
brygge, en/ei (6)	Kai
bryllupsdag, en (6)	Hochzeitstag
brø*d*, et (2)	Brot
brø*d*skive, en/ei (15)	Scheibe Brot
bråke (-te) (22)	Krach machen
budskap, et (18)	Botschaft
bukse, en/ei (5)	Hose
bunad, en (22)	*norw. Nationaltracht*
bunn, en (21)	Boden
bur, et (11)	Käfig
burde (bør-burde -burdet) (15)	»sollten« (Konjunktiv)
buss, en (10)	Bus
ta buss (10)	mit dem Bus fahren
butikk, en (5)	Laden, Geschäft
by, en (4)	Stadt
Bygdøy (12)	*Stadtteil von Oslo*
bygge (-de) (11)	bauen
byggverk, et (19)	Bauwerk
bygning, en (9)	Gebäude
bøyningsen*d*else, en (8)	Flexionsendung
både - o*g* (10)	sowohl - als auch
båt, en (10)	Schiff, Boot
ta båt (10)	mit dem Schiff reisen
være i samme båt (19)	im selben Boot sitzen
campingplass, en (10)	Campingplatz
campingstol, en (22)	Campingstuhl

CD, en (23)	CD
da (5)	dann
da (18)	doch
da (14)	weil
da (8)	als
dag, en (1)	Tag
daglig (17)	täglich
dame, en/ei (4)	Dame, Frau
Danmark (4)	Dänemark
dans, en (23)	Tanz
ingen dans på roser (23)	kein reines Vergnügen
danse (-et) (23)	tanzen
dansk (4)	dänisch
danske, en (4)	Däne/-in
datter, en/ei (døtre) (13)	Tochter
de (1)	sie (Plur.)
de (9)	die (Plur.)
definere (-te) (23)	definieren
deg (3)	dich/dir
dekk, et (11)	Deck
del, en (7)	Teil
en god del (16)	ziemlich viel(e)
jeg for min del (19)	ich meinerseits
delta i noe (-tok -tatt) (19)	an etw. teilnehmen
deltaker, en (9)	Teilnehmer/-in
dem (5)	sie, ihnen
den (5)	er, sie
den (9)	der, die
dens (13)	sein, ihr
denne (7)	dieser
depresjon, en (12)	Depression
deprimert (12)	deprimiert
der (1)	dort
der (9)	wo
derav (23)	davon
dere (1)	ihr, euch
deres (13)	euer, ihr
deretter (9)	danach
derfor (8)	deshalb
derfra (12)	von dort
derimot (18)	dagegen
dersom (14)	falls, wenn
desember (10)	Dezember
dessert, en (3)	Nachtisch
dessuten (3)	außerdem
dessverre (5)	leider
de*t* (1)	das, es
de*t* vil si = dvs. (22)	das heißt, d.h.

dets (13)	sein, ihr
dette (1)	dies
dialekt, en (4)	Dialekt
diaré, en (17)	Durchfall
dikter, en (6)	Dichter/-in
din/di/ditt/dine (13)	dein
diskusjon, en (12)	Diskussion
disposisjon, en (17)	Verfügung
ha noe til disposisjon(17)	etw. zur Verfügung haben
disse (7)	diese (Plur.)
dit (9)	dahin
dobbelseng, en/ei (11)	Doppelbett
dobbeltrom, et (11)	Doppelzimmer
dobbeltværelse, et (11)	Doppelzimmer
domkirke, en/ei (9)	Dom
dra (dro*g*-dradd/ dratt) (12)	ziehen, fahren
dra avgår*d*e (15)	losfahren
drama, et (7)	Drama
dramatiker, en (7)	Dramatiker/-in
drikke (drakk -drukket) (2)	trinken
drittprat, en (18)	Scheißgerede
drittsekk, en (Schimpfwort) (18)	Drecksack
drive (drev-drevet) (19)	treiben
dronning, en/ei (22)	Königin
drosje, en/ei (11)	Taxi
dryppe (-et) (23)	tropfen, tröpfeln
drøm, en (17)	Traum
du (1)	du
dukke opp (-et) (23)	auftauchen
dusj, en (11)	Dusche
dyr (4)	teuer
dyr, et (10)	Tier
dø (døde-dødd) (12)	sterben
dø*d* (15)	tot
død, en (12)	Tod
døds- (22) (Jugendsprache)	*verstärkende Vorsilbe*
dødssliten (22)	ungeheuer erschöpft, todmüde
døgn, et (17)	*24 Stunden*
døpe (-te) (21)	taufen
dårlig (2)	schlecht
effektiv (12)	effektiv
egen (eget-egne) (11)	eigen

egentlig (6)	eigentlich
egg, et (18)	Ei
eie (-de) (19)	besitzen
eksamen, en (9)	Examen
melde seg opp til eksamen (16)	sich fürs Examen anmelden
være oppe til eksamen (11)	Examen ablegen
gå opp til eksamen (16)	Examen ablegen
ta eksamen (16)	Examen ablegen
eksamensresultat, et (19)	Examensergebnis
eksempel, et (–) (5)	Beispiel
for eksempel/ f.eks. (5)	zum Beispiel/ z.B.
eksotisk (23)	exotisch
ekspanderen*d*e (17)	expandierend
ekspedisjon, en (17)	Expedition
ekspeditør, en (5)	Verkäufer
ekte (5)	echt
ektefelle, en (13)	Ehepartner
ektepar, et (15)	Ehepaar
el*d*st (12)	am ältesten
elendig (16)	miserabel
elendi*g*het, en/ei (18)	Elend
elg, en (1)	Elch
eller (2)	oder
ellers (11)	sonst, ansonsten
elleve (3)	elf
ellevte (10)	11., elfter
elske (-et) (5)	lieben
elv, en/ei (19)	Fluss
en, ett (3)	eins
en (22)	eine(r)
enda (11)	noch
enda til (21)	noch dazu
en*d*e, en (23)	Ende
endelig (4)	endlich
ene (11)	
den/det ene (11)	der/die/das eine
energi, en (20)	Energie
eneste (14)	einzig
det eneste (14)	das einzige
engelsk (1)	englisch
Englan*d* (4)	England
engelskmann en (4) (-menn)	Engländer/-in
enig (12)	einig
være enig med noen i noe (12)	mit jdm. in einer Sache übereinstimmen
bli enig (12)	sich einigen
enke, en/ei (13)	Witwe
enkel (18)	einfach
enkelt (21)	einzeln
enkeltrom, et (11)	Einzelzimmer
enkeltværelse, et (11)	Einzelzimmer
enkemann, en (13)	Witwer
enn (bei Komparativ) (2)	als
ennå (2)	noch
ennå ikke/ikke ennå (2)	noch nicht
enorm/enormt (18)	enorm
ensom/ensomt (12)	einsam
ensomhet, en/ei (12)	Einsamkeit
enten - eller (12)	entweder - oder
eple, et (3)	Apfel
eplekake, en/ei (12)	Apfelkuchen
er (1)	bin, bist, ist ...
erfaring, en/ei (22)	Erfahrung
etasje, en (14)	Stockwerk
etnisk (23)	etnisch
etter (6)	nach
etter at (12)	nachdem
ettermiddag, en (15)	Nachmittag
ettermiddagskaffe, en (8)	Nachmittagskaffee
etternavn, et (13)	Nachname
etterpå (7)	nachher
ettersom (14)	weil
europeer, en (12)	Europäer/-in
europeisk (8)	europäisch
eventyrbok, en/ei (13)	Märchenbuch
eventyrlig (18)	märchenhaft
faen (Fluchwort) (18)	verflucht, Scheiße
fag, et (16)	Fach
faktisk (5)	tatsächlich, wirklich
faktum, et (fakta) (20)	Tatsache
fall, et (6)	Fall
i alle fall (6)	jedenfalls, auf alle Fälle
i hvert fall (15)	jedenfalls
familie, en (10)	Familie
være i familie med noen (15)	zur selben Familie gehören wie jd.

fange (-et) (15)	fangen
fantastisk (7)	fantastisch
far, en (fedre) (13)	Vater
farfar, en (-fedre) (15)	Großvater (väterlicherseits)
farge, en (5)	Farbe
fargegla*d* (23)	farbenfroh
farmor, en/ei (-mødre) (15)	Großmutter (väterlicherseits)
Farris, en (2)	*norw. Mineralwasser*
fart, en/ei (20)	Geschwindigkeit
fartsgrense, en/ei (20)	zulässige Höchstgeschwindigkeit
fartskontroll, en (20)	Geschwindigkeitskontrolle
fattig (16)	arm
feber, en (17)	Fieber
februar (10)	Februar
feil, en (–) (16)	Fehler
feile (-te) (17)	fehlen
Hva feiler det deg? (17)	Was fehlt dir/Ihnen?
feire (-et) (18)	feiern
feiring, en/ei (18)	Feiern
felles (22)	gemeinsam
fem (3)	fünf
femte (10)	5., fünfter
femti (4)	fünfzig
femten (3)	fünfzehn
femtiårsdag, en (6)	50. Geburtstag
ferdig (20)	fertig
ferge, en/ei (10)	Fähre
ta ferge (10)	mit der Fähre reisen
ferie, en (1)	Urlaub, Ferien
være på ferie (1)	im Urlaub sein
fest, en (18)	Fest, Feier
festspill, et (14)	Festspiel
fetter, en (15)	Vetter
filologi, en (16)	Philologie
figur, en (18)	Figur
film, en (7)	Film
fin (4)	fein, schön
Finlan*d* (4)	Finnland
finne, en (4)	Finne
finne (fant-funnet)(2)	finden
finne sted (14)	stattfinden
finne ut (11)	herausfinden
finnes/fins (7)	
det finnes/fins (fantes) (7)	es gibt
Finnmark (11)	*der nördlichste Verwaltungsbezirk Norwegens*

finsk (4)	finnisch
fire (3)	vier
firma, et (4)	Firma
fisk, en (3)	Fisch
fiskeindustri, en (20)	Fischindustrie
fjell, et (14)	Berg
til fjells (21)	ins Gebirge
fjerde (10)	4., vierter
fjerne (-et) (15)	entfernen
fjernsamtale, en (4)	Ferngespräch
fjor*d*, en (12)	Fjord
fjorten (3)	vierzehn
fjøs, en/et (10)	Kuhstall
flagg, et (22)	Fahne
flaks, en (3)	Glück, »Schwein«
snakk om flaks! (3)	so ein Glück!
flaske, en/ei (2)	Flasche
flatbrød, et (3)	dünnes Knäckebrot
flere (8)	mehr
flere (17)	mehrere
flertall, et (22)	Mehrheit, Mehrzahl
flest (8)	am meisten
de fleste (8)	die meisten
flink (9)	tüchtig
flott (5)	toll, schön
fly (fløy-fløyet) (10)	fliegen
fly, et (10)	Flugzeug
ta fly (10)	mit dem Flugzeug reisen
flyplass, en (10)	Flugplatz
flytur, en (10)	Flug, Flugreise
flytte (-et) (14)	umziehen
flytte inn (-et) (10)	einziehen
flytte ut (-et) (14)	ausziehen
folk, et (18)	Leute, Volk
Folkemusee*t* (12)	*Freilichtmuseum in Bygdøy bei Oslo*
folketro, en (5)	Volksglaube
for (Konj.) (12)	denn
for (Präp.) (2)	für
for (Adv.) (5)	zu
for at (14)	damit
for - siden (7)	vor (+ Zeitdauer)
for 5 år siden (7)	vor 5 Jahren
for - skyl*d*, (6)	-halber, -wegen
for en gangs skyld (6)	ausnahmsweise
for å (11)	um zu
foran (9)	vor, davor (örtlich)
forandre (seg) (-et) (23)	(sich) ändern

forberede (-te) (18)	vorbereiten
forbikjøring, en/ei (20)	Überholen
forbin*d*else, en (20)	Verbindung
i forbindelse med (20)	in Verbindung mit
forbudt (20)	verboten
fordel, en (16)	Vorteil
fordi (3)	weil
forekomme (-kom -kommet) (2)	vorkommen
forelder, en (8)	Elternteil
foreldre (Plur.) (8)	Eltern
forelesning, en (16)	Vorlesung
forelesningskatalog, en (16)	Vorlesungsverzeichnis
forelesningssal, en (16)	Hörsaal
forelske seg i noen (-et) (23)	sich in jdn. verlieben
forelsket (17)	verliebt
forening, en/ei (18)	Verein
foreslå (-slo-slått) (12)	vorschlagen
foretrekke noen fremfor en annen (-trakk-trukket) (17)	jdn. einem anderen vorziehen
forfatter, en (7)	Schriftsteller/-in
forferdelig (15)	schrecklich
forhol*d*, et (12)	Verhältnis
i forhold til (18)	im Verhältnis zu
forkastelig (18)	verwerflich
forkjølt (17)	erkältet
forklare (-te) (13)	erklären
forlenge (-et) (19)	verlängern
formell (2)	formell, formal
formiddag, en (12)	Vormittag
formiddagsmat, en (8)	Lunch
formidler, en (13)	Vermittler/-in
fornavn, et (2)	Vorname
fornorske (-et) (16)	norwegisieren
fornorskning, en (23)	Norwegisierung
fornøyd (8)	zufrieden
forresten (3)	übrigens
forrett, en (3)	Vorspeise
forrige (10)	(der/die/das) Vorige
forsett, et (10)	Vorsatz
forsåvidt (10)	an und für sich, schon
forskjell, en (18)	Unterschied
forskjellig (9)	unterschiedlich

forslag, et (12)	Vorschlag
forstå (-stod-stått) (4)	verstehen
forsvarlig (20)	verantwortlich
fort (16)	schnell
fortelle (-talte, -talt) (9)	erzählen
forvirren*d*e (16)	verwirrend
fot, en (føtter) (21)	Fuß
til fots (21)	zu Fuß
fotball, en (19)	Fußball
fotballkamp, en (19)	Fußballspiel
fra (1)	aus, von
fra - av (20)	von - an
frakt, en/ei (17)	Fracht
Frankrike (1)	Frankreich
fransk (1)	französisch, Französisch
franskmann, en (4) (-menn)	Franzose/Französin
fredag (7)	Freitag
på fredag (7)	am Freitag
frekk (9)	frech
frem (22)	hervor
fremfor (17)	vor
fremme (-et), (9)	fördern
fremme (20)	vorne
være fremme (20)	angekommen sein
fremmed (12)	fremd
fremover (8)	vorwärts
fremst (22)	zuvorderst, ganz vorne
fri (15)	frei
ha fri (15)	frei haben
fritid, en/ei (7)	Freizeit
frigjøring, en/ei (22)	Befreiung
friidrett, en (19)	Leichtathletik
friluftsmuseum, et (12)	Freilichtmuseum
frimerke, et (3)	Briefmarke
frisk (14)	frisch, gesund
Frogner (12)	*Stadtteil von Oslo*
Frognerseteren (12)	*Restaurant bei Oslo*
frokost, en (8)	Frühstück
frukt, en (3)	Obst
fryse (frøs-frosset) (21)	frieren
fryse i hjel (21)	sich zu Tode frieren
fugl, en (11)	Vogel
full (av) (5)	voll (von)
full (18)	besoffen
fullføre (-te) (19)	vollenden
funksjon, en (17)	Funktion

furet (22)	gefurcht
fy (18)	pfui
fylle (-te) bensin (20)	tanken
fylle ut (-te) (13)	ausfüllen
fødselsdag, en (6)	Geburtstag
født (13)	geboren
følelse, en (12)	Gefühl
følelsesløs (21)	gefühllos
føl*g*e (fulgte-fulgt) (15)	begleiten, folgen
før (6)	zuvor
før (8)	früher, vorher
før og etter (10)	vorher und nachher
før (10)	bevor
før (+ Zeitpunkt) (7)	vor
før kl. 10 (7)	vor 10 Uhr
før det (10)	davor
ikke før (10)	nicht vor, erst
føre til noe (-te) (8)	zu etw. führen
førerkort, et (6)	Führerschein
først (10)	(zu)erst
først ... og så (10)	erst - und dann
først og fremst (10)	vor allem
første (9)	(der/die/das) erste
for det første (14)	erstens
med det første (23)	fürs erste
førti (4)	vierzig
få (12)	wenige
få (fikk-fått) (6)	bekommen
få en til å gjøre noe (23)	jdn. dazu bringen, etw. zu tun
få høre (18)	erfahren, zu hören bekommen
få (4)	dürfen
Kan jeg få ...? (4)	Darf/Kann ich ...?
få lov (til) (18)	dürfen
fårekjøtt, et (21)	Lamm-/Hammel-fleisch
fårikål, en (3)	»Lamm-in-Kohl«, *Gericht*
gal/galt (11)	falsch, verkehrt
Er det noe galt med ...? (22)	Was ist verkehrt an ...?
gammel (4)	alt
gang, en (6)	Mal
for en gangs skyld (6)	ausnahmsweise
Det var en gang ... (11)	Es war einmal ...
gang, en (14)	Flur

gang, en (18)	Gang
ganske (2)	ziemlich, ganz
garasje, en (19)	Garage
gardin, en/ei/et (14)	Vorhang, Gardine
gate, en/ei, (3)	Straße
gave, en/ei (6)	Geschenk
geitost, en (2)	Ziegenkäse
genser, en (-e) (5)	Pulli
gi (ga*v*-gitt) (6)	geben
gift (13)	verheiratet
være gift med noen (15)	mit jdm.verheiratet sein
gifte seg (med noen) (-et) (15)	(jdn.) heiraten
gitar, en (21)	Gitarre
gjelden*d*e (21)	geltend
gjøre seg gjeldende (21)	sich geltend machen
gjemme (-te) (14)	verstecken
gjennom (10)	durch
gjennomsnitts-opplag, et (8)	Durchschnittsauflage
gjerne (1)	gern
gjerne for meg (12)	meinetwegen
gjest, en (14)	Gast
gjette (-et) (16)	raten
Prøv og gjett! (16)	Rate mal!
gjøk, en (11)	Kuckkuck
gjøre (gjør-gjor*d*e -gjort) (1)	tun, machen
gjøre av (14)	hintun
Hvor skal jeg gjøre av det? (14)	Wo soll ich es hintun?
gjøre seg til (15)	Faxen machen
gla*d* (12)	froh
være glad for noe (21)	über etw. froh sein
være glad i noe(n) (12)	etw./jdn. liebhaben
glass, et (2)	Glas
glede seg (til noe) (-et) (12)	sich (auf etw.) freuen
glede, en/ei (12)	Freude
glemme (-te) (11)	vergessen
gni (gne*d*/gnidde -gnidd) (21)	reiben
go*d* (1)	gut
vær så god (3)	bitte schön (*wenn man etwas gibt/anbietet*)
gode, et (18)	
for mye av det gode (18)	zuviel des Guten

god/godt (2)	gut
ha det godt (2)	mach's/macht's gut
like godt (11)	genau so gut
go*d*ta (-tok-tatt) (18)	akzeptieren
gotisk (19)	gotisch
grad, en (11)	Grad
grafisk (12)	grafisch
gratis (10)	umsonst
gratulasjon, en (6)	Glückwunsch
gratulere (-te) (6)	gratulieren
gratulerer med dagen (6)	herzlichen Glückwunsch
grav, en/ei (19)	Grab
grei/greit (15)	klar, unkompliziert
Det er greit. (15)	Das ist klar/in Ordnung.
Det gikk greit. (19)	Es ging glatt.
grill, en (23)	Grill
grotte, en/ei (9)	Grotte
grunn, en (6)	Grund
gå til grunne (6)	zugrunde gehen
i grunnen (21)	im Grunde
grunnlag, et (16)	Grundlage
på grunnlag av (16)	auf der Grundlage von
grunnlegge (-la -lagt) (14)	gründen
grunnlov, en (22)	Grundgesetz
grunnskole, en (9)	Grundschule
grynte (-et) (21)	grunzen
grønn (5)	grün
grønnsaker (Plur.) (3)	Gemüse
grå (5)	grau
gråte (gråt-grått) (12)	weinen
guide, en (9)	Fremdenführer/-in
gul (5)	gelb
gull, et (21)	Gold
gulv, et (14)	Fußboden
gutt, en (4)	Junge
gyldig (13)	gültig
gyllen (12)	golden
gymnas, et (9)	Gymnasium
gå (gikk-gått) (2)	gehen
Hvordan går det? (2)	Wie geht's?
gå inn (11)	hineingehen
gå ut (14)	hinausgehen
ha (hadde-hatt) (1)	haben
ha de*t* (2)	tschüss
Det har du ikke noe med. (7)	Das geht dich nichts an.
Hvordan har du det ? (2)	Wie geht's?
ha på seg (5)	anhaben
hage, en (13)	Garten
hale, en (5)	Schwanz
hallo (2)	hallo
hals, en (18)	Hals
halv (7)	halb
halvdel, en (19)	Hälfte
halvpensjon, en (11)	Halbpension
ham (5)	ihn, ihm
han (1)	er
handelsby, en (14)	Handelsstadt
handelssentrum, et (-sentra) (14)	Handelszentrum
handle (-et) (5)	einkaufen
handle om noe (-et) (12)	von etw. handeln
handlelapp, en (15)	Einkaufszettel
handletur, en (5)	Einkaufsbummel
handling, en/ei (7)	Handlung
hans (13)	sein (Poss.pron.)
hanseatisk (14)	hanseatisch
hansaby, en (14)	Hansestadt
hat, et (12)	Hass
hate (-et) (12)	hassen
havneby, en (20)	Hafenstadt
hedning, en (21)	Heide
heftig (12)	heftig
hei (1)	hallo, hei
hekseskudd, et (19)	Hexenschuss
hel/helt (9)	ganz
heldi*g*vis (4)	glücklicherweise
helg, en/ei (16)	Wochenende
hell, et (13)	Glück
litt av et hell (13)	so ein Glück
heller (5)	lieber
heller ikke/ikke heller (10)	auch nicht
hellig (19)	heilig
helpensjon, en (11)	Vollpension
helst (12)	am liebsten
helvete, et (18)	Hölle
hen*d*e (-te) (13)	passieren, geschehen
henge (intrans.: hang-hengt) (14)	hängen
henne (5)	sie, ihr (Pers.pron. Sing.)
hennes (13)	ihr (Poss.pron. Sing.)
hense*e*n*de* (23)	Hinsicht
i så henseende (23)	in der Hinsicht

hente (-et) (15)	(ab)holen
her (1)	hier
herfra (16)	von hier
hete (het-hett) (1)	heißen
hevne seg (-et) (10)	sich rächen
hilsen, en (4)	Gruß
hisse seg opp (-et) (20)	sich aufregen
historie, en/ei (10)	Geschichte
hit (14)	hierher
hittil (13)	bisher
hjelp, en/ei (5)	Hilfe
hjelpe (hjalp -hjulpet) (5)	helfen
hjem, et (14)	Heim, Zuhause
hjem (10)	nach Hause
hjemme (7)	zu Hause
hjemmefra (15)	von zu Hause
hjemmekos, en (21)	Gemütlichkeit zu Hause
hjertelig (4)	herzlich
hjørne, et (9)	Ecke
hode, et (17)	Kopf
hodepine, en/ei (17)	Kopfweh/-schmerzen
hol*d*e (seg) (holdt-holdt) (17)	(sich) halten
hol*d*e på med å ... (14)	dabei sein zu ...
hol*d*e på å ...(21)	nahe daran sein, zu ...
hol*d*eplass, en (11)	Haltestelle
hol*d*ning, en (23)	Haltung, Einstellung
Holmenkolldagen (21)	der Holmenkolltag *2. Sonntag im März*
Holmenkollen (12)	*Oslos große Skischanze*
honning, en (3)	Honig
hoppbakke, en (19)	Skisprungschanze
hoppe (-et) (19)	springen
hos (+Personen)(4)	bei
hoste (-et) (17)	husten
hotell, et (11)	Hotel
hovedrolle, en/ei (9)	Hauptrolle
hovedstad, en (8)	Hauptstadt
humør, et (6)	Laune
bli i godt humør (13)	gute Laune bekommen
hun (1)	sie (Sing.)
hundre, et (-) (4)	hundert, Hundert
hurra (22)	Hurra
Hurti*g*ruta (10)	*Post- und Passagierschiff an der norw. Küste*

hus, et (4)	Haus
husarbeid, et (13)	Hausarbeit
husdyr, et (13)	Haustier
huseier, en (14)	Hausbesitzer
Husfliden (5)	*Geschäft mit norw. kunsthandwerklichen Produkten*
huske (-et) (15)	sich erinnern, an etw. denken (nicht vergessen)
husleie, en/ei (14)	Miete
hva (1)	was, wie
hvem (1)	wer
hver (14)	jede(r)
etter hvert (14)	allmählich
hverandre (4)	einander
hverdag, en (15)	Werktag, Alltag
hvilken (7)	welche(r)
hvis (7)	falls, wenn
hvit (5)	weiß
hvitmalt (20)	weiß gestrichen
hvor (1)	wo
hvor (vor einem Adj./Adv.) (3)	wie
hvordan (2)	wie
hvordan det? (7)	wieso?
hvorfor (2)	warum
hybel, en (14)	gemietetes, möbliertes Zimmer
hygge seg (-et) (7)	es nett haben
hyggelig (4)	nett, gemütlich
så hyggelig (6)	wie nett
Vi hadde det hyggelig. (7)	Es war nett.
hysj! (1)	pst! (still sein!)
hytte, en/ei (10)	Hütte
hyttekos, en (21)	Gemütlichkeit auf der Hütte
hyttetur, en (19)	Ausflug auf eine Hütte
å dra på hyttetur (19)	auf die Hütte fahren
høfli*g*hetsform, en/ei (2)	Höflichkeitsform
høre (-te) (9)	hören
få høre (18)	erfahren, zu hören bekommen
Man hører det på uttalen. (16)	Man hört es an der Aussprache.
høre på noe (20)	sich etw. anhören
høre til (4)	zugehören, ange- hören
høres (ut) (18)	klingen, sich anhören
hørespill, et (13)	Hörspiel

høst, en (6)	Herbst
høy/høyt (4)	hoch, laut
høydepunkt, et (22)	Höhepunkt
høyfjelle*t* (21)	das Hochgebirge
høyre (9)	rechts
på høyre side (9)	auf der rechten Seite
til høyre (for) (9)	rechts (von)
høyskole, en (9)	Hochschule
høysnue, en (17)	Heuschnupfen
hån*d*, en/ei (hen*d*er) (21)	Hand
hån*d*hilse (-te) (2)	mit Handschlag begrüßen
hån*d*kle, et (-klær) (21)	Handtuch
håpe (-et) (11)	hoffen
hår, et (5)	Haar
i (1)	in
i tre semester (8)	drei Semester lang
i dag (3)	heute
i fjor (17)	letztes Jahr
i forgårs (6)	vorgestern
i forveien (22)	im voraus
i går (7)	gestern
i mor*g*en (10)	morgen
i mor*g*es (8)	heute Morgen
i overmor*g*en (13)	übermorgen
i år (22)	dieses Jahr
idé, en (ideer) (5)	Idee
idiomatisk (12)	idiomatisch
idiot, en (18)	Idiot
idrett, en (19)	Sport
idrettsmann, en (19)	Sportler
idrettskvinne, en/ei (19)	Sportlerin
idyllisk (20)	idyllisch
igjen (7)	wieder
ikke (2)	nicht
ikke noe (16)	nichts, kein
ikke noen (16)	niemand, kein, keine
ild, en (23)	Feuer
ille (11)	schlimm
imot (16)	dagegen, entgegen
Jeg har ikke noe imot det.(16)	Ich habe nichts dagegen.
indre (21)	innere
influensa, en (17)	Grippe
ingen (5)	kein, niemand
ingenting (16)	nichts
inkludere (-te) (11)	einschließen
inkludert i prisen (11)	im Preis inbegriffen

inn (13)	hinein, herein
innbydelse, en (18)	Einladung
innbygger, en (8)	Einwohner/-in
inne (14)	drinnen
innebygd (14)	eingebaut
innmari (22)	sehr, schrecklich
innom	
komme innom (2)	vorbeischauen
innrede (-et) (14)	einrichten
innstilling, en/ei (23)	Einstellung
inntrykk, et (20)	Eindruck
få et inntrykk av noe (20)	einen Eindruck von etw. bekommen
intelligent (17)	intelligent
intensiv (10)	intensiv
interessant (8)	interessant
internasjonal (14)	international
internatskole, en (9)	Internatschule
intonasjon, en (16)	Intonation
inventar, et (20)	Inventar
is, en (6)	Eis
isbre, en (17)	Gletscher
islen*d*ing, en (21)	Isländer/-in
Italia (1)	Italien
italiener, en (4)	Italiener/-in
italiensk (1)	italienisch, Italienisch
ja (1)	ja
jakke, en/ei (5)	Jacke
januar (10)	Januar
jeg (1)	ich
jente, en/ei (4)	Mädchen
jernbane, en (9)	Eisenbahn
jernbanestasjon, en (9)	Bahnhof
jernbanetorg, et (9)	Bahnhofsplatz
jo(da) (2)	ja, doch (als Antwort auf eine negative Frage)
jo - desto (14)	je - desto
jobb, en (10)	Job, Arbeit, Stelle
gå på jobb (15)	zur Arbeit gehen
jobbe (-et) (10)	jobben, arbeiten
jogge (-et) (19)	joggen
jogging, en/ei (19)	Joggen
jor*d*, en/ei (22)	Erde
juni (10)	Juni
jul, en/ei (16)	Weihnachten
julaften (18)	Heiligabend
julebor*d*, et (18)	*vorweihnachtliches Festessen*
være på julebord (18)	am »julebord« teilnehmen

juledag, en (18)	Weihnachtstag
1. (første) juledag (18)	1. Weihnachtstag
juleferie, en (17)	Weihnachtsferien
julegave, en/ei (18)	Weihnachtsgeschenk
julekake, en/ei (18)	Weihnachtsplätzchen
julekort, et (18)	Weihnachtskarte
julenisse, en (10)	Weihnachtsmann
julepynt, en (18)	Weihnachtsschmuck
julestemning, en (18)	Weihnachtsstimmung
juletre, et (-trær) (18)	Weihnachtsbaum
juli (10)	Juli
jus, en (16)	Jura
jævla/jævlig (18)	verdammt
kafé, en (4)	Café
kafeteria, en (2)	Cafeteria
kaffe, en (2)	Kaffee
kaffepause, en (20)	Kaffeepause
kai, en/ei (10)	Kai
kake, en/ei (2)	Kuchen
kal*d* (5)	kalt
kalle (-te) (17)	nennen
kanarifugl, en (11)	Kanarienvogel
kanskje (5)	vielleicht
kantine, en/ei (16)	Kantine
kapasitet, en (22)	Kapazität
karakter, en (16)	(Examens)note
kasse, en/ei (5)	Kasse
kasserolle, en (21)	Kochtopf
kassett, en (13)	Kassette
kaste opp (-et) (17)	sich übergeben
katastrofal (21)	katastrophal
katedral, en (19)	Kathedrale
katt, en/katte, ei (6)	Katze
kilometer, en (–) (11)	Kilometer
kino, en (7)	Kino
kirke, en/ei (9)	Kirche
Kirkeveien (3)	Kirchweg
kjedelig (23)	langweilig
kjefte på noen (-et) (20)	jdn. beschimpfen
kjefting, en/ei (20)	Schimpfen
kjeks, en (–) (21)	Keks
kjeller, en (14)	Keller
kjempe- (6)	*verstärkende Vorsilbe* sehr, unheimlich
kjempefin (22)	sehr schön
kjempego*d* (6)	sehr gut
kjempeheldig (14)	
være kjempeheldig (14)	riesiges Glück haben

kjempehyggelig (22)	sehr nett
kjenne (-te) (3)	kennen, spüren
kjent (7)	bekannt
godt kjent (7)	sehr bekannt
bli kjent med (12)	kennen lernen
være kjent et sted (11)	sich an einem Ort auskennen
være kjent for noe (11)	für etw. bekannt sein
kjent, en (Plur. kjente) (18)	Bekannte(r)
kjær (14)	lieb
kjæreste, en (15)	Freund(in) (im engeren Sinn)
kjærli*g*het, en/ei (7)	Liebe
kjøkken, et (14)	Küche
kjøleskap, et (14)	Kühlschrank
kjøpe (-te) (2)	kaufen
kjøpe inn (3)	einkaufen
kjøre (-te) (10)	fahren
kjøre rundt (10)	herumfahren
kjøring, en/ei (20)	Fahren
kjøtt, et (3)	Fleisch
klaffe (-et) (17)	klappen
klage (-de/et) (7)	klagen, sich beklagen
klar/klart (13)	klar
være klar over noe (20)	sich über etw. im Klaren sein
klare (-te) (16)	schaffen
klare seg (-te) (18)	reichen, genug sein
Det klarer seg. (18)	Es reicht.
klasse, en/ei (10)	Klasse
klok (23)	klug
klokke, en/ei (7)	Uhr
klokker, en (23)	Küster
klær (Plur.) (19)	Kleidung
kne, et (knær) (21)	Knie
knytte (-et) (13)	(ver)knüpfen, verbinden
koffert, en (11)	Koffer
kofte, en/ei (5)	*norw. Strickjacke*
koke (-te) (11)	kochen
kokk, en (11)	Koch/Köchin
Kolahal*v*øya (23)	die Kolahalbinsel
kollega, en (14)	Kollege/-in
kombinere (-te) (12)	kombinieren
komfortabel (17)	komfortabel
komfyr, en (14)	Herd
komme (kom -kommet) (1)	kommen

komme innom (2)	vorbeischauen
komme til å (10)	werden
kompliment, en (11)	Kompliment
kompromiss, et (20)	Kompromiss
kone, en/ei (13)	Ehefrau
konfirmere (-te) (21)	konfirmieren
konge, en (19)	König
kongefamilien (22)	die königliche Familie
kongelig (22)	königlich
konkurranse, en (11)	Wettbewerb
konkurrere om noe (-te) (11)	konkurrieren, wetteifern
kontor, et (14)	Büro
kontrakt, en (14)	Vertrag
kontroversiell (12)	kontrovers
kopp, en (2)	Tasse
korrigere (-te) (23)	korrigieren
kort (6)	kurz
kort, et (3)	Post-/Ansichtskarte
kos, en (21)	Gemütlichkeit
kose seg (-te) (21)	es sich gemütlich machen
kosedyr, et (13)	Schmusetier
koselig (7)	gemütlich
koste (-et) (3)	kosten
Hva/hvor mye koster ...? (3)	Was kostet ...?
krangel, en (20)	(verbaler) Streit
krangle (-et) (7)	(verbal) streiten
krem, en (2)	Creme, Schlagsahne
krig, en (22)	Krieg
krim, en (21)	Kriminalroman/-film
kriminell (8)	kriminell
kristen (18)	christlich
kritisere (-te) (20)	kritisieren
krone (-et/-te) (19)	krönen
krone, en/ei (3)	Krone
ku, en/ei (kyr) (21)	Kuh
kulde, en/ei (21)	Kälte
kultur, en (10)	Kultur
kulturell (18)	kulturell
kunde, en (5)	Kunde
kunne, (kan-kunne -kunnet) (1)	können
kunst, en (6)	Kunst
kunstner, en (9)	Künstler/-in
kursdeltaker, en (9)	Kursteilnehmer/-in
kusine, en/ei (15)	Kusine
kvalm (17)	übel, schlecht
Jeg blir kvalm. (17)	Mir wird übel.

kvart (7)	viertel
kvel*d*, en (2)	Abend
i går kveld (7)	gestern Abend
om kvelden (22)	abends, am Abend
til sent på kveld (7)	bis spät abends
kvel*d*s(mat), en (8)	Abendessen
kvikke seg opp (-et) (18)	sich aufmuntern
kvinne, en/ei (8)	Frau
kvinnelig (20)	weiblich
kyst, en (17)	Küste
kyststrøk, et (21)	Küstengebiet
kø, en (22)	(Warte)schlange
køye, en/ei (17)	Bett (auf dem Schiff), Koje
til køys (21)	zu Bett
kål, en (21)	Kohl
la (lot-latt) (11)	lassen
lage (-de/-et) (3)	machen, zubereiten
lage mat (3)	kochen
lagvis (21)	schichtweise
lampe, en/ei (14)	Lampe
lan*d*, et (8)	Land
gå i/på land (17)	ans Land gehen
lan*d*evei, en (21)	Landstraße
lan*d*sdel, en (8)	Landesteil
lan*d*skapsbilde, et (14)	Landschaftsbild
lang (5)	lang
langflat (6)	ganz flach
langrenn, et (19)	(Ski)langlauf
langs (17)	entlang
langsom/langsomt (9)	langsam
langt (8)	weit
hvor langt (8)	wie weit
langtidsvarsel, et (21)	Langzeitwetterbericht
lathans, en (21)	Faulpelz
latter, en (12)	Lachen, Gelächter
latside, en/ei (23)	faule Haut
ligge på latsiden (23)	auf der faulen Haut liegen
lav (14)	niedrig
le (lo-ledd) (12)	lachen
leder, en (22)	Leiter
ledig (1)	frei
lefse, en/ei (3)	*ein (weiches) Gebäck*
lege, en (17)	Arzt
legge (la-lagt) (17)	legen, stellen
legge inn på sykehus (17)	ins Krankenhaus einliefern

lei	
være lei av noe (20)	etw. satt haben
leie (-de) (10)	mieten
leie ut (-de) (14)	vermieten
leieboer, en (14)	Mieter
leiekontrakt, en (14)	Mietvertrag
leili*g*het, en/ei (14)	Wohnung
lek, en (22)	Spiel
leke (-te) (15)	spielen
lekekamerat, en (13)	Spielkamerad/-in
lekse, en/ei (15)	Hausaufgabe
gjøre lekser (15)	Hausaufgaben machen
lenestol, en (14)	Sessel
lenge (8)	lange
hvor lenge (8)	wie lange
lengre (Adj.) (12)	länger
lese (-te) (4)	lesen
lese høyt (4)	vorlesen
lete etter (-te) (16)	suchen
lett (4)	leicht
lettskyet (21)	leicht bewölkt
leve (-de) (13)	leben
leve av noe (23)	von etw. leben
lide (led-lidt) (8)	leiden
ligge (lå-ligget) (6)	liegen
liggen*d*e (15)	liegend
bli liggende (15)	liegen bleiben
lignen*d*e (17)	ähnlich
og lignende/o.l. (17)	und ähnliches/u.ä.
like (-te) (2)	mögen
like å gjøre noe (3)	etw. gern tun
like - som (7)	(genau) so - wie
likestilling, en/ei (8)	Gleichberechtigung
likevel (7)	trotzdem
linje, en/ei (9)	Linie, Zweig
liten (6)	klein
liter, en (–) (21)	Liter
litt (1)	ein bisschen
litt av en/et ... (13)	ein toller/tolles ..., so ein ...
liv, et (6)	Leben
livlig (17)	lebhaft
lokalbefolkning, en (17)	Lokalbevölkerung
lokalpresse, en/ei (8)	Lokalpresse
lommebok, en/ei (15)	Brieftasche

lov, en (18)	Erlaubnis, Gesetz
få lov til (18)	dürfen
love (-de/-et) (20)	versprechen
lovlig (20)	gesetzlich, legal
luft, en/ei (21)	Luft
lugar, en (17)	Kabine
lukte (-et) (15)	riechen
lun*d*, en (9)	Hain
lunefull (17)	launisch
lungebetennelse, en (17)	Lungenentzündung
lunsj, en (8)	Lunch
lus, en/ei (–) (21)	Laus
lutefisk, en (18)	*in Lauge eingelegter Fisch*
lyd, en (16)	Laut
lykke, en/ei (6)	Glück
til lykke! (6)	Glückwunsch!
lyn, et (21)	Blitz
lyne (-te) (21)	blitzen
lyrikk, en (21)	Lyrik
lys (4)	hell
lyskryss, et (9)	Ampelkreuzung
lyspære, en/ei (14)	Glühbirne
lyst, en/ei (10)	Lust
ha lyst til å gjøre noe (10)	Lust haben, etw. zu tun
lære (-te) (1)	lernen
lære utenat (22)	auswendig lernen
lærer, en (1)	Lehrer/-in
lønn, en/ei (8)	Lohn
løp, et (17)	Lauf
i løpe*t* av (17)	im Laufe von
løpe (løp-løpt) (20)	laufen
lørdag, en (7)	Samstag
løype, en/ei (19)	Loipe
låne (-te) (3)	leihen
mage, en (17)	Magen, Bauch
mai (10)	Mai
make, en (23)	etw. Gleiches
(Har du) hørt på maken! (23)	(Hast du) so was (gehört)!
malaria, en (19)	Malaria
male (-te) (6)	schnurren, malen
maler, en (12)	Maler/-in
maleri, et (12)	Gemälde
malerkunst, en (12)	Malerei
maling, en/ei (14)	Farbe
man (1)	man
mandag, en (7)	Montag
mange (3)	viele
hvor mange (3)	wie viele
mangle (-et) (14)	fehlen

mann, en (menn) (8)	Mann
(ekte)mann (15)	Ehemann
mars (10)	März
martyrkonge, en (19)	Märtyrerkönig
masse (22)	sehr viel
mat, en (3)	Essen
lage mat (3)	kochen
mate (-et) (15)	füttern
matpakke, en/ei (8)	Lunchpaket
me*d* (2)	mit
medisin, en (16)	Medizin, Arzneimittel
medlem, et (18)	Mitglied
medlidenhet, en/ei (12)	Mitleid
meg (2)	mich, mir
mel, et (21)	Mehl
melk, en (3)	Milch
mellom (8)	zwischen
men (2)	aber
mene (-te) (5)	meinen
mening, en/ei (23)	Meinung
menneske, et (12)	Mensch
menneskelig (12)	menschlich
mens (Konj.) (12)	während
mer (1)	mehr
merke (-et) (18)	merken, wahrnehmen
mest (23)	am meisten
for det meste (23)	meistens
mesterskap, et (19)	Meisterschaft
meteorolog, en (21)	Meteorologe/-in
meter, en (–) (21)	Meter
middag, en (8)	Mittag(essen)
middelalder, en (19)	Mittelalter
middelvei, en (12)	Mittelweg
den gylne middelvei (12)	der goldene Mittelweg
midnattssol, en/ei (17)	Mitternachtssonne
midt (6)	mitten, Mitte
midt i (6)	mitten in
midt på (14)	mitten auf/in
i midten av august (16)	Mitte August
mil en/ei (–) (21)	*norw. Meile, 10 km*
mildt sagt (18)	gelinde gesagt
militærparade, en (22)	Militärparade
million, en (8)	eine Million
min/mi/mitt/mine (13)	mein
mindre (2)	weniger, kleiner
minoritet, en (23)	Minorität
minst (15)	mindestens
ikke minst (13)	nicht zuletzt
i det minste (12)	zumindest, wenigstens
minutt, et (3)	Minute
misfornøyd (20)	unzufrieden
miste (-et) (20)	verlieren
mobbe (-et) (20)	beschimpfen, ärgern
moderere seg (-te) (16)	sich mäßigen
moderne (10)	modern
monarki, et (22)	Monarchie
Monopol	Monopoly
mor, en/ei (mødre) (5)	Mutter
morfar, en (-fedre) (15)	Großvater (mütterlicherseits)
mor*g*en, en (2)	Morgen
i morgen (10)	morgen
i morgen tidlig (17)	morgen früh
i morges (8)	heute Morgen
om morgenen (15)	morgens, am Morgen
mor*g*enstun*d*, en (21)	Morgenstunde
mormor, en/ei (-mødre) (15)	Großmutter (mütterlicherseits)
morn (2)	hallo
morna (2)	tschüss
moro, en/ei (18)	Spaß
Det er moro. (18)	Es macht Spaß.
ha det moro (18)	Spaß haben
morsmål, et (23)	Muttersprache
morsom (11)	lustig
mot (4)	gegen
motor, en (20)	Motor
motorvei, en (20)	Autobahn
motsetning, en (18)	Gegensatz
i motsetning til (18)	im Gegensatz zu
mulig (4)	möglich
muli*g*het, en/ei (21)	Möglichkeit
multekrem, en (3)	*ein Nachtisch*
munn, en (21)	Mund
munning, en (19)	Mündung
munter (18)	munter
muntlig (4)	mündlich
mus, en/ei (–) (13)	Maus
museum, et (-eer/-eene) (12)	Museum
musikkorps, et (22)	Blaskapelle
mye (2)	viel

hvor mye (3)	wie viel
myggstikk, et (11)	Mückenstich
mystikk, en (5)	Mystik
møblert (13)	möbliert
mønster, et (-) (5)	Muster
mørk (5)	dunkel
mørketid, en/ei (18)	*die Zeit ohne Sonne im Winter,* Polarnacht
møte (møtte-møtt) (12)	treffen, begegnen
møte, et (13)	Begegnung
møte, et (16)	Sitzung
måkeskrik, et (20)	Möwengeschrei
mål, et (16)	Ziel
måltid, et (7)	Mahlzeit
måne*d*, en (10)	Monat
måte, en (18)	Art, Weise
på en eller annen måte (18)	in irgendeiner Weise
takk i like måte (7)	danke gleichfalls
måtte (må-måtte-måttet) (2)	müssen
nabo, en (4)	Nachbar/-in
naken (14)	nackt
narr, en (18)	Narr
gjøre narr av noen (17)	jdn. auf den Arm nehmen
nasjonaldag, en (22)	Nationalfeiertag
nasjonalistisk (22)	nationalistisch
nasjonalitet, en (13)	Nationalität
nasjonalsang, en (22)	Nationalhymne
Nasjonalteatre*t* (7)	das Nationaltheater
natt, en/ei (netter) (2)	Nacht
nattero, en/ei (23)	Nachtruhe
natur, en (5)	Natur
naturopplevelse, en (12)	Naturerlebnis
navn, et (5)	Name
ned (6)	hinunter
nedbør, en (21)	Niederschlag
nede (14)	unten
nei (1)	nein
nemlig (22)	nämlich
nese, en/ei, (5)	Nase
neste (10)	nächster
nestekjærli*g*het, en/ei (18)	Nächstenliebe
nesten (3)	fast
nettopp (19)	gerade
nevne (-te) (13)	nennen

ni (3)	neun
Nidarosdomen (19)	der Nidarosdom
Nidelva (19)	*der Fluss* »Nidelva«
niende (10)	9., neunter
nisse, en (10)	Wichtel *o.ä.*
nitten (3)	neunzehn
nittende (9)	19., neunzehnter
nitti (4)	neunzig
noe (2)	etwas
Det er noe i det. (23)	Es ist etwas daran.
noen (3)	einige, jemand
nok (3)	genug
nok (21)	wohl, vermutlich
nokså (16)	ziemlich
nomade, en (23)	Nomade/-in
Norden (9)	*die nordischen Länder*
nor*d*lys, et (18)	Nordlicht
nor*d*mann, en (-menn) (4)	Norweger/-in
nor*d*over (9)	nordwärts
Nor*d*sjøen (20)	die Nordsee
Norge (1)	Norwegen
normal (16)	normal
norsk (1)	norwegisch, Norwegisch
norskkurs, et (8)	Norwegischkurs
gå på norskkurs (8)	einen Norwegischkurs besuchen
norsklærer, en (2)	Norwegischlehrer/-in
novelle, en/ei (21)	Kurzgeschichte
november (10)	November
null (3)	null
nummer, et (-) (3)	Nummer
ny (5)	neu
nydelig (6)	wunderschön
nyhetsoppleser, en (16)	Nachrichtensprecher/-in
nynorsk (16)	»Neunorwegisch«, *norw. Schriftsprache*
nyoppusset (14)	frisch renoviert
nys*g*jerrig etter (23)	neugierig auf
nyte (nøt-nytt) (22)	genießen
nyttår, et (18)	Neujahr, Silvester
nær (12)	nahe
næringsliv, et (8)	Wirtschaft
nærmeste (9)	nächste(r)
nærhet, en/ei (3)	Nähe
i nærheten (av) (3)	in der Nähe (von)
nødvendig (5)	nötig, notwendig
nøkkel, en (14)	Schlüssel
nøyaktig (23)	genau

nøytral (16)	neutral
nå (3)	jetzt
når (6)	wenn
når (7)	wann
obligatorisk (9)	obligatorisch
offisiell (16)	offiziell
offshore-aktivitet, en (20)	Aktivitäten vor der Küste
ofte (3)	oft
oftest (13)	am häufigsten
som oftest (13)	meistens
o*g* (1)	und
o*g*så (1)	auch
OK (3)	okay
oktober (10)	Oktober
Ola Nor*d*mann (18)	*der typische Norweger*
olje, en/ei (20)	Öl
Olje-og energidepartementet (20)	das Öl- und Energieministerium
oljeby, en (20)	»Ölstadt«
om (Konj.)	ob
spørre om (7)	fragen, ob
om (14)	falls
om (Präp.)	von, über, um, in
snakke om noe (8)	von/über etw. reden
vite om noe (4)	von/über etw. wissen
Hva synes du om det? (9)	Was hältst du davon?
om (*örtlich*) (11)	um
om hjørne*t* (11)	um die Ecke
om (*zeitlich*) (11)	in
om 8 minutter (11)	in 8 Minuten
ombestemme seg (-te) (10)	sich es anders überlegen
omkjøring, en/ei (20)	Umleitung
omkring (13)	ungefähr
område, et (14)	Gebiet
omtrent (18)	ungefähr
omvendt (21)	umgekehrt
omvisning, en (9)	Führung
onkel, en (14)	Onkel
onsdag, en (7)	Mittwoch
operasjon, en (17)	Operation
operasjonspraksis, en (19)	Operationspraxis
oppe (9)	oben
oppfatning, en (18)	Auffassung
oppføring, en/ei (19)	Aufführung, Erbauung
oppho*l**d*, et (13)	Aufenthalt
oppho*ld*stillatelse, en (13)	Aufenthaltserlaubnis

oppho*ld*svær, et (21)	niederschlagsfreies Wetter
opplesning, en (13)	Vorlesen, Lesung
oppleve (-de) (18)	erleben
opplevelse, en (12)	Erlebnis
oppløse (-te) (22)	auflösen
oppløsning, en (22)	Auflösung
oppover (9)	hinauf
oppskrift, en/ei (21)	Kochrezept
oppstå (-sto*d*-stått) (16)	entstehen
opptatt (11)	besetzt
oppvaskmaskin, en (14)	Spülmaschine
or*d*, et (5)	Wort
orden, en (13)	Ordnung
i orden (13)	in Ordnung
or*d*stilling, en/ei (8)	Wortstellung
organ, et (23)	*hier:* Sprachrohr
Oslo-guide, en (12)	*Reiseführer für Oslo*
oss (5)	uns
ost, en (3)	Käse
over (4)	über
overbevise (-te) (21)	überzeugen
overdreven (18)	übertrieben
overfor (18)	gegenüber
overlate noe til noen (-lot-latt) (20)	jdm. etw. überlassen
overlege, en (19)	Oberarzt/-ärztin
overnatte (-et) (23)	übernachten
overraskende (22)	überraschend
oversette (-satte -satt) (13)	übersetzen
oversiktlig (20)	übersichtlich
overskrift, en/ei (23)	Überschrift, Schlagzeile
overskyet (21)	bewölkt
overta (-tok-tatt)(17)	übernehmen
overtroisk (23)	abergläubisch
pakke opp/ut (-et) (13)	auspacken
par, et (12)	Paar, paar
paraply, en (14)	Regenschirm
park, en (4)	Park
parkere (-te) (20)	parken
parkeringsavgift, en/ei (20)	Parkgebühr
parkeringsforbud, et (20)	Parkverbot
parkeringshus, et (20)	Parkhaus
parkeringsplass, en (20)	Parkplatz

parkometer, et (20)	Parkuhr
pass, et (13)	Pass
passasjer, en (17)	Passagier, Fahrgast
passe (-et) (8)	passen
Det passer fint. (8)	Es passt gut.
passe på (10)	aufpassen
patriotisk (22)	patriotisch
patrisierhus, et (20)	Patrizierhaus
pause, en (9)	Pause
peis, en (21)	offener Kamin
peiskos, en (21)	Gemütlichkeit am offenen Kamin
peke (-te) (9)	zeigen (mit der Hand)
pelle seg (opp) (-te/et) (21)	aufstehen, aus den Federn kommen
pen (17)	hübsch
penger (Plural) (3)	Geld
pensum, et (16)	Pensum
pensumliste, en/ei (16)	Leseliste
pepper, en (21)	Pfeffer
person, en (15)	Person
personlig (9)	persönlich
personalunion, en (22)	Personalunion
pilgrim, en (19)	Pilger/-in
pille, en/ei (15)	Pille, Tablette
pinne, en (12)	Stäbchen
stå på pinne for noen (12)	jdm. aufs Wort gehorchen
pinnekjøtt, et (18)	Rippchen vom Lamm
pioner, en (13)	Pionier/-in
plan, en (10)	Plan
planlegge (-la -lagt) (13)	planen
plass, en (9)	Platz
god plass (14)	viel Platz
plastikk, en (5)	Plastik
plutselig (19)	plötzlich
politi, et (20)	Polizei
politistasjon, en (9)	Polizeiwache
politikk, en (23)	Politik
populær (11)	beliebt
popularitet, en (22)	Beliebtheit
pornografisk (14)	pornografisch
positiv (18)	positiv
post, en (4)	Post
postkasse, en/ei (23)	Briefkasten
postkontor, et (3)	Postamt
potet, en (3)	Kartoffel
pr./per (8)	pro
praksis, en (19)	Praxis

praktfull (14)	prachtvoll
praktisere (-te) (19)	praktizieren
praktisk (9)	praktisch
prekestol, en (20)	Kanzel
preparere (-te) (21)	präparieren
prest, en (23)	Pastor, Priester
pris, en (11)	Preis
problem, et (4)	Problem
problematisk (18)	problematisch
professor, en (11)	Professor/-in
provokasjon, en (8)	Provokation
provosere (-te) (8)	provozieren
prøve (-de) (5)	versuchen
publikum, et (22)	Publikum
puritaner, en (18)	Puritaner/-in
pusse opp (-et) (14)	renovieren
pyset (17)	wehleidig, schwächlich
pølse, en/ei (3)	Wurst, Wüstchen
på (1)	auf, in
på tide (22)	an der Zeit
pålegg, et (3)	Aufstrich
påske, en/ei (19)	Ostern
påskekos, en (21)	»Ostergemütlichkeit«
radio, en (13)	Radio
rasen*de* (20)	wütend
ratt, et (20)	Steuer(rad)
re opp (sengen) (-dde) (15)	das Bett machen
redd (12)	ängstlich
være redd (for noe) (12)	(vor etw.) Angst haben
redningsmannskap, et (21)	Rettungsmannschaft
regel, en (15)	Regel
som regel (15)	in der Regel
regn, et (21)	Regen
regnbyge, en/ei (21)	Regenschauer
regne (-et) (6)	regnen, rechnen
regne med noe (23)	mit etw. rechnen
regning, en/ei (23)	Rechnung
en strek i regningen (23)	ein Strich durch die Rechnung
reindrift, en/ei (23)	Rentierhaltung
reinsdyr, et (5)	Rentier
reir, et (11)	Nest
reise (-te) (10)	reisen, fahren
reisebyrå, et (10)	Reisebüreau
reisegods, et (10)	Reisegepäck
sende kofferten som reisegods (10)	den Koffer aufgeben
reiseleder, en (17)	Reiseleiter/-in

rekesmørbrø*d*, et (2)	belegtes Brot mit Garnelen/Krabben
rekke (rakk-rukket) (8)	schaffen (zeitlich)
rekord, en (19)	Rekord
slå en rekord (19)	einen Rekord brechen
religiøs (21)	religiös
renovere (-te) (14)	renovieren
resept, en (17)	(ärztliches) Rezept
skrive ut en resept (17)	etw. verschreiben
restaurant, en (7)	Restaurant
retningsnummer, et (4)	Vorwahlnummer
rett, en (8)	Recht
ha rett (8)	recht haben
ha rett til noe (9)	Recht auf etw. haben
rett, en (3)	Gericht
rett (16)	direkt, gerade
rett frem (9)	geradeaus
rette (16)	
finne seg til rette (16)	sich zurechtfinden
retti*g*het, en/ei (23)	Recht
retur (17)	retour, zurück
ribbe, en/ei (18)	Rippenstück vom Schwein
rik (16)	reich
riktig (9)	richtig
ringe (-te) (19)	klingeln
ringe på (13)	an der Tür klingeln
ringe til noen (3)	jdn. anrufen
ro, en/ei (11)	Ruhe
Ta det med ro! (11)	Nur mit der Ruhe!
rolig (14)	ruhig
rolle, en/ei (5)	Rolle
Det spiller ingen rolle. (5)	Das spielt keine Rolle.
rom, et (4)	Zimmer
romansk (19)	romanisch
romjul, en/ei (18)	*die Zeit zwischen Weihnachten und Neujahr*
rose, en/ei (23)	Rose
rot, en/ei (5)	Wurzel
run*d* (15)	rund
run*d*stykke, et (2)	Brötchen
rundt 10)	herum
russ, en (Sing.) (22)	Abiturientin(-nen) Abiturient(-en)
rydde (-et) (15)	aufräumen
rygg, en (17)	Rücken
rygge (-et) (20)	rückwärts fahren
ryggsekk, en (11)	Rucksack
rykte, et (21)	Gerücht
rø*d* (5)	rot
rø*d*vin, en (21)	Rotwein
rømmegrøt, en (3)	Sauerrahmbrei
saganatt, en/ei (22)	Saganacht
sak, en/ei (23)	Sache, Angelegenheit
sakte (20)	langsam
salat, en (3)	Salat
salg, et (5)	Verkauf
på salg (5)	im Ausverkauf
til salgs (21)	zum Verkauf
salongbor*d*, et (14)	Couchtisch
salt, et (21)	Salz
samboer, en (13)	Lebensgefährte/-in
same, en (23)	Same
Sameti nge*t* (23)	*»Parlament« der Samen*
samfunn, et (23)	Gesellschaft
samfunnsfag, et (16)	Sozialwissenschaften
samle (-et) (13)	(ver)sammeln
samling, en/ei (12)	Sammlung
samme (10)	(der/die/das)selbe
med det samme (10)	sofort
sammen (3)	zusammen
til sammen (23)	insgesamt
sammenblan*d*ing, en/ei (10)	Mischung
sammenligning, en/ei (9)	Vergleich
samtale, en (16)	Gespräch
Sankthans (23)	*Mittsommer* (23.6.)
sannelig (14)	wirklich
sannhet, en/ei (18)	Wahrheit
sann/sant (3)	wahr
ikke sant (3)	nicht wahr
se (så-sett) (5)	sehen
se etter (5)	nachschauen
se her (5)	schau mal, schau her
se på noe (10)	etw. anschauen
se ut (som om) (14)	aussehen (als ob)
seg (5)	sich
seilbåt, en (20)	Segelschiff
seilskutetid, en/ei (20)	Segelschiffzeit
sekk, en (23)	Sack
seks (3)	sechs
seksten (3)	sechzehn

seksti (4)	sechzig
sel*g*e (solgte-solgt) (9)	verkaufen
selskap, et (22)	Party
selv (15)	selbst
av seg selv (15)	von selber
for seg selv (15)	für sich
selv takk (7)	danke gleichfalls
selv om (14)	obwohl, auch wenn
sel*v*betjening, en/ei (20)	Selbstbedienung
sel*v*følgelig (14)	selbstverständlich, natürlich
sel*v*realisering, en/ei (8)	Selbstverwirklichung
sel*v*sagt (3)	selbstverständlich, natürlich
semester, et (–) (8)	Semester
seminar, et (16)	Seminar
sen/sent (7)	spät
bedre sent enn aldri (12)	besser spät als nie
sen*d*e (-te) (3)	senden, schicken
senere (2)	später
seng, en/ei (14)	Bett
til sengs (21)	zu Bett
senke (-et) (22)	senken
sentral (12)	zentral
sentralisering, en/ei (8)	Zentralisierung
sentralstasjon, en (9)	Hauptbahnhof
sentrum, et (sentra) (9)	Zentrum
i sentrum (9)	im Zentrum
september (10)	September
setning, en/ei (4)	Satz
sette (satte-satt) (11)	setzen, stellen
severdig (12)	sehenswert
severdi*g*het, en/ei (14)	Sehenswürdigkeit
si (sier-sa-sagt) (2)	sagen
Hva sier du til å ...?	Was hältst du von ...?
det vil si/dvs. (22)	das heißt, d.h.
Skal vi si ...? (16)	Sagen wir ...?
side, en/ei (9)	Seite
på den andre siden av (9)	auf der anderen Seite von
siden (Konj.) (12)	seitdem
siden (Konj.) (20)	weil
siden (Präp.) (17)	seit
siden (Adv.) (20)	später

signe (-et) (19)	segnen
sikkerhet, en/ei (15)	Sicherheit
for sikkerhets skyld (15)	sicherheitshalber
sikker/sikkert (5)	sicher, bestimmt
sikre (-et) (23)	sichern
silkeføre, et (21)	»Seidenschnee«
sin/si/sitt/sine (15)	sein, ihr
sinne, et (12)	Wut
sint (12)	böse, wütend
sist (7)	das letzte Mal, als ... zuletzt
siste (10)	(der/die/das) letzte
sitere (-te) (6)	zitieren
sitte (satt-sittet) (1)	sitzen
situasjon, en (8)	Situation
sivilstan*d*, en (13)	Familienstand
sjalu (9)	eifersüchtig
sjalusi, en (7)	Eifersucht
sjanse, en (19)	Chance
sjef, en (22)	Chef
sjekke (-et) (15)	kontrollieren
sjekke inn (10)	einchecken
sjel, en/ei (12)	Seele
to sjeler og en tanke (12)	zwei Seelen, ein Gedanke
sjelden (15)	selten
sjette (10)	6., sechster
sju (3)	sieben
sjuende (10)	7., siebter
sjø, en (21)	See
til sjøs (21)	zur See
sjøfartsby, en (14)	Hafenstadt
sjåfør, en (11)	Fahrer/-in,
skade (-et) (23)	schaden
skade, en (23)	Schaden
skam, en/ei (18)	Schande
gjøre til skamme (18)	zu Schanden machen
skandinav, en (11)	Skandinavier/-in
skandinavisk (4)	skandinavisch
skap, et (14)	Schrank
skape (-te) (16)	schaffen
ski, en/ei (–) (19)	Ski
gå på ski (19)	Ski fahren, Ski laufen
skifte (-et) (21)	wechseln
skiftende skydekke (21)	wechselnd bewölkt
skiføre, et (21)	*Schneeverhältnisse fürs Skilaufen*
skikk, en (2)	Sitte
skikk og bruk (2)	Sitten und Gebräuche

skikkelig (19)	richtig, ordentlich
skilles (-tes) (18)	sich scheiden lassen
skilt (13)	geschieden
skinkesmørbrø*d*, et (2)	Schinkenbrot
skinne (-te) (6)	scheinen
skip, et (11)	Schiff
skje (-dde) (23)	geschehen
skjema, et (13)	Formular
skjegg, et (5)	Bart
skjerf, et (5)	Schal
skjule (-te) (6)	verbergen
skjære (skar-skåret) (21)	schneiden
skjønne (-te) (17)	verstehen
skjønnhet, en/ei (6)	Schönheit
skjønnlitteratur, en (21)	Belletristik
sko, en (–) (19)	Schuh
skog, en (22)	Wald
skole, en (9)	Schule
begynne på skolen (9)	eingeschult werden
skolesystem, et (9)	Schulsystem
skriftlig (4)	schriftlich
skriftspråk, et (16)	Schriftsprache
skrive (skrev-skrevet) (3)	schreiben
skrive opp (15)	aufschreiben
skrive ned (13)	aufschreiben
skrivebor*d*slampe, en/ei (14)	Schreibtischlampe
skrot, et (18)	Ramsch
skulle (skal-skulle -skullet) (6)	sollen
skulle (skal-skulle -skullet) (9)	werden
skulptur, en (12)	Skulptur
sky, en/ei (23)	Wolke
sky (-dde) (23)	scheuen
skyl*d*, en/ei (6)	Schuld
for - skyld (6)	-halber, -wegen
skyl*d*es (-tes) (18)	auf etw. zurückzuführen sein
skøyte, en/ei (19)	Schlittschuh
gå på skøyter (19)	Schlittschuh laufen
slag, et (22)	Schlag
slag i slag (22)	Schlag auf Schlag
slags, en/et (3)	Sorte, Art
all slags (3)	jede Art (von)
hva slags (3)	was für, welche Art (von)
slalåm, en (19)	Slalom

kjøre/stå slalåm (19)	Slalom fahren
slalåmski, en/ei (–) (19)	Slalomski
slange, en (15)	Schlange, Schlauch
slappe av (-et) (10)	sich entspannen
slekt, en/ei (15)	Verwandtschaft
være i slekt med noen (15)	mit jdm. verwandt sein
slektning, en (15)	Verwandte(r)
slepe (-te) (11)	schleppen
slik (16)	so (in dieser Weise)
slik at (14)	so dass
slik som (14)	so wie
sliten (22)	erschöpft
slott, et (9)	Schloss
Slottsbakken (22)	*Die Steigung vor dem Schloss*
sludd, et (21)	Schneeregen
sludder, et (18)	Quatsch, Unsinn
slutt, en (14)	Ende, Schluss
i slutten av mai (14)	Ende Mai
Reisa er slutt. (17)	Die Reise ist zu Ende.
slutte (-et) (10)	aufhören
sløse (-te) (18)	verschwenden
slå (slo-slått) (18)	schlagen
slå seg sammen (10)	sich zusammentun
slå på (21)	aufgießen
slåss (sloss-slåss) (18)	sich schlagen, prügeln
smerte, en (17)	Schmerz
smør, et (3)	Butter
snakke (-et) (1)	sprechen, reden
snakke om noe (-et) (8)	von/über etw. reden
ikke noe å snakke om (11)	nicht der Rede wert
snart (4)	bald
snill (2)	lieb
vær så snill ... (2)	bitte, sei so gut ... *(wenn man um etw. bittet)*
være snill mot noen (10)	lieb zu jdm. sein
snue, en (17)	Schnupfen
snø (-dde) (6)	schneien
snø, en (6)	Schnee
snøbyge, en/ei (21)	Schneeschauer
snøkledt (7)	schneebedeckt
snøsikker (19)	schneesicher

snøstorm, en (11)	Schneesturm
sofa, en (14)	Sofa
sokkel, en (9)	Sockel
sol, en/ei (6)	Sonne
solid (22)	solide
som (14)	als
som (4)	wie
som (Relativpron.) (8)	der, die, das, dem ...
som om (14)	als ob
sommer, en (6)	Sommer
om sommeren (17)	im Sommer
til sommeren (20)	nächsten Sommer
sommerparadis, et (20)	Sommerparadies
sort, en (18)	Sorte
sove (sov-sovet) (11)	schlafen
soverom, et (14)	Schlafzimmer
spade, en (23)	Spaten
spandere (-te) (6)	spendieren
sparke (-et) (19)	treten, kicken
speil, et (16)	Spiegel
spennen*d*e (11)	spannend
spesialitet, en (3)	Spezialität
spesielt (18)	besonders
spille (-te) (5)	spielen
spise (-te) (2)	essen
spisebor*d*, et (14)	Esstisch
spor, et (10)	Gleis, Spur
sport, en (19)	Sport
sportslig (16)	sportlich
sprøyte, en/ei (17)	Spritze
språk, et (4)	Sprache
språkfamilie, en (4)	Sprachfamilie
språkkurs, et (1)	Sprachkurs
på språkkurs (1)	im Sprachkurs
gå på språkkurs (10)	einen Sprachkurs besuchen
spørre (spør-spurte-spurt) (3)	fragen
spørre om (7)	fragen, ob ...
det spørs (18)	es fragt sich
spørsmål, et (-) (8)	Frage
sta (14)	stur
stadig (17)	ständig, immer
stakkars (10)	arm (bemitleidenswert)
stan*d*, en	
være i stan*d* til (22)	imstande sein
standard, en (11)	Standard
starte (-et) (10)	anfangen

stat, en (9)	Staat
statistikk, en (21)	Statistik
stavkirke, en/ei (12)	Stabkirche
sted, et (steder) (7)	Ort, Stelle
her et sted (16)	hier irgendwo
stein, en (5)	Stein
steinet (12)	steinig
stemme, en (11)	Stimme
stemme (-te) (15)	stimmen
stemmerett, en (23)	Stimmrecht
stenge (-te) (11)	schließen
sterk (8)	stark
stige (steg-steget) (21)	steigen
stil, en (19)	Stil
stille (14)	still
stilling, en/ei (8)	Stellung
stole på noe(n) (-te) (21)	sich auf etw./jdn. verlassen
stoppe (-et) (11)	(an)halten
stor (4)	groß
stort sett (11)	im Großen und Ganzen
storby, en (23)	Großstadt
storhetstid, en/ei (20)	Blütezeit, Glanzzeit
storm, en (17)	Sturm
storslagen (17)	großartig, grandios
Storsteinen (16)	*der »Große Stein« auf einem Berg bei Tromsø*
Storting*et* (7)	*das norw. Parlament*
straffe seg (-et) (17)	sich rächen
strand, en/ei (21)	Strand
strek, en (23)	Strich
strekke seg (strakte -strakt) (19)	sich (er)strecken
strekning, en (17)	Strecke
strøk, et (14)	(An)strich, Gebiet
stryke (strøk-strøket) (16)	durchfallen (beim Examen)
strålen*d*e (20)	strahlend
student, en (1)	Student/-in
studentbolig, en (16)	Studentenwohnung
studentby, en (16)	Studentensiedlung
Studentsamskipnaden (16)	Studentenwerk
studere (-te) (1)	studieren
studiekort, et (15)	Studierendenausweis
studielån, et (15)	Studiendarlehen
studium, et (studier) (16)	Studium

stue, en/ei (14)	Wohnzimmer
stuegris, en (21)	Stubenhocker/-in
stun*d*, en/ei (10)	Weile
stykke, et (3)	Stück
større (4)	größer
størst (11)	am größten
stå (sto*d*-stått) (2)	stehen
Hvordan står det til? (2)	Wie geht's?
ståen*de* (22)	stehend
bli stående (22)	stehenbleiben
sukke (-et) (20)	seufzen
sulten (2)	hungrig
være sulten (2)	Hunger haben
super (10)	super
supermarked, et (5)	Supermarkt
suppe, en/ei (3)	Suppe
sur (7)	sauer
suvenir, en (5)	Souvenir
suveren (11)	souverän
svært (8)	sehr
svak (16)	schwach
Svalbar*d* (23)	Spitzbergen, *Inselgruppe nördlich des norw. Festlands*
svare (-te) (7)	antworten
svare til (9)	entsprechen
svart (5)	schwarz
Sveits (1)	die Schweiz
sveitser, en (4)	Schweizer/-in
sveitsisk (1)	schweizerisch Schweizerisch
svensk (4)	schwedisch Schwedisch
svenske, en (4)	Schwede/-in
Sverige (4)	Schweden
svigerdatter, en/ei (-døtre) (15)	Schwiegertochter
svigerfar, en (-fedre) (15)	Schwiegervater
svigerinne, en/ei (15)	Schwägerin
svigermor, en/ei (-mødre) (15)	Schwiegermutter
svigersønn, en (15)	Schwiegersohn
svinge (-te) (9)	abbiegen
svoger, en (15)	Schwager
svømme (-te) (19)	schwimmen
svømming, en/ei (19)	Schwimmen
syk (17)	krank
sykdom, en (12)	Krankheit
sykebil, en (17)	Krankenwagen

sykehus, et (10)	Krankenhaus
sykkel, en (14)	Fahrrad
sykle (-et) (19)	Rad fahren
sykling, en/ei (19)	Radfahren
syltetøy, et (3)	Konfitüre
symbol, et (22)	Symbol
syn*d*, en/ei (19)	Sünde
så synd (19)	wie schade
synes synd på/ i noen (12)	jdn. bemitleiden
synes (syntes) (7)	meinen, finden, scheinen
Jeg synes at ... (7)	Ich finde, dass ...
Hva synes du om det? (9)	Was hältst du davon?
synes som om ... (18)	scheinen, als ob ...
synge (sang-sunget) (6)	singen
synke (sank-sunket) (21)	sinken
synonym (12)	synonym
system, et (9)	System
sytten (3)	siebzehn
sytti (4)	siebzig
særlig (20)	besonders
søke om noe (-te) (13)	etw. beantragen, sich um etw. bewerben
søndag, en (7)	Sonntag
sønn, en (13)	Sohn
sørge for noe (-et) (15)	für etw. sorgen
Sørlan*det* (20)	*der südlichste Teil Norwegens*
sørlan*d*sk (20)	*zu »Sørlandet« gehörend*
Sørlan*d*skysten (20)	*Norwegens Südküste*
sørlig (20)	südlich
Sørvestlan*det* (20)	Südwestnorwegen
sørover (10)	südwärts
søster, en/ei (søstre) (15)	Schwester
søsken, et (–) (15)	Geschwister
søt (13)	süß
søvn, en (21)	Schlaf
så (2)	so
så (Adv.) (6)	wie
så (Adv.) (7)	dann
så (Konj.) (14)	damit
så - som (Konj.) (7)	so - wie
så at (Konj.) (14)	so dass
så lenge (Konj.) (13)	so lange

såkalt (22)	so genannt
sånn/sånt (2)	so, solch
noe sånt (21)	so etwas
sånn passe (2)	so einigermaßen
ta (tok-tatt) (2)	nehmen, dauern
Hvor lang tid tar ...? (10)	Wie lange dauert ...?
ta me*d* (15)	mitbringen, mitnehmen
ta seg av noe(n) (15)	sich um etw./jdn. kümmern
tablett, en (17)	Tablette
tak, et (19)	Griff
få tak i noe(n) (19)	jdn./etw. erwischen/ erreichen
tak, et (14)	Decke, Dach
takk (2)	danke
ja takk (2)	ja, bitte
nei takk (2)	nein, danke
takk, en/ei (7)	Dank
takke (-et) (7)	danken
taklampe, en/ei (14)	Deckenlampe
talefot (23)	
være på talefot med noen	sich mit jdm. verständigen können
talemål, et (16)	gesprochene Sprache
tall, et (19)	Zahl
på 1100-tallet (19)	im 12. Jahrhundert
tanke, en (12)	Gedanke
tann, en/ei (tenner) (17)	Zahn
tannlege, en (17)	Zahnarzt
tannmedisin, en (16)	Zahnmedizin
tannpine, en/ei (17)	Zahnschmerzen
tante, en/ei (14)	Tante
tatt (20)	genommen
i det hele tatt (20)	überhaupt
taxi, en (13)	Taxi
te, en (2)	Tee
teater, et (-) (7)	Theater
tekst, en/ei (6)	Text
telefon, en (3)	Telefon
snakke med noen i telefonen (4)	mit jdm. am Telefon sprechen
telefonnummer, et (4)	Telefonnummer
telefonsamtale, en (4)	Telefongespräch
tema, et (12)	Thema
temperatur, en (11)	Temperatur
tenke (-te) (7)	denken
tenke på noe(n) (7)	an etw/jdn. denken
tenke seg (7)	sich vorstellen
tennis, en (19)	Tennis
tennismatch, en (19)	Tennisspiel
teoretisk (8)	theoretisch
terrasse, en (23)	Terrasse
terreng, et (19)	Terrain, Gelände
testamentere (-te) (12)	vermachen, vererben
ti (3)	zehn
tid, en/ei (2)	Zeit
ha dårlig tid (8)	wenig Zeit haben
ha god tid (8)	viel Zeit haben
på tide (22)	an der Zeit
for tiden (21)	zur Zeit
tiders	
alle tiders	super, großartig
ti*d*lig (7)	früh
tiende (10)	10., zehnter
til (1)	zu, nach, in
til (7)	bis, an
til (13)	zusätzlich, noch
et husdyr til (13)	noch ein Haustier
til og me*d* (16)	sogar
til rette (16)	zurecht
finne seg til rette (16)	sich zurechtfinden
tilbake (5)	zurück
tilbringe (-brakte -brakt) (7)	verbringen
tilfelle, et (16)	Fall, Zufall
i tilfelle (at) (16)	für den Fall, (dass)
tillegg, et (8)	Zusatz
i tillegg til (8)	zusätzlich zu
time, en (6)	Stunde
timeplan, en (15)	Stundenplan
tin*d*e, en (17)	hoher, spitzer Berg
ting, en (-) (6)	Ding, Sache
tinn, et (5)	Zinn
tirsdag, en (7)	Dienstag
tjue (3)	zwanzig
tjueen (4)	einundzwanzig
tjukk (5)	dick
to (3)	zwei
toalett, et (11)	Toilette
toe (-et) (23)	
toe sine hender (23)	seine Hände in Unschuld waschen
tog, et (10)	Zug
å ta tog (10)	mit dem Zug reisen
tog, et (22)	Umzug
å gå i tog (22)	einen Umzug machen
tohundre (8)	zweihundert

tol*v* (3)	zwölf
tolvte (10)	12., zwölfter
torden, et (21)	Donner
tordenvær, et (21)	Gewitter
tordne (-et) (21)	donnern
torg, et (9)	Markt(platz)
torsdag, en (7)	Donnerstag
torsk, en (18)	Dorsch, Kabeljau
tosk, en (18)	Dummkopf
total (23)	total
tott, en (23)	Büschel
fly i tottene på hverandre (23)	sich in die Haare geraten
tradisjon, en (9)	Tradition
tradisjonell (18)	traditionell
traffikere (-te) (17)	verkehren
trafikk, en (17)	Verkehr
trafikkregel, en (20)	Verkehrsregel
trall, en (6)	»Geträller«
trang (14)	eng
transportmiddel, et (17)	Verkehrsmittel
trapp, en/ei (20)	Treppe
være på trappene (23)	unmittelbar bevorstehen
tre (3)	drei
tre, et (trær) (5)	Baum
tredje (10)	3., dritter
treffe (traff-truffet) (16)	treffen
treffes (16)	sich treffen
trehus, et (9)	Holzhaus
trenge (-te) (3)	brauchen
tretten (3)	dreizehn
tretti (4)	dreißig
trille (-et) (15)	drehen, rollen
trist (15)	trist, traurig
trives (-des) (17)	sich wohlfühlen
tro (-dde) (3)	glauben
troll, et (5)	Troll
trolldei*g*, en (5)	Salzteig
trollkrem, en (5)	*ein Nachtisch*
tross (12)	trotz
tross alt (12)	trotz allem
til tross for at (14)	obwohl
Trøndelag (19)	*Region in Mittelnorwegen*
trøtt (7)	müde
tull, et (14)	Quatsch, Unsinn
tulle (-et) (7)	Quatsch machen
tung (11)	schwer
tur, en (6)	Tour, Spaziergang, Wanderung, Fahrt

ta en tur (6)	hingehen, hinfahren
gå en tur (14)	spazierhengehen
Det er min tur. (16)	Ich bin dran.
turistattraksjon, en (12)	Touristenattraktion
turist, en (14)	Tourist/-in
turistinformasjon, en (11)	Touristinformation
turski, en/ei (–) (19)	Tourenski
tusen, et (–) (3)	tausend, Tausend
tusen takk (3)	vielen Dank
TV, en (16)	Fernsehen
se på TV (16)	fernsehen
TV-apparat, et (14)	Fernsehgerät
tvil, en (-) (21)	Zweifel
tynn (15)	dünn
typisk (5)	typisch
tysk (1)	deutsch, Deutsch
tysker, en (4)	Deutsche(r)
Tyskla*nd* (1)	Deutschland
tøff (17)	hartgesotten, toll
tørst (2)	durstig
være tørst (2)	Durst haben
tøv, et (14)	Quatsch, Unsinn
tå, en/ei (tær) (21)	Zeh
tåle (-te) (18)	vertragen
ubestridt (14)	unbestritten
uendelig (17)	unendlich
ufarlig (19)	ungefährlich
ugift (13)	unverheiratet
uff (12)	*Ausruf der Ablehnung*
uformell (16)	unformell
ufornuftig (21)	unvernünftig
uke, en/ei (7)	Woche
ule (-te) (21)	heulen
uløselig (13)	fest
umulig (9)	unmöglich
un*d*er (14)	unter, während
underlig (15)	merkwürdig
un*d*ersøke (-te) (17)	untersuchen
un*d*ervannsbåt, en (11)	U-Boot
un*d*erveis (20)	unterwegs
un*d*ervise (-te) (23)	unterrichten
un*d*ervisning, en/ei (12)	Unterricht
undulat, en (13)	Wellensittich
ung (6)	jung
ungdom, en (8)	Jugend, Jugendliche(r)
ungdomsskole, en (9)	»Jugendschule«, *8.-10. Schuljahr*
unge, en (13)	Kind

union, en (16)	Union
unionsoppløsning, en (16)	Unionsauflösung
universitet, et (9)	Universität
unnskyl*d*e (-te) (12)	entschuldigen
Unnskyl*d*! (2)	Entschuldige!/ Enschuldigung!
unødvendig (18)	unnötig
urbefolkning, en (23)	Urbevölkerung
urettferdig (20)	ungerecht
urnorsk (10)	urnorwegisch
usikker (23)	unsicher
ut (14)	hinaus
ute (13)	draußen
uten (4)	ohne
utenat (22)	auswendig
utendørs (23)	draußen, im Freien
utenfor (11)	außerhalb
utenfra (11)	von außen
utenkelig (22)	undenkbar
utenlan*d*sk (4)	ausländisch
uterestaurant, en (6)	Straßencafé, Restaurant, wo man draußen sitzt
utested, et (16)	Restaurant, Kneipe
utfol*d*e seg (-et) (20)	sich entfalten
utforske (-et) (10)	erforschen
utgangspunkt, et (17)	Ausgangspunkt
utkomme (-kom -kommet) (8)	erscheinen
utlan*det* (7)	das Ausland
utlen*d*ing, en (9)	Ausländer/-in
utløse (-te) (12)	auslösen
utnytte (-et) (12)	ausnutzen
utrolig (7)	unglaublich
utsalg, et (5)	Ausverkauf
utsikt, en (4)	Aussicht, Blick
utspille seg (-te) (7)	spielen
utstyre (-te) (14)	ausrüsten, *hier*: einrichten
utstå (-sto*d*-stått) (21)	ausstehen
uttale, en (16)	Aussprache
uttrykk, et (12)	Ausdruck
utvalg, et (20)	Auswahl
utvikling, en/ei (9)	Entwicklung
uvanlig (8)	ungewöhnlich, unüblich
vakker (6)	hübsch
vaktmester, en (14)	Hausmeister/-in

vandrerhjem, et (11)	Jugendherberge
vanlig (3)	üblich
som vanlig (7)	wie üblich
vanli*g*vis (4)	normalerweise
vann, et (15)	Wasser
vanne (-et) (23)	gießen
vanskelig (4)	schwierig
vare (-te) (12)	dauern
varehus, et (5)	Warenhaus
variant, en (10)	Variante
variere (-te) (11)	variieren
varm (5)	warm
varme, en (6)	Wärme
varsel, et (21)	Meldung, Wetterbericht
vaske (-et) (19)	waschen
ve*d* (7)	an, bei, um-herum
ved seks-tiden (7)	gegen sechs Uhr
ve*d* siden av (9)	neben
vegg, en (14)	Wand
vei, en (3)	Weg
å være på vei (16)	unterwegs sein
Det kom noe i veien. (16)	Es kam etwas dazwischen.
veie (-de) (7)	wiegen
vekke (-te/et) (15)	wecken
vekking, en/ei (22)	Wecken
vel (7)	vermutlich
vel (17)	gut, wohl
vel bekomme (3)	wohl bekomm's
vel (22)	nun
veldig (5)	sehr
velkommen (til) (1)	willkommen (in)
venn, en (3)	Freund
en venn av meg (10)	ein Freund von mir
venne seg til noe (-te) (13)	sich an etw. gewöhnen
venninne, en/ei (4)	Freundin
venstre (9)	links
på venstre side (9)	auf der linken Seite
til venstre (for) (9)	links (von)
vente (-et) (3)	warten
vente på noe(n) (8)	auf jdn./etw. warten
venting, en/ei (22)	Warten
verden, en (12)	Welt
verdensmester, en (18)	Weltmeister/-in
verk, et (12)	Werk
verken - eller (12)	weder - noch
verksted, et (20)	Werkstatt

verne om (-et) (23)	schützen
verst (2)	am schlechtesten, am schlimmsten
ikke så verst (2)	nicht schlecht
det verste jeg vet (12)	das Schlimmste, was ich mir vorstellen kann
veske, en/ei (11)	Tasche
Vestfjor*d*en (17)	*Fjord im Verwaltungsbezirk Nordland*
Vestlan*det* (10)	Westnorwegen
vi (1)	wir
videre (20)	weiter
videregåen*d*e (9)	weiterführend
vidt (11)	weit
så vidt jeg vet (11)	so viel ich weiß
vi*d*vanke	
være på vidvanke (23)	auf Irrwegen sein
Vigelandsparken (12)	Park in Oslo
vikariere (-te) (16)	vertreten
vikingskip, et (5)	Wikingerschiff
viktig (5)	wichtig
ville (vil-ville-villet) (1)	wollen
ville (10)	werden
vin*d*, en (21)	Wind
vinduskarm, en (6)	Fensterbrett
vinke (-et) (22)	winken
vinne (vant-vunnet) (11)	gewinnen
vinter, en (6)	Winter
virkelig (9)	wirklich
vise (seg) (-te) (5)	(sich) zeigen
viss (16)	gewiss
visst (16)	soviel ich weiß, anscheinend
vite (vet-visste-visst) (2)	wissen
ikke som jeg vet (21)	nicht dass ich wüsste
vitne (om) (-et) (20)	zeugen (von)
vits, en (11)	Witz
von*d* (12)	schlecht, schmerzhaft
ha/få vondt (17)	Schmerzen haben/ bekommen
vær, et (4)	Wetter
til værs (21)	in die Luft
værbitt (22)	vom Wetter abgehärtet
være (er-var-vært) (1)	sein
være med (7)	mitkommen, dabei sein
værmel*d*ing, en/ei (21)	Wetterbericht
våkne (-et) (7)	aufwachen
vår/vårt/våre (13)	unser
vår, en (6)	Frühjahr
yrke, et (13)	Beruf
yrkesaktiv (8)	berufstätig
yrkesgruppe, en/ei (23)	Berufsgruppe
æresbolig, en (9)	»Ehrenwohnung«, *vom Staat bezahlte Wohnung*
ærlig (11)	ehrlich
for å være ærlig (11)	um ehrlich zu sein
ærlig talt (11)	ehrlich gesagt, also wirklich
æsj (12)	igitt, *Ausruf der Ablehnung*
øl, et (2)	Bier
ønske (-et) (16)	wünschen
øre, en/et (-) (21)	Öre
øre, et (17)	Ohr
Østlan*det* (10)	(Süd)ostnorwegen
Østerrike (4)	Österreich
østerriker, en (4)	Österreicher/-in
østerriksk (4)	österreichisch, Östereichisch
øvelse, en (11)	Übung
øverst (22)	ganz oben
øye, et (øyne) (21)	Auge
øyeblikk, et (4)	Augenblick
å (vor Infinitiv) (1)	zu
å ja (2)	ach so
åpen (11)	offen
åpenbar/åpenbart (17)	offenkundig
åpne (-et) (13)	öffnen
år, et (4)	Jahr
århundre, et (9)	Jahrhundert
årsak, en/ei (7)	Ursache
åtte (3)	acht
åttende (10)	8., achter
åtti (4)	achtzig

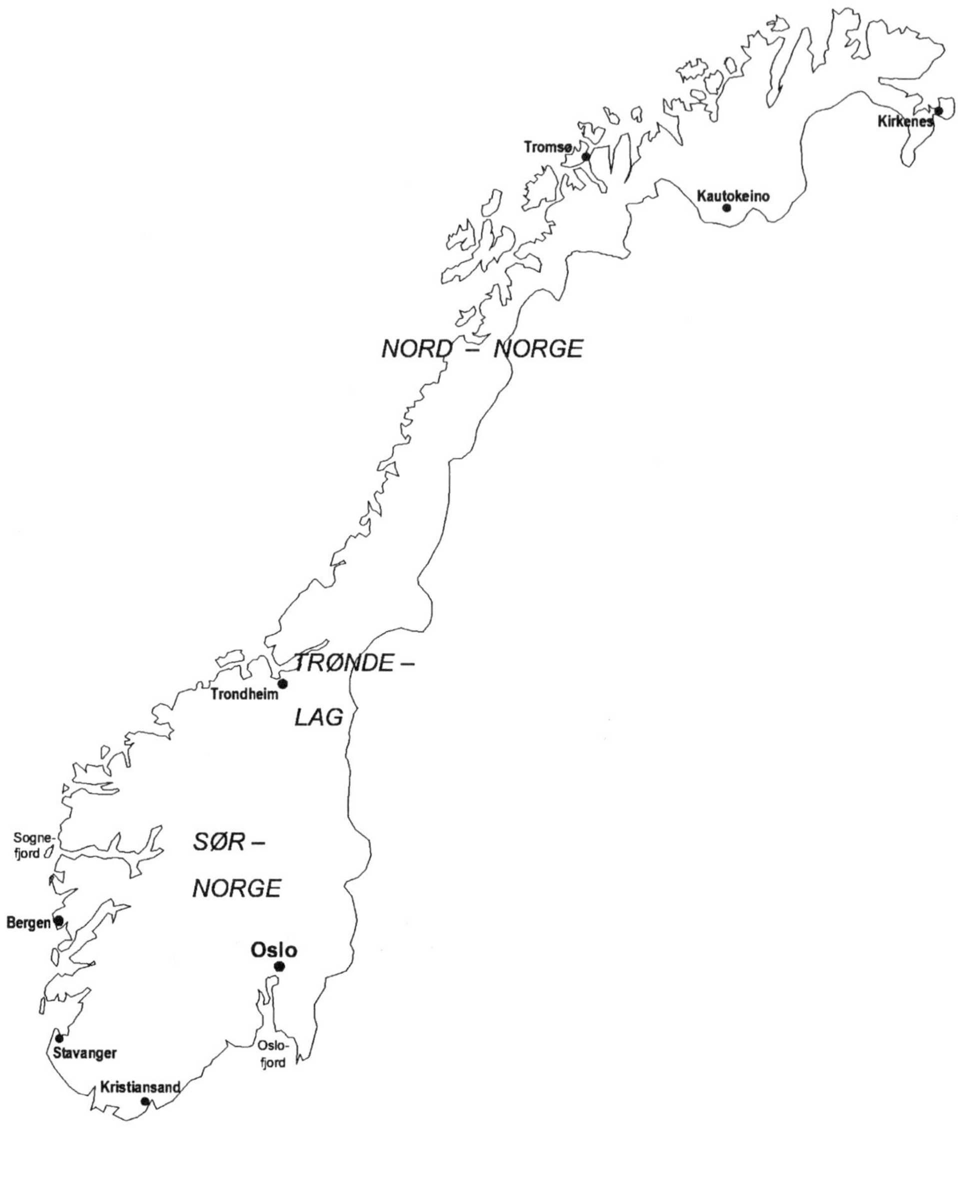
Tromsø
Kirkenes
Kautokeino
NORD – NORGE
TRØNDE –
LAG
Trondheim
SØR –
NORGE
Sogne-
fjord
Bergen
Oslo
Stavanger
Kristiansand
Oslo-
fjord